《台湾同胞抗日团体》
编委会

丛书策划:马 铁

丛书主编:吴艺煤

丛书副主编:王连伟

编 著:《台湾同胞抗日团体》编写组

统筹编辑:刘中威

编写组成员(按姓氏笔画排列)

王 键 邓 伟 古 雯 刘中威

吴艺煤 李军鸽 李卓君 李 凌

汪 宁 肖 瑞 陈雅琼 徐 康

曹玮鸿

台海出版社

图书在版编目（ＣＩＰ）数据

台湾同胞抗日团体 / 《台湾同胞抗日团体》编写组编著.
－北京：台海出版社，2015.8
　（台湾同胞抗日丛书）
　ISBN 978-7-5168-0712-5

　Ⅰ．①台… Ⅱ．①台… Ⅲ．①抗日斗争－团体－史料－
台湾省 Ⅳ.①K295.8

中国版本图书馆CIP数据核字(2015)第210316号

台湾同胞抗日团体	台湾同胞抗日丛书

编　　　著：《台湾同胞抗日团体》编写组	
丛书策划：马　铁	丛书主编：吴艺煤
丛书副主编：王连伟	本书统筹：刘中威
责任编辑：姜　航	装帧设计：天下书装
版式设计：唐嫣荣	责任印制：蔡　旭

出版发行：台海出版社
地　　址：北京市朝阳区劲松南路１号　　邮政编码：　100021
电　　话：010－64041652（发行，邮购）
传　　真：010－84045799（总编室）
网　　址：www.taimeng.org.cn/thcbs/default.htm
E-mail：thcbs@126.com

经　　销：全国各地新华书店
印　　刷：三河市航远印刷有限公司
本书如有破损、缺页、装订错误，请与本社联系调换

开　　本：720×1020　1/16	
字　　数：290千字	印　张：20.25
版　　次：2015年9月第1版	印　次：2015年9月第1次印刷
书　　号：978-7-5168-0712-5	
定　　价：46.00元	

序

　　抗日战争的伟大胜利是中华民族走向复兴的历史转折点，为中国共产党带领中国人民实现彻底的民族独立和人民解放奠定了重要基础。从 1937 年日本发动全面侵华战争，到 1945 年日本政府宣布无条件投降，八年时间内，面对日本军国主义的野蛮侵略，不愿做奴隶的中国人民同仇敌忾，奋起抵抗，同日本侵略者进行了气壮山河的英勇斗争。在空前惨烈的抗战岁月中，台湾同胞始终与祖国同呼吸，共命运，以各种方式参加和支援祖国的抗战，作出了不可磨灭的贡献。

　　《台湾同胞抗日丛书》包括《台湾同胞抗日人物集》、《台湾同胞抗日团体》、《台湾共产党抗日史实》和《台湾光复》（画卷），将于台湾光复 70 周年前夕，陆续与读者见面。这套丛书从不同角度展示"祖国的抗日战争，台湾同胞没有缺席"的历史事实，反映台湾同胞反抗外来侵略的不屈精神，他们之中有杰出的台湾女性革命家谢雪红，从黄埔军校走出来的台籍抗日将士李友邦，智取《田中奏折》的蔡智堪，为第二次国共合作而勤勉工作的谢南光，支持日本战俘反战运动的康大川，用文字或电影作为抗战武器的李纯青、何非光，为筹划收复台湾做出重要贡献的刘启光、连震东、谢东闵、黄朝琴等。在祖国大陆的台湾同胞自发成立广东台湾革命青年团、上海台湾青年读书会、台湾义勇队、台湾革命同盟会等爱国组织，积极投身于抗日复台的活动。

台湾共产党在岛内领导台湾同胞开展抗日运动，以台湾从日本殖民统治下获得解放，回到祖国怀抱为革命理想。丛书以台湾同胞反抗日本殖民统治、投身于祖国抗日战争，祖国大陆同胞支持和援助台湾同胞的抗日斗争为主题，透过海峡两岸同胞共御外侮的抗日历史，彰显台湾和祖国大陆不可分割的血脉联系。丛书的作者和编者，是从事台湾抗日历史研究的专家或学者。书中许多史料是第一次对外披露，具有较高的史学价值。

在这场波澜壮阔的全民族抗战中，台湾同胞用可歌可泣的实际行动续写了爱国爱乡的光荣传统，书就了民族精神的壮丽篇章。今天，当两岸同胞共同为实现两岸关系和平发展、为实现中华民族伟大复兴而奋斗的时候，我们再一次回顾、记取台湾同胞为台湾光复和祖国统一而竭心尽力的这一段历史，显得尤为珍贵，更加具有现实意义。

全国政协副主席　　林文漪
台盟中央主席

今年是中国人民抗日战争胜利 70 周年，也是台湾光复 70 周年。犹记 70 年前的 1945 年，包括台湾同胞在内的中华儿女，经过长期的浴血奋战，最终赢得中华民族抗日战争的伟大胜利。同年 10 月 25 日，台湾光复，饱受磨难的台湾同胞终于摆脱长达 50 年的日本殖民统治，重回祖国怀抱，实现了两岸同胞的骨肉团聚，谱写了中华民族抵抗外来侵略、同仇敌忾的悲壮诗篇。

回首往昔，1895 年，腐败无能的清政府在甲午战争中失败，被迫把台湾割让给窥视已久的日本。消息传到台湾，引起全台震栗。人们奔走相告，聚哭于市中，夜以继日，哭声达于四野。"台湾士民，义不臣倭"，"愿人人战死而失台，决不愿拱手而让台"，这是血泪的陈诉，更是悲壮的誓言，是台湾人民秉承身为中华民族子民的赤诚之心，在民族陷于危亡的紧急关头，与祖国大陆人民同呼吸，共命运，汇结成中国近代史上波澜壮阔的抗日斗争，成为中国近代史上前所未有的壮举。

历史可以见证，台湾割让日本 50 年间，台湾同胞从来不甘心做亡国奴，从来不愿意从祖国分离出去，台湾同胞"一寸河山一寸血"的悲壮抗争从未停息，先有风起云涌的武装斗争，最惨烈者当属台湾少数民族的"雾社事件"，与日本侵略者抗战到底、几致被屠戮殆尽；后有政治、社会和文化领域的非武装抗争，文化协会，农民组合，行业工会……体现了誓死不当亡国奴的民族自尊品格和不畏强暴、敢于同敌人斗争到底的民族英雄气概。"卢沟桥事变"爆发后，一批批台湾同胞冒着生命危险，奔赴祖国大陆参加抗战，台湾同胞的抗日斗争融入到全民族抗战的滔滔巨流之中，与大陆同胞齐心协力，并肩作战，直至迎来抗战胜利和台湾光复。

为缅怀先烈，纪念他们抗日的英勇事迹，台盟中央宣传部、台海出版社共同组织编写了《台湾同胞抗日丛书》之《台湾同胞抗日团体》。通过本书，我们可以看到，"台湾民主国"成立时"台民忠义，誓不从倭"的斑斑血泪，刘永福黑旗军力撑危局、浴血奋战的英勇抗敌，吴汤兴抗日义军伤亡殆尽的悲壮惨烈，简大狮、林少猫抗日义军用鲜血和生命"回复清政"的坚强意志和强烈祖国意识，余清芳抗日义军"恢复台湾"的惨烈牺牲；我们可以看到，台湾文化协会"助长台湾文化之发展"的启蒙努力，台湾民众党"以农工阶级为基础"促进民族觉醒、达成"民族解放"的反日斗争，台湾共产党在中共和日共领导下，团结工人、农民、青年"驱逐日本殖民者"的英勇斗争；我们可以看到，台湾同胞在各个领域反对皇民化的斗争，台湾革命同盟会"发动台湾各民族参加中国抗战"的有力呐喊，台湾义勇队宣传抗战、促进台湾人民族意识高涨的爱国赤诚。在民族陷于危难的紧要关头，台湾同胞与大陆同胞一道，在中国共产党倡导建立的抗日民族统一战线旗帜下，同生死共患难，开展了艰苦卓绝的抗日斗争，为抗战的胜利、台湾的光复做出了积极的贡献。

尽管我们多方搜集，仍有许多台胞抗日组织因史料不全等原因并未收入本书。但是我们依然可以看到，台湾同胞争取台湾回归祖国一片赤诚，台湾人民反抗日本殖民统治斗争中涌动于心底的祖国意识潜流。就连日本殖民统治者编写的《警察沿革志》也不得不承认，台湾人"民族意识牢不可破。……故其以支那为祖国的情感难于拂拭，乃是不争之事实"。日本据台50年，台胞抗日组织如雨后春笋，不断涌现，顽强反抗50年，谱写了一首首可歌可泣的悲壮诗篇，树立了一座座不朽的历史丰碑，充分反映了台湾同胞爱国爱乡的光荣传统。

值此中国人民抗日战争胜利 70 周年、台湾光复 70 周年之际，我们谨以此书纪念那些为抵抗日本殖民统治、争取台湾回归祖国而前赴后继、不屈不挠的台胞英烈，也借此机会向他们致以我们深深的怀念和崇高的敬意。

中国人民抗日战争的胜利，是全民族抗战的胜利。在新的历史条件下，我们希望，两岸同胞通过纪念抗战胜利、台湾光复，牢记历史，共同致力于推进两岸关系和平发展和实现中华民族伟大复兴。

CONTENTS **目录**

台湾革命同盟会[①]

　　1895 年 4 月，日本强迫清政府签订辱国丧权的《马关条约》，台澎列岛成为日本的海外殖民地，日本实施了长达 50 年之久的殖民统治。而且，为永久图霸台湾并使台湾"日本化"，日本殖民者企图以武力隔绝两岸民众的正常往来。但是，台湾与大陆血浓于水的同胞亲情从未被割断，两岸民众的命运始终紧密相连。尤其是在日本军国主义不断扩大对大陆的侵略，中华民族面临危难的抗日战争时期，台湾同胞无比牵挂着祖国大陆的兴衰荣辱。满怀救国志向的台胞优秀分子不畏艰辛，前仆后继，先后组织一系列抗日团体。如许多台胞精英历尽万险回到大陆，投身祖国的救亡图强大业，其中，先后成立一大批由台胞精英组成的抗日救亡团体，充分可以说明台湾同胞和祖国大陆人民一道，不怕流血牺牲，共抗外侮，献身国家，致力民族振兴的一片拳拳赤子之心。

　　1941 年成立于重庆的台湾革命同盟会是抗战时期在祖国大陆的台湾同胞所建立的抗日爱国统一战线组织，在团结台湾同胞共同抗日、抗击日本殖民统治方面发挥了巨大的重要作用。台湾革命同盟会诞生于抗日战争进入相持阶段之后，是在祖国大陆的台胞所从事的抗日复台活动不断发展的

---

　　① 有关台湾革命同盟会的论述，主要参照以下著述：杨光彦等《台湾革命同盟会述论》（《抗日战争研究》1995 年第 3 期）；曾庆科《关于抗战时期台湾革命同盟会的几个问题》（《中共党史研究》2000 年第 2 期）；陈小冲《抗战时期台湾革命同盟会若干史事析论》（《台湾研究集刊》2012 年第 5 期）；杨建英《抗日战争中的台湾革命同盟会》（《四川统一战线》1998 年第 10 期）；陈在正《台湾人民的抗日斗争与台湾光复》（《边疆史地研究》1994 年第 4 期）及《台胞在大陆抗日与台湾光复》（《台湾建省与抗日战争研究——纪念抗日战争胜利 60 周年暨台湾建省 120 周年学术研讨会论文集》2005 年版）等。

必然结果。1937年日本全面侵华战争爆发后，生活在日本殖民统治下的台湾同胞纷纷冲破日本殖民当局的严厉封锁，以各种方式返回祖国大陆，与原在大陆开展反日活动的台胞汇聚在一起，积极组织抗日团体，同祖国人民并肩抗日。在中国共产党的大力帮助和影响下，1938年至1939年逐渐形成以李友邦为首的台湾独立革命党和以谢南光为首的台湾民族革命总同盟两大革命团体。随着抗日战争形势的发展，为集中台胞抗日力量，1941年2月10日，联合所有台胞抗日团体的台湾革命同盟会在重庆宣告成立。台湾革命同盟会虽然仅存在了短短的4年多时间（1941－1945年），但它的影响是巨大的。

台胞抗日爱国政治团体

台湾革命同盟会成立于1941年，时逢抗战处在极其艰苦恶劣的年代。当此之时，在大陆的台湾各派政治团体为了凝聚力量、整合资源、统一调度，决定成立由台湾人组成的、以抗战复台为宗旨的政团联盟。在台湾革命同盟会成立之前，已经有不少台湾人组织的社群团体活跃在祖国大陆地区，这些社群团体由台湾中青年知识分子、中小资产者、军人，以及社会各界进步人士组成，其中比较著名的有：台湾独立革命党（浙江，李友邦曾任主席）、台湾民众党（谢南光曾任主席）、台湾革命党（福建）、台湾国民革命党、台湾青年革命党、台湾民族革命总同盟、台湾抗日复土同盟、台湾反战同盟、台湾义勇队、台湾少年团等组织。自1937年抗战全面爆发后，台湾人士组成的抗日爱国政治团体，其影响力和作用得到空前发挥。尤其1940年至1941年期间，一些台湾抗日政团"为集中力量，加紧推动台湾革命运动相应祖国抗战"，而结成更加紧密的团体组织，如1940年3月29日，台湾独立革命党与台湾民族革命总同盟合并重组为台湾革命团体联合会，7月和11月，台湾青年革命党、台湾国民革命党以及台湾革命党也加入到联合会。然而，台湾革命团体联合会制定的"共同定策，分头执行"的原则，以及联合会尚未全然具有的普遍代表性，尤其是缺乏执政党直接指导配合等因素，使得联合会这一政党联盟组织，仍然不能发挥出"具体有力的效应"，也尚未能形成"统一并具有革命政党精神的组织"①。于是，1941 年 2 月 10 日，台湾独立革命党、台湾民族革命总同盟、台湾青年革命党、台湾国民革命党、台湾革命党等五团体，联合成立"统一台湾革命战线，增强抗敌力量"的政治联盟——台湾革命同盟会。

台湾革命同盟会是台胞"众多抗日小团体经三个阶段逐步组建而成的"。第一阶段：从 1937 年 7 月到 1939 年年底，为由团体林立到初步组合时期，亦即以李友邦任党主席的台湾独立革命党为核心的时期。第二阶段：从 1940 年年初至 1940 年 7 月底，为实现"统一台湾革命阵线之初阶"时期，即以筹建"台湾革命团体联合会"为标志的台湾革命团体初步统一阶段。第三阶段：从 1940 年 8 月到 1941 年 2 月 10 日，为筹组台湾同胞抗日"统一革命政党"时期。以台湾革命同盟会成立为标志，在大陆的台籍同胞的抗日"统一革命政党"（实为抗日爱国统一战线组织）正式成立，广大台湾同胞"在台湾革命同盟会这一组织下努力进行种种革命工作。虽然还有地方组织和特殊单位，但都服从同盟会的领导，以同盟会为公开的对外的代表"②。

孤悬海外加上台湾特殊的历史背景，决定着台湾知识分子和社会进步人士参与抗战爱国事业的方式、方法，及其作用、效果和影响力的发挥。从某种意义上讲，这些特殊环境和因素与其说是特殊，不如说是局限。比如 20 世纪初，大陆虽然大小军阀林立，财团、党派各有渊源，各成系统，但其人、财、物及组织系统相对集中，国民党、共产党自不必说，即便是地方性的抗日爱国团体和组织，也都能够得到或来自中央或来自地方各种资源的协助和奥援。比如，东北的抗日联军，多少能够得到前苏联的支持；像致公党等爱国侨团，有海外华侨的援助；民盟等党派在知识界、文化界拥有社会舆论广泛的声援。而台湾抗日革命团体与当时社会上的这些

---

① 中国现代史史料丛编第二集《台籍志士在祖国的复台努力·导言》，台北：中国国民党中央委员会党史委员会，1990 年。

② 杨光彦、张国镛：《台湾革命同盟会述论》，《抗日战争研究》1995 年第 3 期。

党派组织相比较，其渊源与实力大相径庭，不可同日而语。因此，台湾的抗日革命团体，不仅规模小、人数少，其组织建立与维系之曲折坎坷，活动开展与持续之艰难困苦，从常识上来讲，也是显而易见的。因此，自20世纪初以来至全面抗战爆发期间，台湾知识分子和社会进步人士，在天时、地利、人和诸多因素极为不利的条件下，苦苦求索追随祖国大陆民族解放事业，矢志不移致力于摆脱殖民统治，多少人少小离家，颠沛流离，备尝艰辛，流血牺牲。中华民族悲壮、惨烈的抗日救亡大舞台，台湾同胞非但没有缺席，而且表现得十分精彩，十分感人。广大台湾同胞为着国家、民族的兴亡盛衰，付出了艰苦卓绝的努力，做出了难能可贵的贡献。1942年6月17日，徐醒民先生在《纪念"六一七"与台湾光复运动》一文中写道："在我国内也有许多的台湾志士，在军事、政治，各种岗位上，为祖国抗战而奋斗，为求自由解放而抗争……无论是在岛内的台胞与在国内的流亡的台湾同志，都在祖国抗战中，越发振奋，越发飞扬，为保卫祖国，为收复台湾而奋斗。"①台湾革命同盟会正是这样一个"为保卫祖国，为收复台湾而奋斗"，为民族独立、国家兴亡而献身的难能可贵的爱国台胞政治团体。

台湾革命同盟会的宗旨非常明确：一是投身抗战，二是收复台湾。台湾革命同盟会会章明确记载："本会以集中一切台湾革命力量，打倒日本帝国主义光复台湾与祖国协力建设三民主义新中国为宗旨。"②台湾革命同盟会重要骨干李万居撰文道："我们之所以冒万险，破釜沉舟，二十余年来，到处流浪，一面是为着参加复兴祖国的工作，一面则从事台湾的解放。台湾革命同盟会的组织，它的意义也就是在这一点。它的任务有两项，实际是二而一，第一，对祖国方面讲，是谋故土的光复，对日本方面则是革命。"③ 以上言论，概括揭示了台湾革命同盟会这个组织的活动宗旨

---

① 重庆《中央日报·福建版》1942年6月17日。
② 中国现代史史料丛编第二集《台籍志士在祖国的复台努力》，台北：中国国民党中央委员会党史委员会，1990年，第110页。
③ 中国现代史史料丛编第二集《台籍志士在祖国的复台努力》，第238页。

和政团性质。

抗日民族统一战线对台胞政团的影响

台湾革命同盟会会章第二条、第三条称："本会在中国国民党领导之下"、"以赞同本会宗旨愿为实现本会纲领而牺牲奋斗之革命同志组织之"。台湾革命同盟会成立宣言中指出："本同盟会之成立乃为谋台湾革命力量之集中与斗争阵线之统一，站于青天白日旗之下，万众一心，戮力与日本帝国主义者作殊死战。"在加入台湾革命同盟会成立小组时的誓词中写道："余以至诚宣誓，愿尊国民党之领导，实行三民主义，效忠党国……。"①由以上文字记载可以看出，台湾革命同盟会是一个在国民党领导下的地方政党联盟，是全国抗日统一战线的成员之一。许多史料证明，在台湾革命同盟会筹备组建期间，国民党台湾党部（当时也在筹组期间，尚未正式成立）负责人、台籍人士翁俊明，直接参与了策划组织和居中联络工作，而有关台湾革命同盟会筹备组织工作的重要事宜，翁俊明直接行文请示当时的国民党组织部部长朱家骅。1941 年 1 月 24 日，也就是台湾革命同盟会成立前夕，在《致朱家骅请示成立台湾党部制性质等四问题函》中，翁俊明写道："台湾革命团体现已改组统一，近又拟改名为台湾归宗协会（应指的就是不久后成立的台湾革命同盟会，笔者注），金华之李友邦已派代表谢挣强来渝……不日可以开成立大会。我党应如何加以利用，此应请示者三。"② 台湾革命同盟会成立后，翁俊明任监察委员会主任委员。1943 年春，国民党台湾党部改名为"中国国民党直属台湾执行委员会"，翁俊明任主任委员，同年 11 月 18 日，翁俊明"被人下毒，暴卒于福建龙溪"③。

"中国共产党在推动建立全国抗日民族统一战线的同时，对于台胞炽

---

① 中国现代史史料丛编第二集《台籍志士在祖国的复台努力》，第 98—102 页。
② 中国现代史史料丛编第二集《台籍志士在祖国的复台努力》，第 311 页。
③ 中国现代史史料丛编第二集《台籍志士在祖国的复台努力》，第 297—302 页。

热的爱国抗敌热情也予以高度的赞扬和积极的支持"①。1942年1月，在"台湾日"宣传大会上台湾革命同盟会常务理事宋斐如发表演讲指出："我们今天的要求（目标）很简单，台湾和别的沦陷区不同，600万台胞只要求回到祖国温暖的怀抱来。我们很清楚，我们除了这条路以外，更没有别的路可走！同时，我们有权利要求祖国表示收回台湾的决心，宣布台湾是一块失土，和其他沦陷省份一样看待。我们更要求祖国赶快完成收复的设施，如正式成立省政府、省党部、支团部，设置参议会及国民参政员。""老实说，收复台湾失地，已不只是台湾人民的责任，而是全国同胞的共同责任，我们非常诚恳地要求党政当局及祖国同胞负起这种共同的责任。"② 而就在此番言论发表前不久，《新华日报》也曾发表社论指出："自兹以后，我们必须与台湾人民紧紧的站在一起，决不让这些二十世纪的孤臣孽子处在一个海岛中，苦斗无援。"③

抗战期间，中国共产党极力倡导建立以国共两党合作为基础的，包括一切抗日的阶级、阶层、政党、团体、爱国人士、少数民族、港澳台同胞、海外华侨在内的抗日民族统一战线。中共于1939年年初提出关于建立抗日民族统一战线的分支——台胞反日统一战线的设想，一些地区党组织为这一设想的实现进行了大量工作。如：中共南方局极力敦促国民政府尽早把收复台湾提上重要议事日程，热情帮助台湾革命同盟会建立武装和统一组织，旗帜鲜明地为台湾重新回到祖国怀抱制造舆论；中共浙江省委统战工作委员会协助李友邦恢复台湾独立革命党并建立台湾义勇队；1939年3月，周恩来路过金华时，还专程到义勇队，并作重要指示。④ 此外，分析台湾革命同盟会重要骨干人士的社会活动经历和重要言论，我们可以发现，在这个台籍政治组织当中，不仅具有一定的社会主义意识形态色彩，而且对中国共产党的政治主张十分支持和赞同。如曾任台湾革命同盟会主

① 杨光彦、张国镛：《台湾革命同盟会述论》，《抗日战争研究》1995年第3期。
② 重庆《新华日报》1942年4月17日。
③ 重庆《新华日报》1942年4月5日。
④ 杨光彦、张国镛：《台湾革命同盟会述论》，《抗日战争研究》1995年第3期。

席的谢南光被看作是："他已经看出国民党蒋介石的消极抗日，积极剿共，镇压异己，对内战内行，对外即依靠、勾结美日帝国主义势力的官僚买办资产阶级的政权本质；他已看到在中国真心实意坚持抗日的政党是中国共产党。"① 早在 1932 年，"谢南光秘密加入中国共产党，其入党介绍人为经济学家王学文"②。再如，台湾革命同盟会三常委之一的宋斐如先生，不仅和进步的左翼知识分子过从密切，而且，曾经救护过被国民党特务追捕的中共地下党工作者③。

综上所述，台湾革命同盟会这一台籍进步人士组成的抗日爱国政治团体，是在孙中山富国、强民、振兴中华的三民主义及中国共产党抗日爱国统一战线思想影响下成立壮大起来的，其筹组成立与活动的开展，与全面抗战、国共合作这一历史大背景息息相关。作为一个具有特殊地方性质的小政党，台湾革命同盟会不仅在组织上接受当时的执政党——国民党的领导，同时，也受到来自中国共产党思想上的影响和道义上的援助。在保家卫国、抗日复台的复杂政治背景下，台湾革命同盟会不负时代与民众的重托，积极作为，勇于献身，与祖国大陆人民一道共赴时艰，成为抗战时期全国反日爱国统一战线组织的一员。

当然，台湾革命同盟会并不是一个组织严密、纪律严明的强有力的政党。审视其筹建成立到开展活动直至最后解散的整个过程，台湾革命同盟会给我们的印象更像是一个较为松散的群团联盟。比如，成立之前声称解散的各入会团体，实际"仍有些团体没有解散"。更为重要的是，台湾革命同盟会的组成成员其政见主张和个人背景十分复杂。虽然在抗日复台这个基本大目标、大前提上是一致的，但成员中"包含了国民党、共产党及合湾各阶级、阶层利益的政治代表，它们在很多涉及阶级利益问题上的意见是对立的。他们当中的一些左翼团体，如台湾独立革命党、台湾义勇

---

① 郑晶莹：《台胞赤子情》，台海出版社，2006 年。
② 汪毅夫：《为国共两党合作的共同目标而勤勉工作——记在第二次国共合作时期受奖记功的"台湾革命领袖"谢南光》，《台盟》2008 年第 4 期。
③ 《宋斐如文集·卷五》，台海出版社，2005 年。

队、台湾共产党等，其政治主张与中共比较一致，与中共的合作也较密切。其右翼团体与国民党完全混在一起，并甘愿受其控制，成为附庸"①。

台湾革命同盟会的主要抗日业绩

台湾同胞一向秉持着爱国爱乡的光荣传统。自"乙未沦陷"后，"台胞为求解放四十余年来前仆后继，革命运动未尝一日或懈，七七事变后，更闻风响应，炸矿山，焚油池，毁铁路，以英勇之行动牵制敌军于台湾之内，组义军，兴生产，施医疗，以必死之决心驰骋于祖国战场之上"②。台湾革命同盟会继承了台湾抗日先贤们的优良爱国传统。前文提到台湾革命同盟会的宗旨：一是投身抗战，二是收复台湾。台湾革命同盟会成立后的主要活动就是围绕这两大宗旨而展开的。义无反顾投身抗战与极力主张收复台湾，不仅是台湾革命同盟会的宗旨与目的，也是全面抗战期间在大陆的所有台湾爱国仁人、志士们共同的人生奋斗理想。

台湾革命同盟会成立后，首先着手发展完善组织系统功能，以服务于全面抗战任务。总会除设有常务理事会、执监委员会负责日常事务外，还分设宣传、组织等机关职能部门。此外，还设有南方、北方执行部。1942年，总会废除了南方、北方执行部，改设各地分会，计有8个分会组织，即南方分会、福建分会、直属第一区分会、直属广州区分会、直属汕头区分会、直属厦门区分会、直属曲江区分会和直属上海区分会。1944年后又增设了昆明分会。

在总会和各地分会组织领导下，台胞仁人志士们活跃在祖国大陆的抗战第一线。台湾义勇队、台湾少年团、台湾行动队等台胞抗日爱国组织，在军事、情报、生产、战地医疗等各个抗战重要环节发挥作用，在敌占区，台湾革命同盟会利用各种手段，如伪装走私、重金收买敌伪人员、打

---

① 杨光彦、张国镛：《台湾革命同盟会述论》，《抗日战争研究》1995年第3期。
② 重庆《新华日报》1940年3月29日。

入敌伪军政机构及沦陷区一些职业团体内部，探听消息，获取情报。从1943 年 1 月到 1944 年 10 月，截获敌伪情报 178 件①。台湾革命同盟会所属的"台湾革命行动队"1943 年 6 月 17 日至 7 月 1 日，三次武装袭击厦门日本海军司令部、兴亚院等目标，烧毁敌仓库，伤敌数十人。这次行动乃"去年四月间本会常委谢南光赴漳州，在漳与预九师副师长兼政治部主任蔡贤侯共商"；"是役，福建省政府资助活动费五千元"②。此外，台湾革命同盟会领导下的台湾义勇队，还在浙江、福建等地设立樟脑制造厂、药品制造厂、台湾医院，以各种形式积极参与、支援抗战。

派遣代表返台组织岛内抗日斗争，也是台湾革命同盟会开展抗日斗争的重要手段。台湾革命同盟会在 1944 年年初的报告中称，此前三年里，因台湾革命同盟会的鼓励，台湾同胞在台"已发动了大小 12 次的暴动"，著名的"枋寮暴动"，就是由台湾革命同盟会代表回台后，同台岛爱国志士一道发动的，参加人数达 1300 余人③。除暴动外，台湾革命同盟会在征工、征兵、征粮等各方面在岛内"全盘发展有组织的破坏运动"。

除了积极投身抗战之外，在极力主张收复台湾方面，台湾革命同盟会同样作了大量卓有成效的工作。如：1942 年 4 月 10 日，革命同盟会正式向国民政府递交了《台湾革命同盟会为设立台湾省政府以利台湾光复革命工作呈文》，文中提出："台湾原为中国领土，台人同系黄帝子孙……今日之台湾已成为我国战略政略上之中心，必须此时准备收复……本会系台湾革命之领导机关，为时势之需求，恳请俯念下情，准予设立台湾省政府。"④ 同盟会会员柯台山起草了《台湾收复前之准备建议》、《台湾收复当时之处理提案（治安大要）》、《台湾收复后之处理办法刍议（政治大要）》；⑤ 同盟会会员黄朝琴也写了《台湾收回后之设计》对台湾收回后的

① 林真：《台湾义勇队的筹组及其在福建的活动》，《台湾研究集刊》1991 年第 4 期。
② 汪毅夫：《为国共两党合作的共同目标而勤勉工作——记在第二次国共合作时期受奖记功的"台湾革命领袖"谢南光》，《台盟》2008 年第 4 期。
③ 重庆《新华日报》1944 年 4 月 17 日。
④ 中国现代史史料丛编第二集《台籍志士在祖国的复台努力》，第 126—127 页。
⑤ 中国现代史史料丛编第二集《台籍志士在祖国的复台努力》，第 269 页。

各种问题提出了解决方案。①

在重庆，每逢"四·一七"《马关条约》签订周年，台湾革命同盟会都要举行纪念会、招待会、发表宣言、发起宣传周，唤起民众对收复台湾问题的关注。仅在重庆，由台湾革命同盟会举办的"四·一七"岛耻日纪念会就达 6 次之多。1942 年 4 月 17 日为《马关条约》签订 47 周年，"台湾革命同盟会召集在渝台胞举行纪念大会"，大会印发了《告台湾同胞及中国沦陷区内同胞书》。1942 年 1 月，台湾革命同盟会在重庆发起"复土复省运动"宣称："台湾的革命团体已经完全统一，祖国也要设法加强这个统一。台湾革命的目标是非常单纯，就是要求回到祖国温暖的怀抱来。祖国党政当局，应当热诚接受这个要求。"1942 年 4 月 5 日，台湾革命同盟会联合在渝的东方文化协会等 16 个团体，发起了盛况空前的"台湾日"宣传大会，由此拉开收复台湾"宣传周"的活动序幕。会后，他们利用重庆各大新闻媒体，如《新华日报》、《中央日报》、中央广播电台等进行广泛宣传，扩大影响。②

台湾革命同盟会还十分注重将扩大本组织参政影响力与推动执政当局收复台湾工作紧密结合起来。1942 年 3 月，台湾革命同盟会函呈国防最高委员会、国民党中央及国民参政会。"恳依沦陷省区条例，添入台籍参政员名额"③。担任台湾革命同盟会三常委之一的宋斐如先生就曾这样描述和规划道："（台湾革命）同盟会是代表全台五百多万同胞的一个总体，他要具有政治机构的性质，在省参议会未成立以前，它应该是代表民意的机关，参政员可由同盟会提出以供当局圈定。"④ 1944 年 4 月 17 日，国民党中央设计局在台湾革命同盟会及全国人民的推动下，正式建立了"台湾调查委员会"，作为政府收复台湾筹备工作的指导机构。台湾革命同盟会推荐了该会主要负责人李友邦、谢南光、谢挣强、柯台山、黄朝琴、李纯青

---

① 中国现代史史料丛编第三集《抗战时期收复台湾之重要言论》，第 113 页。
② 杨光彦、张国镛：《台湾革命同盟会述论》，《抗日战争研究》1995 年第 3 期。
③ 重庆《新华日报》1942 年 3 月 2 日。
④ 宋斐如：《台湾的惨状与祖国的责任》，《宋斐如文集·卷二》，台海出版社，2005 年。

等人，或入聘参加"台湾调查委员会"工作会议，或积极献计献策从政治、经济、军事、文化等方面对筹备收复台湾提出意见和建议。

台湾革命同盟会还积极着手加强军事建设、人才培训、文化宣传等方面工作，以配合台湾光复。如：台湾义勇队扩大编制，将义勇队改编为义勇总队；呈请"三民主义青年团设立台湾支团部"；台湾革命同盟会会员及台胞积极参加各类党务、行政、警务等干部训练班。为宣传全面抗战及收复台湾，联合会、台湾革命同盟会相继创办了《新港》、《新台湾》作为自己的机关刊物，在重庆、桂林、金华等地大量发行。此外，台湾革命同盟会成立后创办的报纸杂志计有《台湾民声报》、《台清先锋》、《新少年报》等10余种。与此同时，同盟会还定期利用重庆的国际广播电台、中央广播电台等舆论工具，采用中文、英语、日语、台语（闽南话）等向中外广播。

今天看来，当年台湾革命同盟会的宗旨：投身抗战与收复台湾，也正如后来人所阐发的民族解放与国家统一这两面旗帜。聚集在这两面旗帜之下，台湾的爱国志士，用自己的革命实践充分说明，台湾同胞始终与祖国人民并肩作战，同仇敌忾，台湾同胞的命运自始至终与中华民族的命运紧密相连。因此，我们说台湾革命同盟会的历史，也是不断加深和密切两岸血浓于水同胞关系的历史。在20世纪三四十年代那段特殊的岁月里，坚决维护台湾主权、争取回归祖国的台胞精英们，"与祖国人民坚持统一争取光复台湾的要求汇合成了强大的革命洪流，有力地粉碎了国际帝国主义分裂中国的罪恶阴谋，从而在法理和道义上维护了祖国的统一"[1]。台湾革命同盟会所走过的奋斗历程尽管短暂，但不掩其光荣；台湾革命同盟会所做出的历史贡献或非辉煌，但却难以替代。他们无畏艰险的奋斗精神和上下求索的人生境界，尤其值得台籍后生晚辈们学习继承，发扬光大。

1945年10月台湾光复后，台湾革命同盟会抗日复台的政治目标终得实现，于是，台湾革命同盟会在回到台湾后便自动解散了。但是，台湾革

---

① 杨光彦、张国镛：《台湾革命同盟会述论》，《抗日战争研究》1995年第3期。

命同盟会一些重要成员的故事到此非但尚未完结，而且结局十分凄惨，令人不胜感叹。李友邦、宋斐如先生，为台湾革命同盟会创会三常委之两位，先后因莫须有的"通共"、"叛乱"罪名惨遭国民党杀害。[①] 1947年"二·二八"事变后，一些台湾革命同盟会的重要成员加入了于同年11月在香港成立的台湾民主自治同盟，1949年后，原台湾革命同盟会的一些重要成员如李纯青、丘晨波等，又以一个全新的政治身份——台湾民主自治同盟盟员，参与了新中国的筹建和社会主义建设。此外，宋斐如、谢南光在大陆的后人，也都成为了台湾革命同盟会盟员。由此可见，从某种程度上讲，当年台湾革命同盟会爱国爱乡的薪火在祖国大陆得以承传下来。今天，我们撰文纪念台湾革命同盟会的先贤志士，除了表达深深的敬意和思念外，更应加倍努力工作，牢牢把握两岸关系和平发展新的历史机遇，使台湾革命同盟会前辈们致力于国家统一的美好愿望，能够早日得以实现，以告慰先辈英灵。

1941年12月中国政府正式对日宣战后，中日间一切条约包括割让台湾的《马关条约》被宣告废除，使收复台湾获得了法律上的根据。1942年4月，在台湾革命同盟会的积极推动下，重庆掀起了群众性的光复台湾运动（或称台湾复省运动）浪潮。

此后，每年4月17日《马关条约》签订之日和6月17日所谓"始政纪念日"，定为"国耻纪念日"，每届此二日，台湾革命同盟会及台胞其他团体都开会纪念，宣传光复台湾的言论。1943年4月17日，同盟会发表《为〈马关条约〉48周年纪念宣言》和《告祖国同胞书》，6月17日，又发表《为纪念"六一七"台湾沦陷日宣言》。

1944年、1945年的4月17日和6月17日，台湾沦陷49周年、50周年纪念日，同盟会继续进行纪念活动，宣传抗日与光复台湾运动。早在1943年9月，同盟会已出版《台湾问题言论集》，收集有关台湾革命和收复台湾的文章20篇，以促进革命团体的统一运动，并提供祖国当局决策参

---

① 郑晶莹：《台胞赤子情》，台海出版社，2006年。

考。同盟会机关报《新台湾》、《台湾民报》及台义队的《台湾青年》，也发表复台文章。从上述介绍可以看出，1942年4月掀起的光复台湾运动的浪潮汹涌澎湃，一浪高过一浪，具有很大的规模，震动全国，影响世界，产生了深远的影响。

台湾革命团体在大陆宣传抗日与光复台湾的同时，同盟会所属的行动队也于1942年6月开始对厦门沦陷区进行3次武装突袭。1942年4月间，同盟会领导谢南光亲赴漳州，与预9师共商武力袭厦事，得到部队同意，武器、交通船及指挥由预9师负责，武力由台湾志士担任，共分3组，先后破坏厦门兴亚院、油库。

第一次突袭发生于6月17日，突击队向敌军指挥部兴亚院投掷了数百枚炸弹，兴亚院陷入一片火海之中。行动队又在厦门大街小巷散发抗日传单，市内秩序大乱。第二次突袭发生于6月30日，对厦门虎头山日本海军油库发动突袭，日军遭受沉重打击。第三次突袭发生于7月1日，日本侵略者当晚在公园举行伪市府成立3周年庆祝会，突袭队员从各个角落向会场投掷手榴弹，数十枚手榴弹在会场爆炸，当场毙伤敌伪军数十人。

台湾革命同盟会所组织的对厦门几次袭击行动，在当时全中国波澜壮阔的抗日战争中，当然是微不足道的，但是它的政治意义却是伟大的，它以实际行动向日本侵略军表明台湾人民是不甘屈服的，敢于反抗强敌日寇。正如台湾学者李云汉所评述："这样轻微的突击不会构成对敌人的严重威胁，但在心战的效果上影响极大。这是台湾人对日本侵略者的武力攻击，说明了台湾人对日寇的深仇大恨。"正是由于包括台湾人民在内的全体中国人民团结一致，共同抗日，才取得了抗日战争的完全胜利，既收复了大陆大片失地，也收复了1895年被割让的台湾。

台湾革命同盟会是抗日战争时期台湾同胞在祖国大陆建立的抗日爱国政党，由台湾革命团体联合会、台湾革命党、台湾青年革命党、台湾国民革命党等4个抗日团体联合而成，"以集合一切革命力量，打倒日本帝国主义，光复台湾"为宗旨。先后以《新台湾》、《台湾民报》为机关报。领导人主要有李友邦、丘念台、谢东闵、李纯青、宋斐如、李万居、谢南光、黄朝琴、游弥坚等。

成立经过：抗日战争爆发后，在祖国大陆的台湾同胞为了彻底打败日本帝国主义和使台湾早日回归祖国，成立了台湾革命团体联合会、台湾革命党、台湾青年革命党、台湾国民革命党等抗日团体，这些抗日团体为全民族的抗战做出了杰出贡献。为了更好地发挥台湾同胞的抗日积极性和主动性，1941 年 2 月 10 日，台湾革命团体联合会、台湾革命党、台湾青年革命党、台湾国民革命党等 4 个抗日团体在重庆召开大会，决定成立台湾革命同盟会。大会通过了行动纲领，选举谢南光、刘启光、李友邦、丘念台等为领导人，决定总部设在重庆。台湾革命同盟会的行动纲领是："1. 台湾乃中国失地，台湾革命为中国国民革命之一环，中国抗战胜利之日，即台湾人民获得自由解放时；2. 本会确信打倒日本帝国主义，乃光复台湾之唯一途径，加强团结台湾各界反对日本帝国主义之革命力量，积极参加祖国抗战，以促使日寇早日崩溃；3. 联合同情台湾革命事业之各民族、团体或个人共同奋斗，为完成革命之要者，本会决与日本、朝鲜革命势力、东方被压迫民族乃至反侵略之世界人士保持密切合作或联络。"

主要活动：台湾革命同盟会成立后，为了使抗战早日胜利和台湾早日回归祖国，开展了一系列的活动。第一，通过广泛宣传，增进祖国大陆民众和世界人民对台湾的了解。台湾革命同盟会成立后，利用出版刊物、电台广播、散发传单等多种方式，进行全方位多层次的宣传。宣传的内容包括揭露日本殖民者剥削压迫台湾同胞的罪行、分析抗战形势、介绍台湾历史与地位、号召团结抗日、要求战后台湾回归祖国等。台湾革命同盟会的宣传，开阔了祖国大陆民众的视野，加深了祖国大陆民众对台湾历史的了解，增进了祖国大陆民众和台湾人民之间的感情；同时对促使英美苏在《开罗宣言》和《波茨坦公告》中同意台湾在战后归还中国，起到了积极的推动作用。

第二，直接进行抗日活动，派人员返台组织斗争。台湾革命同盟会成立后，派了大量人员回台湾进行抗日斗争。派回台湾的人员利用各种关系和途径鼓动台湾同胞抗日，如直接组织台湾人民暴动、号召台胞返回祖国大陆以支援祖国抗战，在征工、征兵、征粮等方面"全盘发展有组织的破坏运动"。1941年至1944年，台湾革命同盟会的人员鼓动台胞"已发动了大小12次的暴动"。著名的"仿寮暴动"，就是台湾革命同盟会返台人员发动的，参加人数达1300余人。通过台湾义勇队直接从事前线抗日斗争。在台湾革命同盟会指导下，义勇队在收集情报、直接抗敌、从事生产、开办医院等方面做出了突出贡献。义勇队利用伪装走私船出入敌占区、以重金收买敌伪人员、打入敌伪军政机构及沦陷区一些职业团体内部等多种手段获取情报。从1943年1月到1944年10月，截获敌伪情报175件。义勇队将这些情报提供给前线的中国军队，这些情报对前线军队制订作战计划起到了积极的作用。1943年6至7月，义勇队三次袭击厦门，烧毁敌人的仓库，伤敌数十人。义勇队在浙江、福建等地设立樟脑制造厂、药品制造厂，从事樟脑和药品生产，供前线官兵使用。义勇队在金华、衢州、兰溪、建阳等地设立台湾医院，免费医治伤病员和抗战官兵的家属以及贫苦大众。

第三，协助收复台湾。随着盟军在太平洋战场的节节胜利，台湾的光复已指日可待，台湾革命同盟会逐步将筹备收复台湾工作作为工作重心。1942年3月，台湾革命同盟会致函国防最高委员会、国民党中央及国民参政会，请求"依沦陷省区条例，添入台籍参政员名额"。为适应筹备收复台湾工作需要，台湾革命同盟会在第三届代表大会上决定在总会增设建军委员会，"以研究规划台湾军事"；增设建政委员会，"以研究宪政和将来的宪政实施事宜"；增设文化运动委员会，"研究我国固有文化，以达到台湾文化'返本归宗'的目的"。1944年4月，台湾革命同盟会派代表参加"台湾调查委员会"，协助国民政府制订收复台湾计划。11月，台湾革命同盟会义勇队以大会名义提请国民党中央："1. 修改宪法第四条，在中华民国领域内补列台湾，以重国土主权；2. 划定台湾之国民大会出席代表及参政员名额，以示台胞为我国国民而利收复国土；3. 举办政治、军事等各种训练班组训台湾青年干部，以便收复台湾"。"为配合盟军登陆台湾，并协助建立光复地区行政机构及救济事业"，台湾义勇队经军委会政治部批准，扩大编制，将义勇队改编为义勇总队。总队部设总务、指导训练、编辑通讯3组，共3个区队9个分队。1945年5月，又经军委会政治部批准，增设1个区队。同时，台湾革命同盟会还组织党员及其他台胞积极参加当局举办的党务、行政、警务等干部训练班。1944年7月21日，"台湾调查委员会"召开座谈会，在会上，台湾革命同盟会的黄朝琴、谢南光、李纯青、陈幸西、谢挣强、柯台山、许显耀、游弥坚、李祝三、连震东、曾溪水等人从政治、经济、军事、文化等方面对筹备收复台湾提出建议，这些建议对国民政府制定收复台湾的政策起到了重要的参考作用。

功成分化：1945年10月25日，台湾光复。台湾革命同盟会的抗日复台总目标已经实现，于是，台湾革命同盟会在回台湾后便自动解散了。内战爆发后，原台湾革命同盟会成员便分化了。一些人热衷于追随国民党，以求得一官半职，如谢东闵等人；一些人因与共产党曾经合作过而被国民党逮捕、杀害，如李友邦等人；一些人则为了自由民主和建立新中国而继续奋斗，如谢雪红等人。

重庆抗战大后方海外档案史料考察团赴美考察，首次在美国国会图书馆发现台湾革命同盟会的一份档案史料。重庆是抗日战争时期国民政府的战时首都，也是与华盛顿、莫斯科、伦敦齐名的二战四大名城之一。为挖掘、保护和传承抗战文化，重庆2008年启动"重庆中国抗战大后方历史文化研究和建设工程"（简称"重庆抗战工程"）。此次赴美考察行动是该工程启动以来最大的一次出国史料寻访交流活动。中国国民党党史馆主任邵明煌先生曾于2009年8月带着一个空信封到重庆寻访台湾革命同盟会的信息。信封上的地址是"重庆观音岩"。遗憾的是，仅凭这个印着"台湾革命同盟会"字样的信封，邵明煌来到观音岩未有收获。重庆考察团在美国国会图书馆意外发现了一封由台湾革命同盟会通过美国驻中国大使高思转给美国远东舰队司令颜露尔将军的代电稿。在代电稿中，台湾革命同盟会对颜露尔将军提出的"台湾应归还中国之主张，尤为我台人所欢迎。盖我台人现正在本会领导之下，努力于台湾光复运动"这一珍贵历史资料表明，当时在日本殖民统治下的台湾同胞，曾远赴重庆与全国民众一起投身抗日战争。考察团还从斯坦福大学胡佛档案馆精选摘抄整理了逾2.4万字的蒋介石日记，获得毛泽东、蒋介石、史迪威，及重庆大轰炸、重庆抗战时期城市面貌的珍贵图片资料728张和档案文献1099页。此外，考察团还从罗斯福总统图书馆搜集到2044张数字化档案文件，包括罗斯福总统与蒋介石之间的通信手稿、有关中缅印战区实战的电报等。

革命同盟会与台湾光复

台籍志士参加祖国抗战

1895年日本占领台湾后，广大台胞自发组织起来，反抗日本殖民统治，死伤数万人。血的事实告诉广大台胞，要想摆脱压迫，仅靠自身力量远远不够，必须自强不息，争取借助祖国力量。1920年代，台籍青年承先人遗志，辗转来到内地。在广东、北京、武昌、上海、南京等地，他们组织团体，有北京台湾青年会、韩台革命同志会、上海台湾青年会、厦门台湾同志会、闽南台湾学生联合会、中台同志会、广东台湾革命青年团、台湾民主党等，从事反对日本帝国主义的活动。[①]

李友邦，原名李肇基，台北芦洲人，1906年生，青年时期在岛内自发参加反日活动。1924年投奔大陆，6月在广州参加广东警卫军讲武堂，11月转入黄埔军校第二期，旋离校。1926年12月，李肇基等人酝酿成立了广东台湾学生联合会，编辑出版《台湾先锋》杂志。得到中山大学校长戴季陶的支持，广东台湾学生联合会更名为广东台湾革命青年团，参与者有张克敏、李祝三等人，属秘密结社，利用报纸、宣传文书等，联络台籍青年，从事革命工作。1927年3月12日，在孙中山先生逝世2周年的日子，广东台湾革命青年团发表《敬告中国同胞书》："祖国现在已进入革命发展

[①] 《台胞在祖国之活动》，台湾省文献委员会编：《台湾省通志稿》之《革命志·抗日篇》，台北：海峡学术出版社，2002年，第217—259页。

的时期，我台胞应认清时潮，急起直追，来参加祖国的革命，我们每想念及台湾，便会联想到我们的总理，他虽然已经逝世了，但是他的伟大精神仍继续在指导东方弱小民族的革命运动。我们知道孙先生逝世的日子，就是我们失去了伟大领导者的日子，同时也是叫我们应肩起一切革命责任的日子。"台籍青年呼吁，"中国民众团结起来援助台湾革命！毋忘台湾！台湾的民族是中国的民族！台湾的土地是中国的土地！"[①]

谢雪红，女，台湾彰化人，1901 年生，本名阿女，苦力的女儿。1925年 4 月到上海，逢五卅运动，她参加游行，接触中共党员。此后，她化名"谢飞英"，进入上海大学社会系，结识潘钦信、蔡孝乾、翁泽生等台籍青年。1926 年，谢雪红、林木顺经中共党员的推荐，前往莫斯科。她进入"东方共产主义劳动大学"就读，林木顺入中山大学就读。[②]

1922 年 10 月，国共两党共同创办培养革命骨干力量的上海大学[③]，有关教学教务等具体事务则由中共掌管，谢雪红、林木顺等台湾进步青年先后被中共选派到上海大学学习。1925 年 8 月间，谢、林加入中共[④]。在中

---

① 《广东台湾青年革命团敬告中国同胞书》，张瑞成编：《台籍志士在祖国的复台努力》，台北：近代中国出版社，1990 年，第 10—11 页。

② 谢雪红口述、杨克煌记录：《我的半生记》，杨翠华印行，1997 年，第 307—308 页。

③ 为培养革命力量，在陈独秀的倡议下，1922 年 10 月 23 日，中共将原东南高等专科师范学校改建为上海大学（最初位于闸北青岛路青云里，今青云路 323 号附近，1987 年定为市级革命纪念地；1925 年"五卅运动"后，由于英国殖民者的干扰，被迫搬迁至青云路师寿坊继续办学）。国民党元老于右任出任校长，共产党人邓中夏担任校务长主持学校行政工作，瞿秋白担任教务长兼社会学系主任。蔡和森、张太雷、李汉俊、恽代英、沈雁冰、任弼时、萧楚女、吴玉章以及田汉、郑振铎、郭沫若等先后在上海大学任教。1927 年"四一二政变"后，为蒋介石下令查封。摘自蒋二明《陈独秀与上海大学》（《党史纵览》2011 年第 7 期）；孙杰《邓中夏与二十年代初的上海大学》（《上海大学学报》1988 年第 2 期）；王家贵、蔡锡瑶编著《上海大学（1922—1927）》（上海社科院出版社 1986 年版）；程杏培、陶继明编著《红色学府——上海大学》（上海大学出版社 2002年版）等。

④ 何池《翁泽生传》，第 142—143 页。也有人认为谢雪红在 1925 年先后加入中国共产主义青年团和国民党。见陈芳明：《谢雪红评传》，第 55、73—76 页。谢雪红自己的回忆是在 1925 年 6月加入中国共产主义青年团，然后成为国民党员；8 月份，她被告知接受她加入中国共产党。见《我的半生记》，第 177、180 页。《研究·档案》的"解密"文档记载则是：谢雪红 1924 年加入中国共产主义青年团，加入国民党是在 1925 年。另外，林木顺也于 1925 年先后加入中国共产主义青年团和国民党。见俄档//全宗 532/目录 1/案卷 462，第 20 页；案卷 46，第 11 页。引自《研究·档案》，第 57、60 页。

共的安排下，1925 年 11 月 20 日，谢、林赴苏联学习①。是年 12 月，谢、林进入莫斯科东方大学②。期间，谢雪红与向警予同居一室③。1927 年 9 月 20 日，日共驻共产国际代表片山潜致信共产国际，请求将林、谢派回台湾④。根据谢雪红的回忆，1927 年 10 月 12 日，片山潜对他们称："共产国际决定命令谢飞英（雪红）、林木顺回国组织'台湾共产党'，由谢飞英负责、林木顺协助，台共组织暂时做为'日本共产党台湾民族支部'。"⑤

1927 年 10 月 17 日，林、谢奉命启程回国；同年 11 月 13 日抵达上海⑥。林、谢联络到台籍中共党员翁泽生⑦。按照中共中央的指示，翁泽生参与台共建党事宜，并创建"上海台湾青年读书会"⑧作为外围掩护。日共驻共产国际东方局代表锅山贞亲（化名川崎）也同时给予协助⑨。是年

① 根据谢雪红的回忆，1925 年 10 月间，中共一位同志同时向谢雪红、林木顺及林仲梓三人宣布："党派我们赴苏联莫斯科东方大学学习"，并称派我们赴苏联学习是为了培养干部，考虑将来帮助台湾的同志在台湾建党。林仲梓后来未能成行。见《我的半生记》，第 191 页。
② 根据东方大学的档案记载，谢雪红的入学日期是 1926 年 2 月 8 日；林木顺则是 1926 年 4 月 9 日。见俄档//全宗 532/目录 1/案卷 462，第 20 页。另据该校记载，1927 年 3 月，谢雪红由于健康原因，被学校除名；同月，林木顺由于学习成绩不佳亦被除名。见俄档//全宗 532/目录 1/案卷 36，第 103、109 页；俄档//全宗 532/目录 2/案卷 169，第 19 页。引自《研究·档案》，第 57、60 页。但谢雪红在其回忆追述中没有提及此事，而只是说，1927 年 9 月，她和林木顺在东方大学毕业了。"如果不被调回国"，林木顺可能继续在国际班学习。见《我的半生记》，第 231 页。此事仍需进一步查实。
③ 《我的半生记》，第 202 页（谢的记载均为"向警依"）。
④ 俄档//全宗 532/目录 1/案卷 36，第 105 页。引自《研究·档案》，第 62—63 页。
⑤ 《我的半生记》，第 233 页。
⑥ 《我的半生记》，第 234、237 页。
⑦ 根据台湾革命同盟会老盟员周青的记述：翁泽生"在中共组织体系中，他直接受陈云的领导"。见徐宗懋《我所认识的谢雪红——周青访问记》（徐宗懋：《二二八事变第一主角谢雪红珍贵照片》，台北：时英出版社，2004 年）。有关与翁泽生的联络过程，谢雪红与翁泽生有不同的追述。谢雪红称与翁泽生相识，是通过林木顺的胞弟林松水，而不是党的渠道。见《我的半生记》，第 238 页。而在 1930 年翁泽生对共产国际东方局的说明中则称，他是奉中共之命与林木顺、谢雪红建立了联系。见俄档//全宗 495/目录 128/案卷 10，第 1 页。引自《研究·档案》，第 63 页。另见《翁泽生传》的记载，"1927 年 11 月中旬末尾，翁泽生接到中共江苏省委的通知：中央决定翁泽生协助台共建党工作。将由谢雪红（化名吴碧玉）直接跟他联系"。见何池《翁泽生传》，第 140 页；肖彪等《中共党史人物传（翁泽生）》，西安：陕西人民出版社，1986 年，第 149 页。
⑧ 根据谢雪红的回忆，中共指示翁泽生组织"上海台湾青年读书会"，并由他领导这一团体，为台共输送人才。见《我的半生记》，第 239 页。1927 年 11 月底，"上海台湾青年读书会"在闸北天庵源源里宣告成立。见何池《翁泽生传》，第 147 页。
⑨ 《台湾社会运动史（1913—1936）》，第 8 页。

11、12月，林、谢先后赴东京①，听取日共中央指令：日共正在准备第一次国会普选，不能专注台共的建党工作，应该请中共代为指导②。林木顺在致共产国际的报告中亦称，锅山贞亲曾对他说"日本共产党没有可能从事这项工作，将要做这件事的是中国共产党和共产国际的代表'S 同志'"③。《研究·档案》据此推测是"Seki 同志"（Seki, johnson 杨松的假名字）④。锅山贞亲讲的杨松为何又变为"彭荣"？具体过程究竟如何？须进一步予以考证。

据有关记载，在东京期间，林、谢参考中共和日共文件，起草台共纲领等有关文件⑤。1928 年 1 月底，林、谢返回上海⑥。1928 年 4 月 13 日，根据"彭荣"的提议，在翁泽生家秘密召开台共筹备会议，与会者有谢雪红等 11 人，会议由"彭荣"主持⑦。会议首先由林木顺通报了台共成立大会的时间、地点、议程及有关事项，接着由"彭荣"宣读政治、组织纲领及各项运动方针等提案，经讨论通过。"彭荣"提出："因为组党大会须保持机密，出席大会限为代表，因此先行决定参会人选。"⑧ 经过协商，选出

---

① 1927 年 11 月 17 日，林木顺先到日本；12 月上旬，谢雪红到达日本。见《我的半生记》，第 223、229 页。
② 《台湾社会运动史（1913—1936）》，第 589 页。
③ 俄档//全宗 1＝514/目录 1/案卷 461，第 3 页。引自《研究·档案》，第 48 页。
④ 《研究·档案》〔引自《联共（布）、共产国际与苏维埃运动在中国（1927—1931）》，莫斯科：俄罗斯政治百科全书出版社，1999 年，第 1529 页；《联共（布）、共产国际与日本（1917—1941）》，莫斯科：俄罗斯政治百科全书出版社，2001 年，第 576 页〕的记载是：杨松（1882—1939），1926 年至 1927 年，任共产国际和赤色工会国际派驻日本的代表。1929 年至 1929 年，任赤色工会国际派驻中国的代表。此记载则与国内党史记载不符，经查实：杨松（1907 年 11 月至 1942 年 11 月），湖北大悟县人，1927 年春进入莫斯科中山大学学习，同年加入中国共产党；1928 年 6 月至 7 月，参加在莫斯科召开的中共六大，后任太平洋职工会中国部主任。1934 年化名吴平，担任中共满洲省委巡视员，创办吉东特委并任书记；同年底创办东北抗日同盟军第四军并任政委；1935 年七八月间赴莫斯科参加共产国际第七次代表大会；后留中共驻共产国际代表团工作。1938 年 2 月，杨松回延安工作，曾任中共中央宣传部副部长兼秘书长、《解放日报》总编辑等。1942 年 11 月 23 日病逝延安。见《纪念党的杰出的理论宣传工作者杨松同志诞辰一百周年》，载《湖北日报》2007 年 11 月 14 日；中国共产党新闻网 http：//cpc．people．com．cn/。
⑤ 《我的半生记》，第 248—249 页；《翁泽生传》，第 150 页。
⑥ 《我的半生记》，第 240 页；《台湾社会运动史（1913—1936）》，第 9 页。
⑦ 对于台共筹备会议举行的日期，迄今有 4 月 13 日、14 日两种说法。如陈芳明《谢雪红评传》（第 89 页）认为是 13 日；也有人认为是 4 月 14 日，见《翁泽生传》，第 154 页。
⑧ 《台湾社会运动史（1913—1936）》，第 10 页。

林木顺、谢雪红等 8 位与会代表①，代表当时台共的 18 位成员②。

两天后的 4 月 15 日，在法租界霞飞路（今淮海中路 831 号，位于与瑞金二路交叉口的西侧）的横通里金神父③照相馆的二层楼上，秘密举行了台共成立大会④。谢雪红为大会主持者⑤，出席大会的有中共代表"彭荣"，朝鲜共产党代表吕运亨⑥以及林木顺等多人⑦。

依照会议议程，首先由林木顺宣布台共正式成立⑧。林木顺表示："本大会承蒙中国共产党派遣代表参加，并得以接受中国共产党的指导，使我们深感无上的欣慰与光荣"⑨。随后，"彭荣"代表中共致词并介绍了中共建党以来的经

---

① 《我的半生记》，第 262 页。

② 按照谢的回忆，当时台共成员有 18 位：林木顺、谢雪红、翁泽生、谢玉叶、陈来旺、林日高、潘钦信、张茂良、刘守鸿、杨金泉、庄春火、洪朝宗、李晓芳、庄驷川、陈添进、林兑、林金泉、林松水。见《我的半生记》，第 250 页。《研究·档案》则认为谢雪红的回忆或许有误。其中，"林金泉"的名字在任何台共资料中均无处查询，"陈添进"或许就是"林添进"。见《研究·档案》，第 71 页。

③ 经营照相馆的金神父是苏联人，多次掩护在上海活动的革命者。见何池《翁泽生传》，第 157 页。

④ 谢雪红回忆称：成立大会开了两天（4 月 15 日上午、下午、晚上共举行了三次；16 日下午、晚上共举行两次，并于 16 日晚上闭幕）。见《我的半生记》，第 262—264 页。

⑤ 《我的半生记》，第 262 页；台湾学者卢修一也认为是谢雪红。见卢修一《日据时代台湾共产党史（1928—1932）》，第 74 页注释 20。也有记载会议主席是林木顺。见《台湾社会运动史（1913—1936）》，第 590—591 页。笔者猜测，在 4 月 15 日、16 日两天的会议中，很有可能是林木顺、谢雪红轮流主持了 15 日上午开幕仪式及 16 日下午的闭幕仪式。

⑥ 吕运亨（1886—1947 年）是韩国著名的独立运动政治家，曾翻译朝鲜语版《共产党宣言》；1914 年毕业于金陵大学英文系，1918 年在上海组织新韩青年党并加入"大韩民国独立临时政府"，长期从事抗日民族独立运动；1928 年曾秘密加入中国共产党；由于思想左倾，在美国的指使下，1947 年 7 月，被李承晚集团暗杀。摘自金成淑《简论韩国独立运动政治家吕运亨》，《历史教学问题》2001 年第 6 期；"吕运亨"百度 http：//baike. baidu. com/view/1874254. htm 等。

⑦ 有关出席台共成立大会的人数仍有不同记载。谢的回忆是 10 人，包括谢玉叶（志坚）。见《我的半生记》，第 264 页。也有记载则是 9 人，不包括谢玉叶（志坚）。见《台湾社会运动史（1913—1936）》，第 590 页；何池《翁泽生传》，第 157 页；陈芳明《谢雪红评传》，第 90 页等。与会者之一的潘钦信写于 1950 年 2 月 28 日的《自传》，亦坚称与会代表是 9 人，没有谢志坚。引自何池《翁泽生传》，第 156 页。陈芳明、若林正丈则认为翁泽生并没有出席此次会议。见若林正丈《台湾革命与第三国际》（《蓬莱岛》第 28、29、30 期，1975 年 5 月、7 月、9 月）、陈芳明《谢雪红评传》，第 90 页。

⑧ 何池《翁泽生传》，157 页。而谢雪红的追忆则是：首先由彭荣讲话，接着由谢雪红与林木顺做筹建党经过情形的报告。见《我的半生记》，第 263 页。

⑨ 《台湾社会运动史（1913—1936）》，第 11 页。

验教训①。在"彭荣"的具体指导下，大会审议并通过台共政治、组织纲领，以及各项运动的方针②。最后大会选出5位中央委员及2位候补中央委员。委员是林木顺、林日高、庄春火（缺席）、洪朝宗（缺席）、蔡孝乾（缺席）；候补委员是谢雪红、翁泽生③。三天以后，即4月18日，新组成的台共中央召开第一次会议，确定分工；林木顺、林日高、蔡孝乾为中央常委，林木顺任书记④。会议对下一步工作分工：由林木顺、谢玉叶、潘钦信、林日高四人遣返台湾岛内开展革命运动；陈来旺、谢雪红赴东京作为台共东京特别支部与日共的联络员；翁泽生则留驻上海负责与共产国际东方局和中共的联系工作⑤。

台湾共产党成立仅10天后，即4月25日，日本警察再次对"上海台湾青年读书会"驻地（位于法租界拉路东升里389号，亦是林木顺与谢雪红等人的居所）进行突然搜查⑥，林木顺及时逃脱⑦，而谢雪红等人被捕⑧，台共组织遭到严重破坏⑨。

---

① "台湾共产党成立大会记录"。（日）山边健太郎：《现代史资料》第22辑《台湾Ⅱ》，第246—251页。

② （日）山边健太郎：《现代史资料》第22辑《台湾Ⅱ》，第252—253页。

③ 《台湾社会运动史（1913—1936）》，第592页。

④ 《台湾社会运动史（1913—1936）》，第92—93页。

⑤ 张春英《民主革命时期台湾共产党与中国共产党关系之研究》。

⑥ 1928年3月12日、31日，日本警察曾两次搜捕"上海台湾青年读书会"。见《台湾社会运动史（1913—1936）》，第99页。

⑦ 《我的半生记》，第267页；林木顺后来牺牲在江西苏区保卫瑞金的战斗中。见苏新：《未归的台共斗魂——苏新自传与文集》，台北：时报文化，1993年，第41页；林江：《怀念父亲翁泽生》，《不能遗忘的名单·台湾抗日英雄榜》，台北：海峡学术出版社，2001年，第99页。需要强调的一件史实是，记载1947年台湾"二·二八事件"的、作者署名林木顺的《台湾二月革命》1949年在香港出版（香港新民主出版社），但其实真正的作者是苏新和杨克煌（本文注）。

⑧ 其他被捕的台共成员是，张茂良、刘守鸿、杨金泉、林松水。见陈芳明《谢雪红评传》，第96页。另，谢雪红被遣送回台湾，后因证据不足，无罪获释。见《台湾社会运动史（1913—1936）》，第98—100页。谢雪红于5月14日被日本警察押送回台湾，至6月2日获释。见《我的半生记》，第274—277页。6月，谢雪红、林日高、庄春火等在岛内重振党的组织，不屈不挠地开展斗争。见张春英《民主革命时期台湾共产党与中国共产党关系之研究》。

⑨ 为躲避日本警察的搜捕，1928年8月下旬，蔡孝乾、洪朝宗、潘钦信及谢玉叶由台湾冒险逃到大陆（漳州）。见《台湾社会运动史（1913—1936）》，第10页；谢雪红《我的半生记》，第290页。当事人之一的蔡孝乾后来也证实了这一点。见蔡孝乾：《台湾人的长征记录》（原名《江西苏区·红军西窜回忆》，中共研究杂志社，1970年），台北：海峡学术出版社，2002年，第3页。对台共领导层的表现，日共中央给了严厉谴责。见（美）弗朗克·S.T.萧、劳伦斯·R.沙里文：《台湾共产党的政治历史（1928—1931年）》，田华译，《台湾研究集刊》1986年第2期。

　　1928 年 4 月 15 日，台湾共产党建党大会在上海法租界的一家照相馆二楼举行。除中共代表彭荣（彭湃）和朝鲜共产党代表吕运亨外，参加者有台籍青年谢雪红、林木顺、翁泽生、林日高、潘钦信、陈来旺、张茂良等人，选出中央委员林木顺、林日高、庄春火（缺席）、洪朝宗（缺席）、蔡孝乾（缺席），候补委员翁泽生、谢雪红，书记林木顺，组建"日本共产党台湾民族支部"，组织上归日共领导，业务上由中共代为指导。① 受共产国际"殖民地人民要争取独立"政策的影响，台共制定了政治纲领："1、打倒总督专制统治——打倒日本帝国主义。2、台湾人民独立万岁。3、建立台湾共和国。"② 台共主张台湾独立，是以反对日本帝国主义为前提和目标的，这与祖国大陆人民打倒列强的目标是一致的，就是要摆脱帝国主义的残暴统治，实现人民当家做主。台共这一纲领在当时有其存在的合理性。1928 年 6 月，谢雪红返回台中家乡。11 月，日共的新指示传抵台湾，谢雪红召集林日高、庄春火在台北家中开会，谢雪红获选中央委员。台共人数甚少，群众基础薄弱，毫无实际斗争经验，受到共产国际和中共的影响。台共一开始就与台湾本土资产阶级划清界限，放弃列宁的先联合进步资产阶级完成民族独立的斗争策略，发动对本土资产阶级的斗争。台共激进的政治主张照搬照抄共产国际的指示，完全脱离岛内的实际情况，新兴的台籍资产阶级避而远之，未得到充分发动的弱小工农群众无法跟随台共，得不到广大民众的呼应。法网严密的台湾总督府对台共严厉打击。1931 年 6 月，谢雪红在台北被捕，被判刑 13 年。

　　1895 年 5 月，丘逢甲领导反抗割台，结果失败，返回广东梅县老家。其子丘念台只有 2 岁，跟着家人内渡。丘念台 15 岁时，丘逢甲告诉他："你明年十六岁要成年了，我命你别字叫念台，有两个意义：第一，是望你不要忘记台湾，一定要继我的志恢复台湾省，拯救那四百万的同胞脱离

---

　　① 《台湾共产党组党大会》，《台湾社会运动史》（1913—1936 年）第三册《共产主义运动》（原《台湾总督府警察沿革志》第二篇《领台以后的治安状况》中卷），王乃信等译，台北：创造出版社，1989 年，第 10—13 页。
　　② 《台湾共产党政治大纲》，《台湾社会运动史》（1913—1936 年）第三册《共产主义运动》，第 24—37 页。

奴隶生活，复还祖国；第二，是明末清初有个民族意识坚强的学者，叫刘宗周，他的别号也叫念台，我希望你学他的立志和为人。"① 1918年前后，丘念台进东京帝国大学，结识了林献堂、黄国书、黄朝琴等人，与居留日本的台籍青年建立良好的友谊。他学得采矿法与企业管理，1925年春，返回广州。

久住广州的台籍青年刘邦汉结识毕业于日本东京帝国大学的丘念台，过从甚密。1927年，台籍青年林云连等内渡厦门，转至广州，无意中相遇刘邦汉。他们结为同志，时常讨论有关台湾革命问题，于1932年3月成立台湾民主党。1933年10月19日，在广州的台籍志士林云连、余长啸、黄文光、刘武刚等人宣誓："为我大汉民族争光荣；为我台湾同胞争自由。基于民族自主精神，创立台湾民主党。团结台湾四百万汉民族，打倒日本帝国主义，推翻日政府，建设台湾民主独立国。"② 丘念台、林云连等人成立台湾民主党，要求建立"台湾民主独立国"，是要继承1895年丘逢甲等人建立的"台湾民主国"，驱逐日本侵略者出台湾。他们编印抗日刊物，活动于华南一带。台籍志士追求台湾独立，就是要摆脱日本对台湾的殖民统治，其矛头指向日本侵略者，在当时有其进步意义。

台籍青年承先人遗志，辗转回到祖国大陆，奔走呼号，历尽艰危，不断苦斗，就是要挣脱日本帝国主义的羁绊。他们对多灾多难的大陆同胞寄以无限的同情，渴望中国反帝革命运动的成功，希望祖国同胞能够施以援手，帮助他们摆脱日本帝国主义的残酷统治。大陆成为他们游学和开展反日活动的场所，中华五千年文化是他们的精神支柱，目的就是要两岸同胞团结起来，共同抗击日本侵略者，最终重投祖国怀抱。20世纪初的中国多灾多难，无力收复台湾。台籍志士呼吁大陆同胞关心台湾，历经挫折。

台湾总督府不能容忍台籍精英的反抗运动，屡兴大狱，引发台湾独立事件、黑色青年联盟事件、北京新台湾安社事件等案，文化协会、农民组

---

① 丘念台：《岭海微飙》，海峡学术出版社，2002年，第2页。
② 《台湾民主党宣誓文》，《台籍志士在祖国的复台努力》，第16页。

合遭检肃，1931 年台共被破坏，民众党被扣上"绝对反对总督政治和民族自决主义"的罪名遭到禁止。对台籍青年在大陆的抗日活动，台湾总督府秘密侦察，严厉打击，许多人被捕。

日本帝国主义有恃无恐，不断扩大对中国的侵略，运用领事裁判权与对岸政策，遣送一些台籍流氓到大陆贩毒，从事不法活动，破坏台胞与祖国的传统关系。内地部分民众对台湾人由"疏而远之"一变而为"恨而恶之"，一些台胞陷入"既不容于敌人又不容于祖国"的苦闷中，特别是在抗战前回内地的台胞体验最深。这种苦闷一度变为恐怖，在"宁错杀百人，不轻放一人"的口号下，一些台胞被内地军民疑为"日谍"，生命随时受到威胁。

台籍青年组织的抗日团体曾寻求国民政府的支持，但蒋介石害怕刺激日本侵略者，严禁各级党政机关与台胞的抗日组织接触，大陆一度高涨的反对日本在台湾殖民统治的斗争渐趋沉寂。台籍青年痛感只有祖国强大，才能拯救台胞，遂投身祖国的国民革命运动。

祖国革命不成功，台湾将无以光复。台籍青年纷纷返回内地，投军效命，奋勇先登。祖国抗日军兴，岛内外台胞，欢欣鼓舞，认为祖国抗战必胜，建国必成，台胞必可重见天日。台籍志士李友邦成立台湾义勇队，还组织台湾少年团。

台籍志士谢南光（原名谢春木）是 1920 年代反抗日本殖民统治的台湾抗日领导人之一。他以记者身份，来到大陆，不断向岛内民众报道内地社会状况。1938 年 9 月 18 日，谢南光等人发起成立"台湾民族革命总同盟"，加强内地台湾人的联合。他们认为："台湾革命乃中国革命之一环，中国抗战成功之日，即台湾各民族争得自由解放之时，故必须发动台湾各民族参加中国抗战。"对中国各党各派凡坚决抗战者，"均认为师友，以求其教益与援助"[1]。

---

① 《中国抗战与台湾革命》，张瑞成编：《抗战时期收复台湾之重要言论》，近代中国出版社，1990 年，第 14—15 页。

为摆脱日本的殖民统治，台籍志士不断抗争，屡仆屡起，无奈日本殖民者法网严密，武力强大，仅靠台胞自身的力量，实难达到目标。祖国的抗日战争给台胞一个历史性的机遇，他们看到了台湾解放的曙光："台湾为日本帝国主义之南进根据地，就目前而论，台湾安定，倭寇则无后顾之忧，自可放胆进攻我闽粤各地，进而窥伺南洋群岛。但如台湾革命普遍发展，则倭寇之侵略政策，势必遭受重大打击。故加紧推动台湾革命，对于祖国抗战，实有莫大之帮助。就将来而论：中国欲保持强盛于久远，必须完成海上国防之建设，而闽粤海岸即成为我海上国防之重点；闽之厦门，粤之琼崖，台湾之澎湖，适互为犄角，而扼我海上交通之咽喉。至澎湖早已沦于倭寇掌握中，倘不收回，即海上国防必成残缺不全之局；欲收回澎湖，即非使台湾脱离日本帝国主义羁绊不为功。再就台湾革命立场言之：台湾为一绝海孤岛，被倭寇宰割垂半世纪，欲求自由解放，固须依赖台湾同胞之精诚团结与艰苦奋斗，但日本革命势力之赞襄与祖国之积极援助，亦为不可缺少之要件。由此可知，中国欲速获得最后胜利，而保持国家之强盛于久远，必须援助台胞重获自由解放，台胞欲变奴为主，亦必须协助祖国抗战。"[①] 1940 年 3 月 29 日，"台湾独立革命党"、"台湾民族革命总同盟"结成"台湾革命团体联合会"。

国民党中央对台籍志士的抗日立场实表支持，却又不便过于张扬，以免引起日本侵略者的警惕。到底是支持台湾回归祖国，还是独立或自治？国民党中央未给予明确答复；对台湾回归后的行政地位，是中国一行省或一特别行政区，也不清楚；对如何发挥台胞抗日的积极性，未作筹划。许多台胞回到内地，因无中华民国国籍，谋职党政机关，不敢填写真实台湾籍贯，而是报上闽粤祖居地。

1940 年在重庆的台籍志士人数渐多，约百人，有李友邦领导的"台湾独立革命党"，谢南光领导的"台湾民族革命总同盟"，林士贤、陈友钦领导的"青年革命党"，柯台山、宋斐如领导的"台湾人民革命党"，张邦杰

---

① 《台湾革命团体联合会成立宣言》,《台籍志士在祖国的复台努力》，第 95—96 页。

领导的"台湾民族革命党",组织涣散。这些组织的领导者固然大多是国民党的忠实同志,组织名目繁多却不是一件好事。国民党中央组织部长朱家骅有同样的感觉,与王启江、刘启光会商加强台籍志士的团结。

为了发挥大后方台籍志士的力量,1940年3月30日,蒋介石致电朱家骅、陈立夫、王芃生:"查汪逆傀儡登场在即,我方对倭寇亟宜加大打击赞助日本台湾朝鲜的各项革命运动,使其鼓励敌国人民群起革命如罢工等等以骚扰敌之势力,减其侵略势力。即希兄等负责约同日韩台在渝之革命首领会商,筹划推动为要。"①

国民党中央党部奉令网罗台籍志士,成立了国民党直属台湾党部。该党部属秘密机构,主要在香港、广东、福建等地从事抗日地下工作。

扩大自己的群众基础是国民党的一贯做法。成立群众团体,使之接受国民党中央的领导和指挥,有助于扩大国民党的影响力。但在大陆,并没有一个国民党中央认可的台湾人群众团体。在重庆的台籍志士近百人,就职于党政军多个部门,各组团体,自立山头,形不成较大的集体力量,起不到应有的作用。鉴于这些团体的领导人有的是国民党的忠贞党员,有的愿意接受国民党的领导,国民党中央党部授意台籍志士刘启光等人,要促成这些团体加强团结,步调一致,服务于对日斗争的大目标。

在国民党中央党部的幕后组织下,1941年2月9日,"台湾独立革命党"、"台湾民族革命总同盟"、"台湾青年革命党"、"台湾国民革命党"、"台湾革命党"等组织代表齐聚重庆,李友邦、李万居、刘启光、张邦杰、李友钦等解散"台湾革命团体联合会"及所属各团体,成立"台湾革命同盟会",使之成为内地最大的台胞抗日组织,实际上是国民党领导下的一个群众团体,属国民党的外围组织。台籍志士"咸认祖国与台湾在抗战建国上有不可分离之密切关系,祖国抗日胜利,固为台湾民众解放之唯一要素,而台湾革命运动,对祖国抗战亦不能谓无裨益"。他们渴求国民党中

---

① 《蒋委员长致朱家骅、陈立夫、王芃生请策动日韩台革命运动代电》,《台籍志士在祖国的复台努力》,第305页。

台湾革命同盟会执行主席谢南光在会上发言

央能够予以组织上的指导及经费上的资助。① 台湾革命同盟会总会在重庆成立，设"主席团"，下分设总务、组织、宣传、行动四部，为顾全现实及防止敌人破坏，采用"双料组织"的原则，在漳州、金华两地设立南北方面执行部，指派张邦杰、李友邦二同志为主席，分别发展沦陷区及台湾岛内的组织，推进革命运动。

饱尝日寇奴役的台籍志士眼看着祖国同受日寇的蹂躏，深知非帮助祖国获得抗战胜利，则无从以言台湾的复土，非台湾人民团结一致，即无力以言帮助抗战。他们一面组织台湾义勇队，在祖国战场上配合作战，一面进行内部的团结，以加强抗战的力量。台籍志士深感，由法律上的收回台湾进而为事实上的收回台湾，必须等待中国反侵略战争的胜利和世界反法西斯战争的胜利。国民党中央党部组织台籍志士，是要发挥他们的影响力，利用他们的人际关系，到台湾岛内，或敌占区，进行武装斗争，发动

---

① 《台湾革命同盟会成立宣言》，《台籍志士在祖国的复台努力》，第97—98页。

罢工等活动，来骚扰日军的后方及侧翼。收复台湾并不是现阶段所要立即解决的问题。因而，对于台湾革命同盟会，国民党中央又不便公开支持，以保持距离，留下与日本周旋的余地。

祖国抗战与台湾解放之间的关系，并不是所有台胞都能明了的。参加祖国抗战为何？台湾解放的路途何在？仍然困扰着一些台胞。一部分台籍精英主张台湾独立，最低限度实现台湾自治。在国民政府未明确表态收复台湾以前，台籍志士实无更好的选择，也怪不得广大台胞寻此下策。自中国全面抗战爆发后，台胞反抗日本殖民统治的斗争已成为祖国抗战不可分割的一部分，台胞求解放的出路不在于台湾独立或自治，而是重返祖国怀抱，才能实现真正的解放和自由。日本殖民者也不能容忍台湾独立，除非日本战败投降。台湾独立论实是异想天开，无实现的可能，谢南光、李友邦等人的台湾归回祖国论渐占上风。

1941 年 12 月 8 日，珍珠港事件爆发。次日，林森主席发布《国民政府对日宣战文》："兹特正式对日宣战，昭告中外，所有一切条约协定合同，有涉及中日间之关系者，一律废止，特此布告。"① 据此，中日过去所订的条约当然废弃，《马关条约》对台湾的束缚完全消失，中国对日本清算已追溯到甲午战争，台湾是中国的老沦陷区，台湾与东北四省及七七后沦陷区性质完全相同。至此，在大陆台籍志士中台湾独立论已失其立论余地，即台湾并非无主之国，不是殖民地，是中国不可分割的一部分，过去曾有的"独立论"和"复归论"的论争渐趋沉寂，转向"振兴祖国，收复台湾"。

在国民政府收复台湾政策的影响下，国民党中央党部对台湾革命同盟会的作用有了新的认识，不再避讳台湾革命同盟会与国民党中央的关系，希望该团体调整组织领导，公开接受国民党的领导。1942 年 3 月，台湾革命同盟会召开临代会，新设常务委员会取代主席团，加强总会的领导力量，以民主集权制统一指挥下层机构，设立分会及直属区分会取代两执行

---

① 《国民政府对日宣战文》，《抗战时期收复台湾之重要言论》，第 2—3 页。

部。会员有宋斐如、李友邦、谢南光、郭天乙、谢挣强、林啸鲲、李建华、林海涛、苏华、牛光祖、李祝三、柯台山、洪石柱、黄光军、张邦杰、庄泽民、王正西、王少华、张大江、吕伯铺、翁俊明、廖建策、马志德、李明法、李建南、郑崇明、林士贤。他们讨论复台大计，捐弃派别隔阂，克服个人偏见，确立台湾革命同盟会为台湾革命的最高领导机关，宣示："本会在中国国民党领导之下，以集中一切台湾革命力量，打倒日本帝国主义光复台湾与祖国协力建设三民主义新中国为宗旨。"[1] 他们力求思想统一、行动统一及组织统一，放弃台湾独立主张，以收复台湾、实行三民主义为共同目标。对台籍志士"归返祖国，恢复行省"的要求，内地舆论渐趋一致。一些人原则上承认复省的必要，主张"台湾设区"，也有人认为"设省之议，提非其时"。大陆的沦陷区如东北四省，在重庆皆有行政机构，有稳定的经费，以供其行政运转。台籍志士认为，台湾是中国最早的沦陷区，应比照东北等地，设立固定的行政机构，最好成立台湾省临时政府之类的机构，委派专人，拨发固定的经费。因国民政府并未将台湾明定为沦陷区，无行政区编制，台湾革命同盟会的经费极端缺乏，每月的经常收入只有法币5000元，尚不足以维持交通费，更谈不到台湾及沦陷区工作的扩大。[2] 台籍志士不甘于台湾革命同盟会仅仅停留在群众团体的位级上，希望国民党中央能够提升台湾革命同盟会的层级。4月5日，台湾革命同盟会第二届大会发表《宣言》："吾台革命者勇敢大声疾呼：在情在理在势，祖国都应早定收复台湾大计。其最重要的一着，就是应该设立台湾省政府，正式承认台湾为沦陷省区，台湾设省，则在台湾的同胞相信祖国决心收复台湾，将起而抗日联袂而起。台湾设省，则国内潜伏的台湾力量，可以表面化而用为恢复台湾的生力部队。台湾设省，则战争结束时，同盟国家不能视台湾为日本的殖民地。无论国内国际乃至台湾省内的观念，将因此完全一变，而台湾的光复工作可以事半而功倍。目前增设台籍

---

[1] 《台湾革命同盟会会章暨职员表》，《台籍志士在祖国的复台努力》，第110页。
[2] 《台湾革命同盟会工作报告书》，《台籍志士在祖国的复台努力》，第147—148页。

参政员，使台湾民情得以上达，尤为急不容缓的措施。台湾需要建政，亦需要建军。"① 台籍志士认为，台湾革命同盟会应是大陆台湾人的总指挥部，应升格为台湾省临时政府之类的机构，国民政府应给予省政府编制的规格，应设立台籍国民参政员以参闻国家大事，应建立台湾人自己的武装，培训收复台湾的干部。以内地"川人治川"、"粤人治粤"的惯例，他们应是最佳人选，并致函国民党总裁蒋介石，"恳请俯念下情准予成立台湾省政府，以励人心，而副民望，使六百万台胞得以信奉三民主义，五十年失地得以依归祖国。"②

台籍志士谢南光等人在1920年代，多次发起反抗日本殖民统治的活动，屡遭挫折。为躲避日本殖民者的追杀，他们来到大陆，投身祖国的国民革命运动，虽身居要职，未敢忘却解救台胞的神圣使命。台湾是中国的一行省，自然应该成立台湾省政府，他们当仁不让，顺理成章为台湾省政府的负责人员。

1942 年 4 月 6 日，重庆《益世报》发表《台湾光复运动专刊》，其中报道了台湾革命同盟会第二次大会召开发布的宣言

与此同时，国民党直属台湾党部的台籍志士也向国民党中央呼吁，要求尽快成立台湾省政府。台湾革命同盟会与国民党直属台湾党部互相指责，争夺收复台湾工作的主导地位。国民党中央党部成立台湾革命同盟会的用意，在于加强对内地台湾人的影响，发挥他们在复台工作中的代表性与宣传作用。因台湾革命同盟会成员不过百人，在国统区的台湾人非常

---

① 《台湾革命同盟会第二届大会宣言》，《台籍志士在祖国的复台努力》，第124—126 页。
② 《台湾革命同盟会为请设立台湾省政府以利台湾光复革命工作呈文》，《台籍志士在祖国的复台努力》，第126—127 页。

少，台湾革命同盟会难免有头大身小、缺乏群众基础之憾。对台湾革命同盟会的不断要求，如组织升格、拨付大笔经费、提供武器弹药、给予国民参政员名额等，国民党中央不胜其烦，希望台湾革命同盟会不必计较于名分之争，应将主要精力用于发动台胞，扩大组织，在抗日宣传中发挥应有的作用。

随着世界反法西斯战争的节节胜利，中国收复台湾已经不是梦想，而是当务之急。1943年11月21日至28日，台湾革命同盟会第三届代表大会在重庆召开，李友邦主持，增设"建政委员会"，以研究中国宪政及台湾行政之实施与计划；增设"建军委员会"，以研究及筹备有关台湾之各种军事设施与组训；增设"文化运动委员会"从事发扬台湾文化，并参加祖国文化运动，以促成台湾文化之还本归宗。李建华、柯台山提出，"请以大会名义呈请行政院，准从速成立台湾省政府，以利复土工作"。谢南光提出，"请以大会名义向英、美、苏各国领袖致敬，并要求其承认台湾归还中国。"① 台籍志士强烈呼吁，从速设立台湾省政府，设立台湾武装部队，添设台湾参政员，整备政制及军制，以确立台湾政治地位，为收复台湾作具体的措施。②

台湾的命运和祖国的命运紧紧相连，中国失去台湾，即为不完整的国家；台湾脱离中国，实无前途和幸福可言。由于台胞的力量弱小，而日本殖民势力异常强大，决定了广大台胞仅靠自身的力量很难摆脱日本的残暴统治。台籍志士坚决要求台湾回归祖国，恢复台湾为中国行省建制，比照内地沦陷区惯例，成立台湾省政府，以激发他们爱土爱乡的激情。他们的复台行动引起国民政府高层的关注，表示理解。内忧外患的祖国积贫积弱，全民抵挡日寇的侵略，苦苦支撑，设立台湾省政府不是不可，而经费、人员等一系列问题必须解决，对捉襟见肘的国民党中央无疑是一笔不

---

① 《台湾革命同盟会第三届代表大会报告书》，《台籍志士在祖国的复台努力》，第188—190页。
② 《台湾革命同盟会第三届代表大会宣言》，《台籍志士在祖国的复台努力》，第216—218页。

小的负担，何况国民党中央已经着手建立直属台湾党部，作为对台工作的责能机构。蒋介石认为，中国无强大的海空军，收复台湾只能等待有利的国际环境，即使组建收复台湾的武装部队、建立台湾省政府，也无济于事，对台籍志士的建言，觉得言之尚早，无必要立即设立台湾省政府。

国民政府决心收复台湾，惜未有具体政策，大陆民众对台湾也不了解。台籍志士痛感将来解决台湾问题，实有赖于祖国人士的积极领导与援助。为解决收复台湾的当前各种问题，为设计战后的复员计划，为打破国际上对台湾的错误认识，台湾革命同盟会发起了复台宣传运动。

1942年4月5日，台湾革命同盟会在重庆抗建堂举行"光复台湾宣传大会"，覃理明副院长任大会主席，章渊若先生代表吴铁城秘书长，司徒德先生代表孙科院长，黄少谷厅长代表政治部到会发表演说，阐述台湾与中国的隶属关系和收复台湾的意义，认为这关系到中国国防的建设，关系着中华民族的复兴，关系着太平洋永久安全的奠定。民众一千余人参加。林友鹏呼吁"台湾同胞为一远离母怀之孤儿，今彼伸手向母，要求回归怀抱，祖国之同胞，犹忍坐视不舒一臂助乎？"黄少谷、丁超五、宋渊源、林作民等发表演讲，一致认为大陆民众过去对台湾情形实在太隔膜，甚至有非常错误的认识，今后应该加紧宣传，使国内外人士皆知台湾为中华民国的一部分，台湾人民是中华民国的国民。丁超五提议，文化界宜举行一"台湾日"，加强宣传。当场推出丁超五、宋渊源、宋蕉农、戚长城、林劲风五人负责起草组织"台湾光复协进会"，来帮助台胞收复失土。当晚，在中央广播电台举办宣传大会，由梁寒操副部长、吴茂苏先生及林啸鲲同志分别以中、英、台语广播。陪都大报辟出专栏，登载中枢各部门负责人士的复台言论，激起全国同胞的关注。①

4月17日，在渝台胞为《马关条约》签订四十七周年举行纪念活动，致电国民政府主席林森："本会谨率全岛健儿，献身党国，效命疆场，挞

---

① 《台湾革命同盟会招待陪都文化界及各报记者餐会纪实》，《台籍志士在祖国的复台努力》，第161—162页。

彼倭寇，光复家邦。"① 致电军事委员会委员长蒋介石："本会附依荜毂，尤感兴奋，谨率台湾健儿，待命孤岛，伫望鞭策，以事驰驱。"②

6月17日，为日本侵占台湾四十七周年，台湾革命同盟会在重庆举行纪念大会，福建同志在永安、漳州及泉州同时举行大会，发行特刊，以武力袭击厦门。为扩大抗日复省运动，台湾革命同盟会发动广播宣传，在陪都方面，每星期五、六及星期日，在中央广播电台由柯台山及谢挣强担任台语广播；在浙闽方面由李友邦指导"对敌广播班"，推行台语广播；在永安方面，由谢南光指导留闽同志作广播宣传，定期分析敌国政治军事经济情势，说明日寇必败的原委，加强必胜信心，宣传战后建设"三民主义新台湾"，消灭一切帝国主义的罪恶，建立坚强康乐的新台湾。谢南光负责筹备发行《新台湾》期刊，并编印台湾丛书，宣传三民主义及台湾事情，教育同志。成立"新台湾"社，由谢南光兼任社长，林啸鲲担任主编，第一期于1943年4月15日出版。③

台籍志士对"台湾归国际共管"极感愤激，阐明台湾人民的态度，纠正国际上的谬论。1943年4月17日，台湾革命同盟会发表宣言："本会今复郑重声明台湾土地原为中国领土，且系郑成功荜路蓝缕所开辟者，台湾人民百分之九十三为中国人，若以土地人民而论，台湾之归还中国，应无疑义，故去年创立大西洋宪章时，颜露尔将军告中国人民书，曾大声疾呼曰：'将来大战结束以后，过去日本利用武力以取得之殖民地，应一律脱离日本之桎梏，朝鲜应使独立，满洲及台湾，中国人达全人口百分之九十五，自应归还中国'，此种正确理论，当为吾人所爱戴，且台湾革命起自满清，迄至今日，其中心思想，则为排除异族，倭寇之所谓台湾难治者，则因台人具有伟大坚强之民族革命精神也。台湾一日不能获得民族自由解放，则台湾革命将无止期，台湾革命倘无终止之日，则东亚已无和平可

---

① 《在渝台胞为马关条约签订四十七周年纪念上国民政府主席林森致敬电》，《台籍志士在祖国的复台努力》，第128页。

② 《在渝台胞为马关条约签订四十七周年纪念上军事委员会委员长蒋中正致敬电》，《台籍志士在祖国的复台努力》，第128—129页。

③ 《台湾革命同盟会工作报告书》，《台籍志士在祖国的复台努力》，第146页。

言，遑论世界和平，本会深望世界有识之士，为使实现世界和平，必须一致主张战后台湾应即归还中国。"① 6 月 17 日，台湾革命同盟会再次发表宣言："我们身上流着的是中华民族的血，我们要求尊重人民意志的民权，我们信仰民主主义，同时我们欲以诚恳的态度，请求同盟国各国政府根据大西洋宪章及二十六国宣言，待遇台湾，以解决战后的台湾问题，即请求援助我们达到复归中华民国的目的，解除我们四十八年来的奴隶生活，让我们有机会参加建设自由平等互助的新世界。现今国际中尚有若干人士主张于战后国际共管台湾，这种思想不问其动机是善意抑恶意，事实上乃帝国主义残留形式，违背大西洋宪章，无视公理与正义，我们台湾人必以反对日本帝国主义的态度，来反对这种思想及这种措置，我们不愿做一个主人的奴隶，更不愿做一种奴隶去服侍许多主人。"②

台籍志士以自己微薄的力量，发起复台宣传活动，代表 600 万遭到奴役的台胞，表明台湾自古就是中国的神圣领土，台湾人乃闽粤移民的后代，台湾是被日本侵占的中国领土，无论从国际法还是从历史事实、人心向背上，台湾都应在日本战败后回到中华祖国的怀抱。这抒发了广大台胞回归祖国的心声，尽管他们的分贝还不太高，依然向世人昭示着台湾与祖国的血脉情怀。

《开罗宣言》发表后，收复台湾提上议事日程。1944 年 3 月中旬，国民政府在中央设计局辖下成立台湾资源调查委员会（下简称"台调会"），作为负责收复台湾工作的职能机构，任命行政院秘书长兼全国总动员会议主任陈仪为主任委员，沈仲九、王芃生、钱宗起、周一鹗、夏涛声为委员。③

台湾革命同盟会和国民党直属台湾党部一直呼吁设立台湾省政府。蒋

---

① 《台湾革命同盟会为马关条约签订四十八周年纪念宣言》，《台籍志士在祖国的复台努力》，第 131—132 页。

② 《台湾革命同盟会为纪念"六一七"台湾沦陷日宣言》，《台籍志士在祖国的复台努力》，第 134—135 页。

③ 《台调会工作大事记》，陈鸣钟、陈兴唐主编：《台湾光复和光复后五年省情》（上），南京出版社，1989 年，第 4 页。

介石未直接授权台籍志士负责台湾复台大计，主要考虑到台湾何时回归仍在未定之天，即使日本战败，最先登上台湾岛的可能是美军或英军，中国政府至多负责行政部分，未来台湾军政府的设计牵涉到盟国的利益，中国单方面无权决定，故在中央设计局辖下成立台调会，为收复台湾预作准备，避免立即成立台湾省政府可能带来的种种麻烦。蒋介石更深一层的考虑则是，大陆各地的地方主义盛行，"川人治川"、"粤人治粤"，各省的省主席、省党部主委多由本省人士出任，令中央对地方难以控制，使国统区流于诸侯割据的局面。为了使中央政令有效贯彻到地方，必须扼制地方主义，所以对于台湾这块即将回到祖国怀抱的土地，蒋介石未起用台籍志士直接负责复台大计，而采用人地相宜的原则，由曾在福建工作的陈仪来担纲。这不免令想为台湾光复赴汤蹈火的台籍志士大失所望。

对于台湾革命同盟会和直属台湾党部的台籍志士，陈仪并无门户之见，根据蒋介石的批示，设法网罗，以充实力量，协调党政关系，凝聚合力。先后参加台调会研究工作的台籍志士有林忠、李友邦、李万居、谢南光、谢挣强、黄朝琴、林啸鲲、游弥坚、刘启光、宋斐如。黄朝琴、游弥坚、丘念台、谢南光、李友邦、宋斐如、王泉笙为台调会委员。① 参加"台湾党政干部训练班"教学工作的台籍志士有黄朝琴、宋斐如，学员有连震东、谢挣强、柯台山、李佛续、曾溪水。

收复台湾后建立何种行政制度？1944 年 7 月，台调会召开座谈会。林忠认为："台湾完全与闽省（即闽南）相同，而且在日人占领之下，其民族思想特别浓厚，所以台湾不宜视同蒙、疆等地，应视为内地的一省。但情形容有特殊，有些设施可暂与各省不同。"

黄朝琴建言："台湾是从前的一省，所以收复必须改省。台湾离开祖国将五十年，政治、经济、建设以及风土习惯和国内相差很远，希台湾收复以后五六年内，以维持现状为目的，不以实验的名义而以实验的方式来治理。将来台湾省的制度，必须以单行法制定，不必与各省相同。……行

---

① 《台湾调查委员会工作大事记》，《台湾光复和光复后五年省情》（上），第 4—11 页。

政机构有考虑的必要，日本在台湾的制度很好，原有的总督府，只须名称的取消，改为省政府。原来的总督府的机构不予更动，内地各省政府的机关太多，于台湾人不习惯。五十年来台湾的系统都是一元化，如遽加变更，使台人无所适从。"

谢南光有同感："台湾在政治制度、经济制度、文化教育程度等，其水准均在水平线以上，所缺者党化教育思想教育而已。祖国于收复台湾，应尽量利用台湾的设施发扬光大，利用台湾建设资本主义经济的经验和人才来重建台湾，来建设祖国。人才与经验的交流实属必要。台湾各种制度设施中，优良者予以保存运用，不合国情者予以铲除。……台湾受过小学教育的有三百余万，中等教育的有三十万人，大学及专门教育的有五万人，不能说无人才可用，只在用之得法。台湾人受日本教育，对于国文素养尚差，故在考试方面，将来应以十年为期，实行特别考选制度，由考试院划定为特别考选区，准予以日文应试，因为由中学改授国文至大学毕业，需时十年，十年以后，即可撤销。"①

台籍志士主张，应设立台湾实验省，重用台籍人才，采取渐进政策，恢复并发展台湾的经济。经过几次讨论，大家意见趋于一致，在接收台湾之后的一段时间里，应设立一过渡机构以保证接收的顺利进行。《台湾接管计划纲要》凝聚着台籍志士的心血。

收复台湾在即，台籍志士跃跃欲试，想参加到复台的实际工作中，并担任大任。1945年2月13日，台湾革命同盟会召开第四届代表大会，"要求我政府或盟军给予我人武装，在台湾战事揭幕时，听候驱策。我人深验日本在台湾尚有不可轻侮之实力，仅台籍壮丁即有百四十万人，此项人力不可为敌所用。台湾每年过剩米谷五百万担，可养三百万大军，此种物力更不应为敌所用。我人愿向台湾岛内做有效之宣传，鼓动并向导工作，组织游击队，协助我盟军，以减省流血而达成迅速胜利，累数十年之斗争经验，大义当前，应不让人，时机业已迫切，愿祖国及时领导，使我人参加

---

① 《1944年7月21日会议记录》，《台湾光复和光复后五年省情》（上），第20—22页。

台湾光复之神圣战争。"①

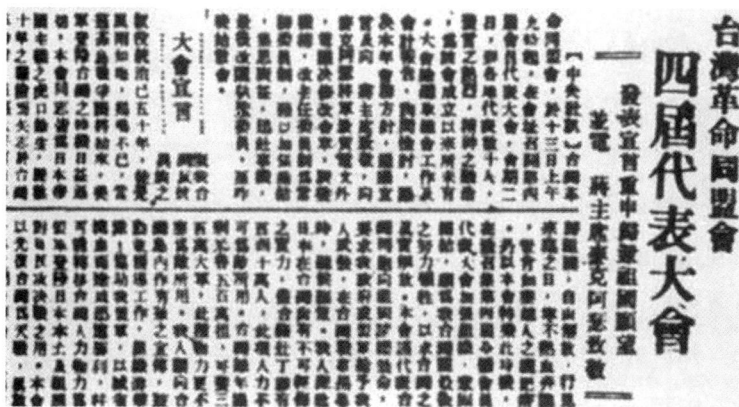

1941 年 2 月 9 日，台湾青年革命党、台湾国民革命党、台湾革命党等组织代表齐聚重庆，决定解散台湾革命团体联合会及所属各团体，改组为台湾革命同盟会。图为 1945 年 2 月同盟会第四届代表大会发表宣言，重申回归祖国愿望

　　日本宣布无条件投降后，8 月 27 日，蒋介石正式任命陈仪为台湾省行政长官。因盟军不登陆台湾，改由中国军队接收台湾日军投降，为统一接收起见，几日后，蒋介石任命陈仪兼台湾省警备总司令。如此，台湾军事接收与行政接收皆归中国政府执行。

　　此时，台湾革命同盟会常务委员会决议成立"协助收复台湾工作委员会"，拟设立军事、政治、经济、文化四组分担办理，推举张邦杰为军事组组长，陈幸西、王民宁为组员；李万居为政治组组长，谢南光、谢挣强、林鸿鸣为组员；庄希泉为经济组组长，王蕴玉、苏铁化为组员；宋斐如为文化组组长，林忠、连震东为组员。② 恳请国民党中央，派遣台籍志士参加复台实际工作，委以大任。针对台湾革命同盟会的多次呼吁，国民党中央、国民参政会都有吸纳台籍志士参与复台工作的共识，蒋介石希望陈仪接收台湾，应注意吸纳台籍志士，如谢南光、宋斐如、丘念台等人。

---

　　① 《台湾革命同盟会第四届代表大会宣言》，《台籍志士在祖国的复台努力》，第 289 页。
　　② 《台湾革命同盟会常务委员会为该会决议成立"协助收复台湾工作委员会"致中央执行委员会请予核备函》，《台籍志士在祖国的复台努力》，第 295—296 页。

　　台籍志士辗转来到大陆，为了台湾回归祖国，数十年南北奔走呼号，流尽血汗。他们渴望能为台湾光复尽自己的绵薄之力。日本投降之际，他们由"保卫祖国，收复台湾"，而萌发"建设台湾，保卫祖国"的强烈愿望。国民党中央虽加以扶持，帮助成立台湾革命同盟会，许多机构录用台籍人士，但他们想承担更重的责任，发挥更大的才能，而不是仅仅去提出建议，充当幕僚，何况当时大陆各省，省政府主席和省党部主委多由本省人充当，台胞要想在大陆各级部门任高级官员比登天还难，依此惯例，在台籍志士看来，台湾是他们的家乡，台人为何不能治台？他们为何不能任未来台湾省政府的高级官员，而让外省人来发号施令呢？此乃人之常情。国民政府未能倾听台籍志士的强烈呼吁，仅是吸纳了部分人士，不免令他们失望。高度集权的行政长官制度是为台湾过渡不得已而设计的产物，台籍志士并不反对，甚至表示支持，如果首任行政长官或公署高级官员多为台籍，问题是自大陆派去大批高级官员，无异令台胞有外来统治者之感，不过是日本人换成了外省人。1940年代的中国，仍是由传统社会向现代社会过渡阶段，地方主义充斥各地，非常普遍。我们不必用现在的眼光来苛求那个时代的台籍志士。

　　1945年10月25日，台湾回到祖国怀抱。台湾革命同盟会的成员积极参加台湾光复工作，对战后台湾接收与重建起到了重要作用。台籍志士李友邦被国民党中央任命为三青团台湾区部筹备处主任。王民宁等代表台湾省警备总司令部参加了9月9日南京受降仪式，黄国书参加台湾军事接管工作。宋斐如任台湾省行政长官公署教育处副处长，连震东任台北州接收委员会主任委员，谢挣强任台南县虎尾区区长，柯台山任台湾日报社长，李佛续任台湾行政长官公署前进指挥所工矿专员，曾溪水任台南市区长，李万居任台湾新生报社长，黄朝琴任台湾省议会议长，游弥坚任台北市市长，刘启光任新竹县长，谢东闵任高雄县长。谢南光因另有重任，未返台。至此，台湾革命同盟会完成了它的使命，宣告解散。

　　台湾是一个典型的移民社会，地缘意识十分强烈。台湾本土精英自称"唐山"，称外省人为"阿山"，对曾留居大陆一段时日再返台的台人称为

"半山"。两岸分隔五十年，无论经济发展、社会制度，还是文化风俗、民众心态都有很大的差异。台籍志士早年离开家乡，投身内地革命运动。因群众基础薄弱，年纪尚轻，少行政历练，缺乏与国民党高层的人脉关系，蒋介石未敢大胆起用谢南光、李友邦、宋斐如等人承担收复台湾的领导工作，丧失了一次拉近台胞与国民党中央心理距离的机会。台湾光复，仅仅是物的回归，而人心的回归却没有实现。其根源在于，国民党中央从扶植成立台湾革命同盟会，就视该组织为群众团体，未将其定位为收复台湾的职能机构，对谢南光等人在台湾与内地之间的桥梁作用未予充分重视。

作为内地最大的台胞抗日复省组织，台湾革命同盟会团结台籍志士，放弃台湾独立论，积极投身抗日战争，鼓吹台湾归回祖国不遗余力，反对国际共管，参加收复台湾的设计，为台湾光复做出了重要贡献。其思想与行动是六百万台胞心向祖国的集中体现。事实充分证明，台湾能够回到祖国怀抱，是与台湾革命同盟会的多年努力分不开的。所谓"中国代表盟军占领台湾论"、"台湾回到中国与台人无关论"完全是对广大台籍志士的污蔑和对历史事实的篡改。

抗日红旗——台湾共产党

20世纪20年代，许多台湾青年加入中共、日共，共产主义思潮对台湾人民产生了积极影响，为台湾共产党的创立和发展培植了土壤。中国共产党和共产国际都注意到殖民地台湾的解放问题，打算帮助台湾建立共产党的组织。由于台湾尚处于日本殖民统治之下，共产国际根据一国一党的原则，拟以日本共产党的一个民族支部的形式，成立一个政治组织，受日本共产党领导。1928年4月15日，台湾共产党（日本共产党台湾民族支部）在上海成立，参加的绝大多数创党党员是中国共产党党员。受日共中央的委托，中共中央派代表彭荣领导台共建党大会。台共自创建伊始就注定了与中国共产党的关系密切。由于共产国际的"固执己见"，导致中共与台共没有"理论"上的直接组织关系，但是，台共在思想和政治上得到中共中央很大的领导。从这个层面看，中国共产党对台共抗日斗争发挥了实际领导作用。台湾脱离日本殖民统治，重回祖国怀抱，既是台共的主要目标，也是中共支持台共抗日斗争的目的。

1928年4月25日，台共成立仅仅十天发生的上海读书会事件，使台共纲领等文件被截获，日警意外发现了台湾共产党的存在。上海读书会事件破坏了台共的预定计划，使台共不得不对岛内领导机构进行调整。经日共中央和台共书记长林木顺同意，岛内台共中央秘书局于1928年11月建立，领导岛内台共开展抗日斗争，由林日高、谢雪红和庄春火三人组成，林日高为负责人。在台湾的抗日斗争中，逐渐形成以谢雪红为核心的岛内台共中央。谢雪红等人以建党大会通过的纲领为依据，在岛内积极开展抗日斗争，并领导台湾农民组合第二次全岛代表大会。1929年，日本殖民当局针对台共展开"二・一二"大逮捕，使台湾抗日革命力量遭受重创。同年4月，日本当局针对日共展开"四・一六"大逮捕，日共遭到重大破坏，导致台共与日共的联系中断，与中共的联系不畅。

1929年以后，台共先后在基隆和高雄开辟工会组织，团结台湾左右翼工会共同开展抗日斗争，并创办刊物《伍人报》和《台湾战线》，宣传共产主义思想和抗日革命理念，发展台湾文化协会和台湾农民组合为党的外围组织。在岛内严峻的斗争情势下，台共克服种种困难，积极推展抗日活动，对台湾人民产生了积极影响。虽然台共的抗日工作取得了成绩，但是，距离预期目标还有差距。1930年5月，岛内台共中央派中央委员林日高赴沪联络中共和共产国际远东局，台共希望得到中国共产党的领导。其后，中共中央代表瞿秋白对台湾革命作出了具体指示。共产国际重视、认可中共对台湾革命的建议，允许台共透过中共中央接受共产国际的领导。在台共"松山会议"上，岛内同志总结党的工作，调整了党内分工。在祖国大陆的台共人士组织台湾青年开展抗日斗争，参加中共领导的反帝爱国运动，以革命实践证实海峡两岸不可分割的血脉联系。

1931年1月，中国共产党要求台湾派代表参加中共"一苏大"，台共为此积极准备。台共根据中共中央和共产国际的指示，积极组建赤色总工会，领导工人开展罢工斗争。1931年5月31日至6月2日，台共召开第二次大会，通过以中共中央建议为蓝本拟制的新《政治纲领》，产生新的中央领导机构。台共领导的台湾抗日斗争成为世界共产主义革命的一环。1931年6月，日本殖民当局开始对台共进行全岛性大逮捕，改革和更生中的台共遭到重大破坏而解体。

（注：有关台湾共产党内容，本丛书有专著——《台湾共产党抗日史实》。）

台湾文化协会

　　1919 年，祖国大陆爆发了轰轰烈烈的五四爱国运动。马克思主义广泛传播，促成了中国共产党的诞生。处于日本帝国主义统治下的台湾人民，受到祖国革命的巨大影响，掀起了民族解放运动的新高潮。在斗争实践中他们认识到，为了更有力地同日本帝国主义进行长期的斗争，必须有一个统一的反日联合战线以组织民众的斗争力量。台湾文化协会就是在这种形势下应运而生。

1926 年 5 月 15 日、16 日，台湾文化协会在雾峰召开第一次理事会。前排左三蒋渭水、右四林献堂、右三连温卿，后排右一蔡培火

当1921年第一次台湾议会设置请愿运动在东京开始时，蒋渭水等和岛内的进步学子无不欢欣鼓舞。通过举办"请愿代表欢迎会"，蒋渭水结识了许多有志青年，众人一致认为岛内也应展开相应的民族运动，于是成立"台湾文化协会"这样岛内民族运动及启蒙运动的核心组织即在酝酿之中。

东京台湾青年会（新民会）领导人林献堂回台后，"台湾文化协会"的成立便提到议事日程上来了。1921年7月，蒋渭水访问林献堂，商量有关成立台湾文化协会事宜。得到林献堂的支持后，蒋渭水以自己的医院为筹备处，与医专学生吴海水及台北医师林丽明等一同起草该会主旨书、大会宣言及会则。

1921年10月17日，台湾各界人士在台北静修女子学校召开了台湾文化协会成立大会。大会推举林献堂为总理，杨吉臣为协理，蒋渭水为专务理事，此外还有理事王敏川、林幼春、蔡培火、连温卿、蔡式谷、洪元煌、陈逢源等41人，还有评议员44人。

台湾文化协会是在台湾岛上成立的第一个文化界大型群众团体，它的成立在台湾各界群众当中产生了很大影响。

文化协会拥有会员1032人，包括农民、劳动者、学生、职员、医师、律师、地主、资产家，甚至包括御用绅士，既有地主资产阶级的代表人物林献堂、杨吉，也有许多进步学生和部分劳动群众，其中青年知识分子居多数。"基本上是由一批不同阶级、不同思想信仰的人们所组成的松散的、不稳固的反日民族统一战线。"[1] 其中，"医专学生49人，中央研究所农业部学生（后来的高等农林学生）30人，台北师范学生136人，台北工业学生3人，台中商业学生66人。"[2] 这些学生都是文协的重要人物，在会中起骨干作用。

文化协会发展很快，会员不断增加，最多时增至1314人，各地支部及外围组织纷纷建立。在"谋求台湾文化向上"这一公开旗号的掩护下，文

---

① 陈小冲：《日本殖民统治台湾五十年史》，北京：社会科学文献出版社，2005年，第160页。

② 史明：《台湾人四百年史》，汉文版，台北：自由时代周刊出版社，1988年，第502页。

台湾文化协会总部办公地点

化协会迅速开展以文化运动为主要形式的斗争。文化协会强调"汉民族是有着五千年文化历史的先进民族，决不屈服于异族统治之下"，为反抗日寇残暴统治，"必须唤起民族的自觉，团结起来"。① 本着这一方针，文化协会展开了广泛的民族民主斗争运动，成为台湾共产党成立之前，台湾人民反日斗争中最有影响的一支力量。

1921 年 11 月 28 日，文协机关报纸《会报》第一期面世。蒋渭水在首期会报上刊出《临床讲义》一文，对台湾的文化与社会进行全面检视，他将台湾比作"原籍中华民国福建省台湾道，现住所大日本帝国台湾总督府"② 的患者，认为台湾出现了"道德颓废、物欲旺盛、精神生活贫瘠、风俗丑陋"等症状，是"世界文化的低能儿"，病因是"智识的营养不良"，所以需要文化协会的种种药方。另一篇《苦闷之魂》用资本家剥削工农阶级来影射日本殖民者压迫台湾人民，触怒了日本殖民当局。同时，该报上还出现"劳动者拼命流汗劳动，但其利益总是喂肥资本家的肚子，而且劳动者本人却连当日的生活也不能得到保障……那是因为社会组织不

① 萧友三：《台湾解放运动的回顾》，第 15 页。
② 叶荣钟：《台湾近代民族运动史》，台北：学海出版社，1979 年，第 295 页。

对之故呀……"① 等含有社会主义倾向的言论，因此，遭到总督府禁止发售的处分，12月10日才发行改订版。

从第二期开始，原稿必须经过检阅才能出版。第三期改称《文化丛书》，以单行本发行。第四期又改为《台湾之文化》，总督府借口其内容抵触《新闻条令》而禁止刊登。自第五期起恢复《会报》名称继续刊行，但因被禁止登载时事问题，无法达到预期目的，所以到第八期便决定停刊。此后委托《台湾民报》刊载该会会报。

台湾文化协会在台北、新竹、台中、员林、台南等地设立读报社，陈列包括祖国大陆在内的各地报纸杂志以交流信息，启发民智。读报社除购置台湾及日本的新闻杂志外，还广泛订购数十种大陆报纸，遇到有关反帝反殖民地或民族自决运动的消息则划上红线以引起读者的注意。

读报社的广泛设置给民众带来极大的方便，颇受欢迎。然而，由于受到总督府的多方阻挠，读报社的读者逐渐减少，加上经费问题的困扰，部分地区的读报社不得不停办，剩余的少数也逐渐缩小规模。

文化协会还四处举办演讲，并成立文化书局、文化剧团，也举办各种有关历史、法律、卫生等短期或长期的讲习会，进行文化演讲会、文化剧运动。

除了邀请《台湾通史》作者连横主讲台湾历史和汉文、台湾第一位哲学博士林茂生也曾主讲西洋历史外，身为医生的蒋渭水也下场主讲公共卫生。更有担任律师或学有所长的会员主讲法律和经济学（如远从哥伦比亚大学回来的陈炘）等。

据统计，在1925年、1926年中的听众即达23万人之多。本来文化协会还打算设文化义塾，以帮助家境贫困的小孩上学，不过申请时被驳了回来。

另外自1924年起，文化协会也趁暑假时举办名为"夏季学校"的夏令

---

① 王乃信等译：《台湾社会运动史》（1913—1936年）第一册《文化运动》（原《台湾总督府警察沿革志》，第二篇，中卷），台北：海峡学术出版社，2006年，第199页。

营。由身为总理的林献堂热心提供自家大宅院作为教室和宿舍。由于学生人数少，学历参差不齐，加上授课时间短暂，事实上，夏季学校的讲学效果并不明显，但它的政治意义却十分重大。

台湾人长期以来对日本殖民者的差别教育与奴化政策极其痛恨。1901年后，同为日本殖民地的朝鲜已有相当数量的私立校及教会学校，而台湾除两三个教会学校外，没有一所台人办的私立学校。因此，文化协会举办夏季学校是用行动表示对总督府教育政策的抗议，这种行动在启发台湾青年的民族精神上产生了很好的效果。

当时文协的专务理事蔡培火基于重视电影对大众的教育功能，遂于1925年从东京购买社会教育影片十数卷，成立名叫"美台团"之机构，训练青年志士专管机器、说明影片，并全台巡回放映电影。透过电影介绍新观念。文协还批评许多传统风俗习惯，如铺张浪费的婚礼，或者传统迷信。

演讲会是文化协会最重要的活动，"是推行启蒙运动的中心工作，意义重大，影响深远，其效果比任何活动都更为有力"。①

当时的台湾，一般民众文化素质较低，文字宣传缺乏大众性。1923年5月，文协理事黄呈聪、王敏川以《台湾民报》记者的身份从东京返台，在全岛各地举办巡回演讲会宣传《台湾民报》，他们所讲述的民族自决主义及对日本殖民统治的批判，获得民众的热烈响应。

蒋渭水等文协重要干部决定进一步扩大利用这种宣传方式，并把议会设置请愿运动与文化协会的演讲工作结合起来，利用周末在城市定期举办演讲会。同时，派演讲队前往各乡村宣传民族主义及阶级矛盾等问题。东京台湾青年会的留学生也利用假期回台组织文化演讲团，参加文协在各地举办的演讲会。这些演讲会都致力于对当时风靡全球的自由民主、民族自决，及社会主义等革命思潮的宣传，斥责总督府的专制统治，呼吁大家支援请愿运动。

---

① 叶荣钟：《台湾近代民族运动史》，台北：学海出版社，1979年，第303页。

据统计，自1923年至1926年，文化协会在各地组织了700多次讲演会，演讲人近3000人次，听众达30万人次。文化协会的活动受到台胞热烈欢迎，所到之处群众为之燃放鞭炮，夹道欢迎。每逢讲演"民众必定放爆表示欢迎，盛况远胜迎神赛会"[①]。当时新竹中学的一个台湾学生在日记中就写道："本日打开报纸，首先见到的是一幅很多人的照片，仔细一看，原来是图谋抗日的台湾的恩人蒋渭水先生、蔡培火先生及其他先辈十五六人的照片，啊！我真高兴，我台湾能够有这样的人物！真高兴！真高兴！吾台湾的解救已在眼前了，呜呼！台湾的救星出现了。"[②]

1923年夏，王敏川在台中等地宣讲民族解放运动的发展，受到群众热烈欢迎。同年冬，文化协会二林支部李应章等人提出《踏进农村开始实际工作案》，要求广泛开展农民运动。经过激烈的争论，协会方允许会员个人参加农民运动，这就为更深入地开展反日斗争开辟了一条新路。

李应章等在二林乡间从事发动农民的实际工作，创办夜校和阅报室，传播祖国新文化，向农民宣传进步思想，指出正确的斗争方式。到1924年1月台湾第一个农民团体"台湾蔗农组合二林本部"成立，开展了反对日本财阀经济掠夺的斗争。

台湾文协会虽然不被允许从事政治活动，但自成立之初即成为岛内外各社会运动的母体，文化协会成员以个人名义加入或指导各类组织与事件。

1920年年底开始进行的"台湾议会设置请愿运动"，因为是在日本帝国宪法内所规范的合法政治活动，且有内地（日本）众议员的支持，被蒋渭水喻为台湾人唯一的活路。文协成立后，成为请愿运动的幕后机关。在文协的支持之下，请愿运动的签名人数逐年增多。1925年至1927年请愿运动出现的发展高峰期，不得不归功于文协的宣传。这项请愿运动对台湾总督府的权力提出了最根本的挑战，因此也成为总督府的眼中钉。

---

① 《台湾丛谈》，第505页。
② 叶荣钟：《台湾近代民族运动史》，台北：学海出版社，1979年，第320页。

总督府动员辜显荣①等御用士绅抨击请愿运动。1924 年，辜显荣在台北网罗 20 余人召开所谓"全岛有力者大会"，攻击文化协会，散布卖国言论，激起各阶层人民愤慨。文化协会立即在台北、台中、台南同时举行广大群众参加的"全岛无力者大会"，号召民众"来扑灭这个伪造舆论、蹂躏正义而自称'全岛有力者大会'的怪物"。②

总督府也实施各项取缔措施紧缩言论，对林献堂等在台有庞大产业的人紧缩银根、收回公卖品的贩卖权，迫使其不得不退出该活动。而后又导演了"八骏事件"以分化文化协会成员的团结，但碍于此一运动系采行合法的方式，即使一再压制也未能根除。

新民会等开展的台湾议会设置请愿运动组织者们不断发动联署，其中也包括利用文化协会的演讲活动，赴日向日本帝国议会递交请愿书。1923 年，"台湾议会期成同盟会"成立，但却遭到大规模逮捕，史称"治警事件"。但这并没有打击议会设置请愿行动，他们继续不断地赴日请愿，即使一再被驳回。

几年下来，文化协会的活动使得台湾社会思想状态空前活泼，且种下了民主与民族意识的种子。在其影响下，台湾青年学生的民族意识空前高涨，多次发动抗暴斗争。各地涌现了"青年会"、"日新会"、"妇女协进会"等认同祖国、推进新文化运动的爱国组织。返回祖国大陆求学或参加工作的青年数量大增。他们在祖国大陆也相继组成"青年会"、"自治会"、"同志会"、"青年团"。到了 1926 年，台湾文化协会已经成功地推动了一场盛大的文化、思想与政治的启蒙运动。台湾文化协会成为台湾推动新文化运动的中心。

文化协会的积极活动，揭露了日本殖民统治和台湾政治、经济、教育的不平等事实，被日寇视为"洪水猛兽"，因而常遭到日本殖民当局的干涉和破坏。这同时也使得台湾地主资产阶级上层分子感到不安。日本帝国

---

① 辜显荣，乙未抗战中充当日军向导，得到赏识，被授予大量土地与特权，成为日本贵族院敕选议员。
② 林立：《台湾史话》，第 140 页。

主义为分化台湾民众的反抗斗争，也采取了诸如允许地主投资工商业，允许资本家建立合股公司之类的手段。

事实上，文化协会代表人物的思想状况和政治倾向不尽一致。如林献堂，受梁启超社会改良思想影响较多，被视为"改良派"，主张通过合法手段去争取民族自决权，向日本议会提出自治和设立议会的要求，故又被日本殖民当局看做是"自治主义派"的核心人物。

连温卿、王敏川等人接受了社会主义思想影响，主张开展工农革命运动，被称为"无产青年"派。

蒋渭水处在这两派人物中间。他早期倾向于林献堂，当农工运动有所发展时，他转而支持连、王的激进路线。但是在反对日本殖民统治、抵制同化政策、捍卫民族文化上，他们是一致的。可以说，"台湾文化协会"是由资产阶级领导的抗日民族统一战线组织。

另一方面，19世纪20年代中期国际国内革命运动的蓬勃发展，大大地激励了广大下层人民群众，他们已不满足于一般的请愿、抗议活动，而要求把斗争深入到民众当中和思想领域。

种种原因，造成文化协会内部逐渐形成了两种不同的势力，其间的矛盾也日益激化。

1927年1月，在文化协会召开的临时大会上，两种不同的势力公开决裂。以王敏川为首的左派由于群众的支持取得了胜利。林献堂、杨吉臣、蒋渭水等则以对方"主张阶级斗争，否认人道"为由声明退出。① 后来，蒋渭水等人另外成立"台湾民众党"，其纲领为"确立民本政治，建立合理的经济组织及改除社会制度之缺陷"。

林献堂等退出"文协"后，王敏川等对旧"文协"进行了组织领导，组成了"新文协"。1927年10月17日，新文协第一次全体代表大会在台中醉月楼举行了，建立了新的领导机构，选举王敏川为委员长兼宣传部主务，连温卿任农工商部主务，洪石柱任青年部主务，刘素兰任妇女部主

---

① 林立：《台湾史话》，第141页。

务，等等。在34名中央委员中，除两名中小地主之外，皆是小资产阶级知识分子、医生、商人或工人。协会宣称是"作为工、农、小商人及小资产阶级的后盾的战斗团体"。大会通过宣言，呼吁台湾人民"觉醒起来！奋勇起来！"、"走上激烈的斗争"。① 从此，台湾群众性斗争活动进一步展开。

仅1927年，文化协会就在全省各地举办了217次讲演会，听众达107620人次。各地支部也经常组织工农群众座谈，介绍祖国人民的革命斗争。此外，文化协会还办起了6个新剧团，演出50场，观众达3000人，积极配合了革命斗争形势的发展。

1928年春，日寇阴谋占用台南市民墓地修建运动场。文化协会与台南市反日进步团体共同举行抗议斗争，打击了敌人的嚣张气焰。1928年五一劳动节，协会联合彰化市工农团体举行大型讲演会，并组织了示威游行，举办了十月革命11周年纪念活动。同年7月，协会协助共产党组织办起了农民组合本部农村青年训练班，向农民宣传马克思主义，介绍祖国人民斗争经验。

1928年8月，协会在台中召开《大众时报》创立大会，苏新任该报编辑主任。创刊号刊载了王敏川撰写的《创刊辞》和论述中国革命前途的有关文章。

文化协会及其他进步团体组织的人民斗争，为台湾共产党的成立打下了群众基础。1928年4月15日，台湾共产党在中国共产党的关怀和领导下建立起来，文化协会又成为它领导下的骨干力量。

台湾共产党认真分析了文化协会的性质与现状，认为协会作为台湾各阶层人民反日联合阵线，起到了积极作用，并且具备着进一步开展工作的有利条件，如清除了右翼分子，协会由进步的知识分子领导，这些人中有的已经初步接受马克思主义的思想，协会比较注意对敌斗争策略，并已获得"合法"地位等。因此，台湾共产党派出党员参加协会领导工作，重点放在团结城市劳动群众方面，发展协会的基层组织，特别是发挥它在反日

---

① 萧友三：《台湾解放运动的回顾》，第19—20页。

运动中的民众宣传作用。从此，文化协会在台湾共产党领导下，开始了更加普遍和深入的斗争。

1928年10月31日，文化协会在醉月楼召开第二次代表大会。会上正式使用了"红地，左角星章，中交叉镰与锤"的会旗。① 正当代表们讨论《对于反动政府暴压的抗争》议案时，会议被日本警宪强行解散。

1929年1月10日，协会中央举行有农民组合领导人参加的扩大会议，总结对敌斗争经经，决定组织"各团体共同斗争委员会"以取得斗争的一致性。2月12日清晨，日本占领当局出动全部警宪实行大搜捕。

在台湾共产党领导下，文化协会和广大爱国同胞奋起与敌人展开斗争，掩护组织，转移同志，使敌寇企图一举消灭台湾共产党组织的阴谋遭到破产。1929年6月17日，协会为反对所谓"始政纪念"，公开发出檄文"打倒田中反动内阁"、"拥护中国革命"。②

1929年11月，文化协会在彰化举行的第三次代表大会上，批判了协会内部个别所谓"左翼社会主义者"，号召"纠合无产民众，参加群众运动，以期获得政治、经济、社会的自由"。③ 由于日寇的横暴干涉，会议未能完成所有议程。

1931年1月，在台湾共产党领导下，又于彰化召开了文化协会第四次代表大会。大会选举出王敏川为首的中央委员会之后，便转移到丰原郡内埔庄秘密举行中央委员会会议。这次大会制定出26条具体行动纲领，并在宣言中指出："在被榨取地位的我们劳苦大众，须在无产阶级的领导下，推翻在台湾的帝国主义统治和封建专制统治，消灭封建残余，打倒反动团体，只有这样才能完成我们的任务。"④ 由此表明，文化协会已经接受了台湾共产党的政治纲领，其中一些会员还成长为共产党的优秀党员。但是在协会内部，也有个别领导人认为共产党建立之后，文化协会即完成历史使

---

① 李震明：《台湾史》，第146页。
② 萧友三：《台湾解放运动的回顾》，第29页。
③ 林立：《台湾史话》，第149页。
④ 《台湾警察沿革志》，第279页。

命，甚至有人提出解散组织或改建"大众党"。

在日本帝国主义的残酷镇压下，协会活动逐渐减少。据调查救援部部长王万得的报告，1931 年，文化协会仅余会员 500 多人。同年 6 月和 11 月，日寇发动两次大搜捕，协会干部多数被捕入狱。

为了营救同志，王敏川团结各进步人士和团体，秘密组织了"反日运动牺牲者救援会"，坚持斗争。但 1932 年春，王敏川又一次身陷囹圄，遭长期监禁。文化协会的活动终被迫停止。

台湾文化协会的成立，标志着台湾新文化运动的深入。这是 20 世纪 20 年代席卷世界的民族民主革命浪潮向台湾岛内的深入，是祖国大陆掀起的反对帝国主义、反对封建主义斗争向海岛台湾的深入，是台湾同胞坚持了 25 年的反对日本殖民统治、反对日本同化政策的民族解放运动的深入。台湾新文化运动作为五四运动的一个不可分割的分支，点燃的是可以烧透黑夜，照亮回归祖国之路的民族火炬。

从台湾文化协会的成立和发展情况来看，具有如下特点：一、它逐步发展成为台湾人民抗日民族运动的统一战线组织。二、它在开展活动过程中，能够与广大劳动群众的斗争相联系，以组织民众、宣传抗日和传播祖国新文化为战斗任务，并取

1946 年 9 月出版的《台湾解放运动之回顾》封面刊有台湾文化协会、台湾民众党旗帜。这张图显示当时的文化协会旗帜与中共党旗和苏共党旗十分相似

得一定成果。三、在协会内部存在两种不同的势力，尽管右翼占据着领导职位，但左翼团结了广大的基层会员，成为主导力量。

台湾文化协会的一系列文化启蒙运动在台湾民众间产生了重要的影响。文协的广泛宣传带给了台湾人民新思想与新文化，推动了台湾民众民族意识的高涨。文协的活动获得了岛内外青年学生的广泛响应，各种青年团体渐次成立，青年运动蓬勃发展。文协还促进了农工阶级的觉醒，蔗农对制糖会社的不满日渐演化为纠纷，农工团体逐渐形成。台湾社会出现了新的社会分化，为之后台湾的社会主义运动提供了阶级力量。

文协还在各种活动中宣传民族文化，新旧文学之争与中央书局、文化书局的成立，不但有助于台湾中文书籍的普及、中国文化的保存，还把五四运动后祖国大陆关于新思想的书引进台湾，在宣传新思想的同时加强了台湾与祖国大陆的联系。

台湾农民组合

台湾农民组合成立于1926年9月，主要领导人为简吉，是日据时代台湾岛内最大的抗日运动组织，其开展的反日本殖民者斗争，虽然推动了台湾农民运动的发展，但却遭到了殖民当局的残酷镇压，在1929年的"二·一二"事件中，其总部和各支部均遭到日警的大规模袭击，200多名领导人被捕，工作陷于瘫痪。[①] 1931年被迫解散。

> 简吉（1903—1951年），男，台湾高雄人。祖籍福建。1921年毕业于台南师范学校，在凤山公学校任教。1925年辞去教职，组建凤山农民组合。1926年组建台湾农民组合。1929年因"二·一二事件"入狱一年。1931年因"台共事件"被捕，1941年获释。1947年参加"二·二八"起义，任台湾自治联军政委，加入中共地下党。1950年被捕，1951牺牲于台北马场町刑场。

台湾农民占全岛人口的一半以上，农业产品的经济命脉被日本人掌控。日本资本家和地主采用没收、低价强买和其他非法手段，掠夺台湾农民的土地；采取压低价格、提高地租等手法，进行残酷剥削压榨。尤其是蔗糖业，百分之九十以上的经济利益属于日本资本家，蔗农深受日本殖民当局的压制和制糖会社的压榨，苦不堪言。1902年至1905年，日本当局为了加强对台湾蔗农的剥削，使其掠夺计划合法化，先后公布了"台湾糖业奖励规则"、"制糖厂取缔规则"、"原料采取区域制度"等，这些不合理的制度和规则规定台湾蔗农的甘蔗只能卖给日本当局，而且制糖公司可以

---

① 唐曼珍、王宇：《台湾事典》，天津：南开大学出版社，1990年。

任意决定甘蔗的收割价格和收割时间。台湾蔗农在这样的残酷剥削下过着任人宰割的悲惨生活，农工奋起反抗，他们通过成立"农民组合"维护自身利益。1925年6月28日，李应章（李伟光）在彰化北斗郡组织成立台湾第一个农民组合——"二林蔗农组合"。李应章被推举为"总理"，并作为代表多次与日本当局交涉，要求废除这些掠夺农民血汗的政策。日本资本家林本源会社不但不给予合理的答复，且在二林沙山等地强行收割甘蔗，农民采取行动抗拒收割，日本当局即派出30多名警察和监工等前来镇压，双方发生武装冲突，次日又派出百余名警察抓走了李应章在内的93名无辜群众和爱国志士。1926年9月，终审判决25人有罪。李应章被判刑关押8个月。是为台湾农民运动史上著名的"二林事件"。[①]

1927年3月，台湾农民组合代表访问日本。前排左起李应章、古屋贞雄、谢南光，后排左二为简吉、右二赵港、右一林松甫

　　这次斗争是台湾有史以来第一次见证到知识分子在民众斗争中发挥了

---

　　① 李玲虹、龚晋珠主编：《台湾农民运动先驱者李伟光》（下卷），台海出版社，2006年，第371—372页。

重要作用，"其影响相当广大而深远，当时日本人认为是平台后第一大事件"。① 台湾有学者认为："农民运动开始有策略、有方向、有阶级意识，无疑是以二林事件为起点。这次是星火并未被扑灭，反而引起连锁效应。"他们的抗争成为日后台湾农民运动的典范。

不久，凤山、麻头等地也成立地方性"农民组合"，在决议中表示以马克思主义为指导，支持日本劳动农民和促进工农联盟，会员多达 2.4 万余人，成立支部 23 个。

1925 年，高雄新兴制糖会社向农民要求返还土地，引起凤山农民的强烈不满。当年 11 月 15 日，凤山小作人组合（由黄石顺发起成立于 1925 年 5 月 23 日，黄石顺后任台湾农民组合领导人之一）改名为凤山农民组合，推举简吉为组合长，当时组合员 80 余人。简吉带领凤山农民组合反抗陈中和新兴制糖会社收夺佃农的土地。佃农一旦失去耕作的土地，就失去了生活来源。简吉团结农民进行集体抗争，协助农民与制糖会社谈判，最终取得胜利，迫使陈中和新兴制糖会社同意延后 7 年收回凤山街的土地。

凤山农民组合的反抗斗争对于深受日本殖民当局压迫的台湾农民的影响甚大，简吉积极支援各地农民与日本殖民当局的争议。1925 年 12 月公布的大肚"官有地拂下"政策，使农民由土地开垦者、土地所有人变成日本退休官吏的佃农，日本退休官吏要求移交"无断开垦地"发生争议。大肚的赵港（台湾农民组合领导人之一，台共党员）组织农民反抗，并向凤山的农民运动领导人简吉求助。日后，赵港与简吉一起并肩战斗，为台湾农民运动殚精竭虑。赵港的侄子赵清云先生，在回忆录中这样描述简吉协助大肚农民抗争的细节：

> 不久之后，简吉就来到大肚协助我们。……每当简吉来到组合的时候，附近的农民争相走告："简仔来了！简仔来了！"村里的农民都很尊敬他，我们年轻人更佩服他。简吉随身总携带着一

---

① 见台湾彰化县文化局代理局长李俊德为《殖民地的怒吼——二林蔗农事件》一书所写的序言。

个装得满满的公事包，里面全是资料及书籍，他从皮包中取出各种资料详细告诉大家，他们在凤山的抗争经验及如何与制糖会社对抗的情形。处于农村，缺乏资讯的农民都听得大感兴趣而不肯离去。

当时台湾文化协会的机关报《台湾民报》，对大肚退休官吏土地争议事件的报道层出不穷，大肚农民的反抗受到台湾民众的关注。1926年4月26日，简吉与赵港到台北总督府，向内务局地方课长以及一名秘书官陈情，要求取消退休官吏的放领地，而改予农民。陈情毫无结果。日本殖民当局对大肚农民的抗争进行暴力镇压。在简吉的支持和帮助下，1926年6月6日，大甲农民组合在大肚庄妈祖庙举行成立大会，有700余名农民参加，推选赵港为组合长，并通过简吉所拟的纲领规章。大甲农民组合团结农民继续进行抗争，使土地争议更加活跃，并积极发起请愿和陈情运动。

1926年7月25日，赵港带领台中、台南、高雄三州属下退官人员放领土地关系民众代表12人，前往总督府陈情。次日访总督官邸，陈述请愿主旨，并与台湾文化协会联系，在文协领导人蒋渭水、连温卿的支持下，于当晚在港町文化讲座举办农民演讲会，演讲会由凤山农民组合的黄石顺主持。

农民组合反抗日本殖民当局的抗争运动，不仅得到广大农民的支持，还得到台湾文化协会等抗日进步组织的援助，产生较大社会反响。台中大甲农民组合、台南曾文农民组合、嘉义农民组合等相继成立，为台湾农民组合的成立奠定了基础。

在简吉和赵港等人的提议下，1926年6月28日，凤山农民组合代表简吉、黄石顺、陈连标，大甲农民组合代表赵港、赵钦福、陈启通，曾文农民组合代表张行、杨顺利，嘉义农民组合代表林龍、林敬等10人会合，讨论建立一个全岛性的组织，以凝聚台湾农民力量，共同与日本殖民当局抗争，并通过简吉、黄石顺提出的设立"台湾农民组合"的提议。

1926年9月20日，台湾农民组合本部设于凤山街县口三五〇番地，并计划于同年10月在凤山举办创立大会。

1926 年 9 月下旬发生凤山支部组合员在陈慷慨宅集会的治安警察法违反案件，这是日本殖民当局故意制造的事件，以压制农民组合的活动，使台湾农民组合成立大会终未能按预定计划举行。虽然如此，并不能阻止这个全岛性的农民组合成立。其后，简吉被推选为台湾农民组合中央委员长，中央常任委员为简吉、陈连标、黄石顺。

1927 年 9 月台湾农民组合中央常任委员阵容扩大为：简吉、黄信国、黄石顺、赵港、侯朝宗、陈德兴、陈培初、谢神财。台湾农民组合迅速发展壮大，成为日据时代台湾最大的抗日运动组织，如火如荼的农民运动被日本殖民当局视为最头痛的问题。

1928 年，台湾农民组合第二次全岛大会合影

台湾农民组合与台湾文化协会的联络十分密切，受到文协演讲会的影响，农组经常开展宣传反对日本殖民当局的演讲活动，对于唤起农民的抗争意识产生了积极而重要的影响。日警对农民组合的活动十分关注，在农组演讲会现场，时常有日警巡查。1927 年元旦，张行领导的台湾农民组合

下营支部举办演讲会，邀请农组本部和文化协会的干部参加。演讲会吸引了许多邻近村庄的农民，会场里里外外挤满了人。日本殖民当局不仅派出日本官员旁听，还安排日警在现场监视。由于日警的干扰，每一位演讲者都被中途打断，没能留下完整的演说。许多年后，亲历该演讲会的洪水流先生记录了以下四段演说片断：

咱台湾的农民兄弟姊妹说起来实在很可怜，从天亮做到晚，三餐吃蕃薯签，配腌瓜、豆酱，穿粗布破衫裤，住破旧的房屋。咱每日做十五六个小时，但是收成统统被政府扣重税，被地主重税剥削走了，使咱不能赡养父母，养育妻儿，生活很艰苦。咱农民的子弟无力去接受中高等学校的教育，这是为什么呢？这就是日本帝国主义的殖民地愚民政策，他们要咱做牛做马当奴隶，咱憨憨一直做，做给他们吃喝享受。

这是日本来台湾硬占台湾人便宜，譬如说，同样是在工厂做工，日本员工做的工作比台湾人轻松，他们一天工资两元多，咱台湾人任最高级的员工，比他们能干，工资还不到八角，大多数中级员工六角、五角，而粗工只有两三角；钱赚得比他们少还要看他们脸色，仰他们鼻息，为了讨他们好还得请喝酒、送礼！这实在太不公平！而且还要受他们支配欺压！

日本到台湾来硬夺去咱祖先开垦的土地，他们用各种名目把台湾人耕种几代的土地，放领给日本的退休官员，硬夺去几千甲土地，使台湾几千户人家失去田园，没有土地耕种无以为生，日本政府这样欺压台湾人，比强盗土匪还野蛮。

制糖会社的大资本家与台湾总督府勾结，为他们划定会社的专利权区域，给予会社的经济垄断，剥削蔗农，在会社专利区域内种甘蔗，蔗农不得外卖，也不能私自制糖，连自己吃甘蔗都不行，蔗价也由会社自订，会社自设秤量，很不公道。蔗农与制糖会社争议，会社利用警察，把蔗农抓去关。

农组的演讲会一针见血地指出日本人与台湾人之间的差别待遇，抨击日本殖民当局对台湾民众的剥削和压制，引起台湾农民的强烈共鸣。农组演讲会是农民组合凝聚力量反抗日本殖民当局的重要方式之一，受到日警的重点监查，演讲会被强令中止的情况时常发生，甚至还将言辞"出格"者强行逮捕，虽然如此，并不能阻止演讲会的开展。

农民组合不仅帮助农民处理争议问题，维护农民的权益，还组织读书会，教农民学习汉文，唤起农民的祖国意识。农民组合从上海购买大量平民课本和平民千字文课本，作为农组读书会教农民学习汉文的教材。许多农民参加农组的读书会活动，平民千字文课本中孙中山先生的头像及中国国旗格外引人注目。此外，农民组合从上海买回许多以孙中山肖像为标志的"中山"牌火柴，送到各个农组支部销售，所得收入用于筹措农民运动经费。这些祖国大陆生产的火柴质量并不比台湾农民用的日本制"猴标"火柴差，"中山"火柴五分钱一封（十小盒），价格比"猴标"便宜二分钱，十分俏销。当时许多不识字，更不懂汉文的台湾农民，虽然对祖国还比较陌生，但只要提到孙中山，无人不晓，因为他们都使用过"中山"火柴。农组读书会还教农民唱祖国的歌谣，许多骑在牛背上的牧童常爱哼这些悦耳的祖国歌谣。农民们学习汉文、唱祖国歌谣，经常被日警干涉。

1931年农民组合被日本殖民当局解散后，还有农民偷偷地唱当年农组读书会教的祖国歌谣，足见祖国文化对台湾农民的吸引力。

在抗日活动中，简吉与"二林事件"（1925年10月下旬，彰化二林蔗农组合发起反抗日本殖民当局的农民暴动）领导人李应章（文协理事，后赴祖国大陆加入中共）结为亲密战友。

1927年4月，简吉应李应章邀请到二林演讲，遭到日警制止，随后简吉与李应章留影以示抗议。合影照印有这样的文字："二林农村演讲被检束纪念摄影，昭和二年四月二十日午后十时"。这张具有特殊涵义的合影，成为台湾农民反抗日本殖民当局的历史见证。

李应章领导二林蔗农开展的反抗斗争，得到日本左翼组织的援助，1926、1927年日本劳动农民党成员麻生久和布施辰治先后为"二林事件"赴台辩护。简吉与麻生久、布施辰治接触，并安排他们到各地农村巡回演

讲，传授日本农民运动的经验，使简吉和农民组合成员受到启发。据日警
档案记载：

> 在全岛各地反对将土地放领予退官人员的运动过程中，与日
> 本农民组合、劳动农民党建立了联系，尤其为二林事件而来台辩
> 护的麻生久、布施辰治的协助与启发，逐渐走向左倾农民组合的
> 形态，同时增强了结合为全岛性的统一农民团体的机运。

1927 年 2 月 20 日，农组中央委员长简吉和农组争议部部长赵港为
"土地拂下"和"竹林争议"，赴日本东京请愿。虽然请愿未被接受，但此
行对他们来说，颇有收获。他们拜访日本农组与劳农党，与日本左翼组织
建立结盟关系，从日本农民运动中学到许多更加有效的斗争方法。返回台
湾后，他们召集各农组支部学习日本农民运动的斗争经验，他们的专题演
讲《日本农民运动》、《日本农民组合》使农组成员大开眼界。

简吉向日本劳动农民党提出派遣指导员常驻台湾的请求。1927 年 5 月
4 日，劳农党员古屋贞雄（律师）赴台湾，并到各地农村演讲，当月 22 日
返回东京。应简吉邀请，1927 年 7 月 4 日古屋贞雄再赴台湾，在台中开办
律师事务所，为农民争议案辩护，帮助和指导农民与日本殖民当局的斗
争，为台湾农民运动的发展做出了贡献。关于古屋贞雄在台湾的活动情况
及影响，日警档案记录如下：

> 他又致力于台湾农民组合阵容的扩展，整顿及其战术训练，
> 将劳动农民党的思想背景及战略战术，原封转让于台湾农民组
> 合。因此古屋来台之后的台湾农民组合显著增强了阶级斗争色
> 彩，具有浓厚的政治斗争倾向，又采取暴露战术，经常对大众加
> 以宣传、煽动、挑拨农民的不平不满情绪，遇事则每每动员多数
> 农民大众，借陈情、请愿之名，行示威之实，如提出抗议书，颁
> 发偏激文书指令，与岛内各思想运动团体形成联合战线，与岛内
> 外友好团体的合作等等，皆全力以赴。

1927 年 7 月 22 日，《台湾民报》发表简吉的文章《大同团结而奋斗》，
字里行间，明显流露出阶级斗争的意识：

我们必须正确地认识一切事物，不可看见片面的现象，而没却了事物的本质，不可只"见树木不见林"。我们必须提高我们的阶级意识，而结成广大的坚固的团结，而进攻呀！大家赶快起来斗争，而获得我们的生存权。日本资本主义要倒了，世界资本主义也要倒了，我们不仅仅是要由教育机关解放出来，而且要由一切压迫解放出来！

1927年12月4日，台湾农民组合第一次全岛大会在台中乐舞台戏院（台湾人开办的戏院）召开，与会者800余人。古屋贞雄作为台湾农民组合的顾问，专程从朝鲜（声援朝鲜农民运动）赶回台湾参加大会，日本农民组合中央委员长山上武雄亦从大阪赶赴台湾参加盛会。台湾文化协会领导人连温卿以顾问身份出席大会。日本劳动农民党本部、日本农民组合本部、日本农民组合大阪联合会、朝鲜新韩会、东京新韩支会、大阪朝鲜劳动组织、大阪劳动大会、日本交通劳动协会，及台湾各抗日团体等均发电文表示祝贺。此次大会声势浩大，得到了岛内外进步组织和团体的支持和响应，将台湾抗日运动推向高潮。

大会讨论"劳动农民党支持案"，肯定该组织对台湾农民组合的指导和支援，认为劳动农民党的斗争是为了无产阶级与弱小民族的利益，与台湾农民组合的纲领政策相通，明确指出劳动农民党是值得信赖的政党。农组中央委员会的提案"特别活动队设置案"就台湾农民组合的思想、政策、运动方针等的转向作出说明，指出"我们的运动业已渡过从事于所谓自然发生运动的时期"，"于当今阶段，我们非展开全体无产阶级的政治斗争不可"。大会还提出要"促进工农结合"，认为"农民运动应做工人运动的后盾"，"依照马克思主义指导支持无产阶级之方法，宜待之于解决农民问题之方针。因此，我们应奋发促进工农结合的实施"。黄信国当选为中央委员长，简吉、赵港、谢神财、陈德兴、杨贵（杨逵）当选为中央常任委员。

农民组合第一次全岛大会具有里程碑意义，左翼革命理念对台湾农民运动的发展方向产生了影响，使其由自然发生的农民运动，转向带有明显阶级斗争意识的革命运动。

1928 年，受日本政府针对日共进行的"三·一五检举"影响，日共的外围组织日本劳农党被解散，台湾农民组合暂时失去日本左翼革命力量的援助。在这个关键时刻，谢雪红（台盟创始人，首届台盟中央主席）回到台湾，台湾农民组合与谢雪红领导的台共建立密切关系，为台湾农民运动带来又一次转机。

1928 年 5 月 14 日，因"上海读书会事件"被捕的谢雪红，被日本殖民当局押解回台湾。《台湾日日新闻》报道的关于谢雪红的消息，一时成为台湾人谈论的焦点，媒体披露的谢雪红留学苏联的身份引起台湾各抗日团体的关注。农民组合的简吉、赵港、杨春松（1926 年在广州加入中共）、杨克培（1927 年在汉口加入中共）等人拜访谢雪红，和她交流台湾抗日运动情势。

当时正是台湾农民组合最活跃的时期，全台各地有 27 个地方支部，会员 24000 多人。1927 年至 1928 年，经农民组合指导的农民争议案件，达 420 余件。各地农民的抗争激烈，为更好地适应形势的发展，提升农组干部的思想素质和战斗能力，简吉和赵港计划举办一个青年干部训练班，希望得到谢雪红的支持。谢雪红欣然同意。简吉十分信任谢雪红，并邀请她出席农民组合中央委员会。

1928 年 7 月，青年干部训练班在农民组合本部开办，学员是各地农组支部的优秀人才。简吉主讲《现时的农民运动》、《官有地放领问题》、《竹林问题》、《殖民地政策批判》、《从掌握生产物管理权到夺回生产机构》、《殖民政策的由来与资本主义》、《资本主义机构的各项问题》等；谢雪红主讲《国际无产阶级运动》、《西来庵事件批判》等；杨克培主讲《普罗经济学》、《社会主义政治机构》、《无产阶级专政》等。

在谢雪红的影响下，青年干部训练班的学习课程由农民问题转向国际共产主义运动。这次难得的学习机会使农组的学员们获益良多。第二次中坜事件发生后，简吉、赵港等人号召所有干部全力支援中坜的抗争，学员们提前结束学习投入农民斗争，青年干部训练班中止。

声援中坜斗争需要活动经费，受简吉的委托，谢雪红积极帮助农组募款，并拜访雾峰林幼春等人，希望他们支持农民革命运动。在这次援助农组的活动中，谢雪红与简吉、赵港、杨春松、杨克培、简娥等人联系密切，并发展他们加入台湾共产党组织。

1928 年 8 月，杨克培介绍堂弟杨克煌到农组本部帮忙。随后，杨克培带着杨克煌去台中公园附近谢雪红住所拜访。这是谢雪红和杨克煌第一次见面，日后他们成为最亲密的革命战友。杨克煌加入农组后，得到简吉的信赖。因机关刊物《农组情报》内容被泄漏，为安全起见，简吉亲自负责撰稿和刻印，让杨克煌负责《农组情报》的发行联络工作。据杨克煌回忆：

> 1929 年元旦以后，农民组合简吉叫我每星期一次到农组本部向他取刻好的《农组情报》蜡纸，再送去台中商业学校邻近的一户农民家，交给躲藏在那里的简娥油印。她再把印好的"情报"大部分交给我寄送到各地。当时，干这项工作是秘密的。我出入农组，都是由前门进去，由后门溜出来；因《农组情报》如被敌人发现是违反出版法的，负责人是要吃官司的。

1928 年 8 月 29 日，谢雪红列席农组中央委员会，会议决定同年 12 月底召开农组第二次全岛大会，并讨论谢雪红提出的青年部、妇女部和救济部的提案，决定按照谢雪红的提案进行青年部、妇女部、救济部的建立及扩展。

谢雪红根据台共纲领文件撰写的青年部提纲指出：

> 中国的五四运动、五卅运动等的解放运动，大部分由青年担任，成为中国解放运动的前驱。由这些事实，足见青年运动在无产阶级解放运动线上占有何等重要的地位。因此，不论在实践上或理论上，无产农工运动是与青年运动密不可分的。

谢雪红撰写的妇女部提纲指出：

> 台湾妇女已经开始觉醒了。所以台湾妇女为了解放自己，非参加无产阶级运动并在其指导下团结不可。换言之，妇女运动应

该成为无产阶级运动的一支部队。""我们妇女已经可以担任与男性相同的重要任务，不必忍受过去的习惯与因袭的束缚，应该逐渐走上解放运动，与无产农工兄弟携手并进。"

谢雪红撰写的救济部提纲指出：

"中国的白色恐怖弥漫全国，日本的空前大检举——朝鲜共产党事件、台湾新竹事件、广东事件、中坜事件、最近的上海事件等，无非针对我们无产阶级解放运动战线展开总进攻。此项暴虐攻势都是有组织的，有计划的。因此我们向敌人宣战，须具备巩固的组织与团结力，始能得到最后胜利。""我们已经知道，无产农工阶级运动会更发展，统治阶级的暴压会更苛酷。此项镇压不仅过去如此，现在和将来会更加苛酷。当此双方交战，必定产生许多为无产大众谋福利而牺牲的斗士。因此，我们农组须组织救济部，认识救济部的意义。救济部不但解决经济面的问题，亦可帮助农组的发展，使农组成为真正的斗争团体。换言之，搭起农民向资本家地主进行斗争工作的舞台，即是组织农组救济部的意义。"①

1928年9月初，林日高赴日本东京，向林木顺报告农组将举行第二次全岛大会的有关事宜。这个消息引起林木顺的重视，他认为应该借此机会掌握农组的领导权，使台共建党大会关于农民运动的方针顺利开展。林木顺根据台湾革命运动情势，起草《农民问题对策》，对台共的农民运动策略作调整和补充，作为农组第二次全岛大会的指导性文件。

在林木顺草拟《农民问题对策》之前，农组领导人简吉、陈德兴、陈海、杨春松、杨克培等于同年9月底，在农组本部秘密集会，商议谢雪红提出的希望农组公开支持台共的问题。显然，谢雪红和林木顺都指向同一个目标，即进一步加强台共与农组的密切关系。当时，台共已吸收农组的

①　台湾总督府警务局：《台湾社会运动史Ⅳ农民运动（1913—1936）》，第107、109、112—113页。

重要成员赵港、杨春松和杨克培为党员，并把简吉列为党的重点发展对象。简吉对台共革命理念的认同毋庸置疑，其思想带有明显的共产主义倾向。所以，"对参与会议的人来说，个人的支持绝对不是问题"，"问题只是农民组合该不该这时候站出来表明和共产党的关系"。[①]

据日警档案记载，简吉等人商议后，决定对谢雪红的提议作出如下答复：

> 于现时情况，连干部都有许多人不知道党是什么，而我们也正在研究。另一方面，现在的农组干部里有农组方针相反的杨贵一派的反动势力的余党。排除他们是当前急务，另外鉴于现在的农组的合法活动都受到如此弹压时，即刻接受党的提议一事需要多加考虑。[②]

虽然在此之前农组的革命理念已带有左翼色彩，但是，农组与台共的社会角色和功能是有区别的，社会的认同程度也不一致。[③] 当时，绝大多数台湾农民对台共组织尚不了解，如果马上将农组作为台共领导下的外围团体，可能会影响农民对农组的支持态度，还会引起日本殖民当局对农组的严厉镇压。后来日本殖民当局为调查台共与农组关系，发出"全岛大整肃"的逮捕令，史称"二·一二"事件。虽然日警最终未查获农组与台共关系之相关证据，但这次事件对农组抗日力量造成了极大破坏。所以，农组决定暂缓对台共的公开支持是冷静而客观的。在台湾抗日斗争的适当时机，农组才公开承认是台共领导下的外围团体，农组的重要人物几乎都加入了台共组织。

岛内台共中央在农组开展的工作，为林木顺的《农民问题对策》透过农组第二次全岛大会得以实施打下了基础。关于此文的完成时间和地点，学术界有所争议，有学者认为是林木顺1928年10月从东京返回上海后完

---

① 杨渡：《简吉——台湾农民运动史诗》，台北：南方家园文化事业有限公司，2009年，第139页。

② 台湾总督府警务局编：《台湾社会运动史Ⅳ农民运动（1913—1936）》，第124—125页。

③ 杨渡：《简吉——台湾农民运动史诗》，第140页。

成，并于同年 11 月秘密传递到东京。① 而台湾总督府警务局编的《台湾社会运动史Ⅳ农民运动》指出，1928 年 10 月，林木顺和陈来旺共同起草《农民问题对策》。② 陈来旺被日警逮捕后，对林木顺起草《农民问题对策》事宜作如下陈述："9 月林木顺再入京时，以《农民问题对策》为题的汉文给我看，其中党的《农民运动对策》是林起草，给我看这台湾农民组合指导的根本方针。"③

虽然《台湾社会运动史Ⅳ农民运动》和《陈来旺听取书》关于《农民问题对策》的完稿时间有出入，但均肯定《农民问题对策》一文是林木顺在东京完成的。《农民问题对策》文稿的落款时间为"第十一次革命纪念前七日"。④ 苏联十月革命发生于 1917 年 11 月 7 日，1928 年是十月革命 11 周年。据此判断，《农民问题对策》一文应该完成于 1928 年 10 月 31 日。

据王万得回忆："1928 年 11 月初旬，我和翁泽生一道从厦门回了上海。过了两天碰到林木顺，他比我们先几天从日本回到了上海。"⑤ 这份资料显示，林木顺返沪时间是在《农民问题对策》完稿之后，从另一个侧面说明《农民问题对策》是在东京拟制的，与《台湾社会运动史Ⅳ农民运动》的说法比较吻合。

1928 年 11 月初，林木顺离开东京返回上海前夕，将刚刚起草的《农民问题对策》（汉文版），及另一份文件《农组的情势与大会对策》（日文版）交给台共东京支部负责人陈来旺，要求陈来旺将第二份文件翻译为汉文后，由东京支部党员林兑秘密带回台湾。《农民问题对策》一文写道：

对于农民组合的领导不能称为完全，但一般而言，已经革命化到某一程度，逐渐建立紧密关系，这就是目前的形势，也是我们最应留意努力的地方。

农民组合一天比一天战斗化，而且极其重要的第二次全岛大

---

① 参见陈芳明：《谢雪红评传》，第 125 页。另参见何池：《翁泽生传》，第 209 页。
② 台湾总督府警务局编：《台湾社会运动史Ⅳ农民运动（1913—1936）》，第 130 页。
③ 《陈来旺听取书》，转引自林炳炎：《林木顺与台湾共产党的创立》，第 206 页。
④ 台湾总督府警务局编：《台湾社会运动史Ⅳ农民运动（1913—1936）》，第 142 页。
⑤ 参见王万得有关资料。

会就在眼前了。今天党对于农民运动的根本政策仍然正确。虽然如此，仍有一部分不符合客观情势之处。尤其关于这次大会，当然非有一定的具体方针不可。

适值此时，台湾共产党中央常务委员会发表有关第二次大会的政策。[①]

台共十分重视农民组合的工作，认为"农民组合实际上已经形成了台湾革命运动最具战斗性且最大而坚固的大众组织"[②]。林木顺在《农民问题对策》一文中，开宗明义表达台共希望掌握农组领导权的迫切心情，并就台湾农民运动的策略提出以下意见：

第一，促进农民组合发行机关报，以增强党对农民组合的进一步领导。虽然农民组合已定期发行《农组情报》，但是，为了争取政治言论自由，增强农民大众对马克思主义革命理论的认识和理解，必须发行全岛性的农民组合机关报。

第二，台共将台湾的民族共同斗争目标规定为打倒日本帝国主义，废除反动地主及其他一切的封建残余。农民组合是实现这个目标的革命联合战线的一支重要力量，应团结左翼工会、文化协会等台湾左翼团体。

第三，土地问题是农民的生命，是目前农民大众决死斗争的根本目标，是台湾的民族民主革命的基本社会内容。农民组合应该明确提出"土地归农民"、"土地公有化"的口号。

第四，台湾革命的原动力和领导者是工人阶级，农民是台湾革命的主要力量，是工人阶级唯一的同盟军。农民组合关于这点有正确见解，但应该大力宣传革命的领导权，应在所有场合提出工农革命同盟的口号，使农民大众更正确地前进。

第五，农民组合应该成立自卫团组织，参加农民运动，保卫农组大会的召开，保护农民抗日活动的开展。只有采取必要的对

---

① 台湾总督府警务局编：《台湾社会运动史Ⅳ农民运动（1913—1936）》，第131—132页。
② 台湾总督府警务局编：《台湾社会运动史Ⅳ农民运动（1913—1936）》，第133页。

抗手段，争权斗争才会取得胜利。

第六，农村青年大众在革命运动中的地位相当重要，农民组合应设置青年农民的短期讲习所，传授共产主义革命知识及台湾问题、农民问题、国际问题等课程。

第七，在日本殖民当局的高压下，组织全岛性的农民组合救济部是大众的切实要求和当务之急。

第八，反对帝国主义战争、拥护苏俄、支持中国革命等，与台湾的革命斗争有根本的直接利害关系。因此，国际问题与农民的日常斗争必须结合起来，应加入赤色农民国际，宣传农民的国际团结的必要性。

第九，有计划地扩大农民组合的组织规模，吸引更多的贫农、雇农、青年农民和农村妇女参加。

第十，反对新文协领导人连温卿，并对深受其思想影响的农组成员杨贵、谢进来等人开展斗争。①

《农民问题对策》第十项是关于农民组合内部的斗争，反映了日共两条路线斗争的矛盾——支持抑或反对山川主义。在共产国际政治路线影响下，日共反对山川主义思想，以简吉、赵港为代表的农组成员奉行共产国际的路线。杨贵、谢进来等人与连温卿同属一条阵线，均受日本山川主义的影响。对于农民组合内部的矛盾冲突，根据共产国际指示成立的台共，表达了支持简吉等人的共产国际政治立场。

连温卿，台湾台北人。台湾文化协会创建人之一，当选为文化协会第一届理事会理事。研究社会主义等社会科学理论，于1923年7月与蒋渭水等人筹组社会问题研究会，出生于台北的日本女性社会主义青年山口小静也参与其中。连温卿透过山口小静的关系，结识日本共产主义者山川均并受其影响，从而被称为台湾的山川主义者。

① 台湾总督府警务局编：《台湾社会运动史Ⅳ农民运动（1913—1936）》，第132—142页。

　　杨贵，又名杨逵，台湾台南人。1924 年赴日求学。1927 年返台，参加农民组合和文化协会的抗日活动。1928 年 6 月被农组开除。1932 年发表日文小说《送报夫》，被誉为台湾新文学先驱，并将鲁迅的《阿 Q 正传》等中国小说翻译为日文。因爱国反日，数度被捕，从不屈服。台湾光复后与中共台湾省工委关系密切。

　　1928 年 11 月，陈来旺向林兑传达林木顺的指示："预定于 12 月底在台湾召开的农民组合全岛大会，以反映党的影响使命，应前往台湾。"陈来旺将《农民问题对策》和《农组的情势与大会对策》两份文件交给林兑，并叮嘱他：台湾之行是危险的，应将文件精读后再返台。[①] 林兑接受任务后，着手返回台湾的准备，并预先将文件要旨透过秘密渠道函告简吉。1928 年 11 月 29 日，林兑返回台湾，首先与谢雪红秘密联络，向其汇报回台任务，共商对策。随后，谢雪红和林兑频繁与农组领导简吉等人联络，探讨如何透过农组第二次全岛大会实施台共文件《农民问题对策》。直至 12 月 25 日，大会正式召开前 5 天，林兑和简吉还在紧张讨论有关问题。[②]

　　1928 年 11 月底，台共东京特别支部党员林兑携台共领导人林木顺的指令："预定于 12 月底在台湾召开的农民组合全岛大会，以反映党的影响使命，应前往台湾"，以及指令书《农民问题对策》返台，与农组领导人简吉、台共领导人谢雪红会面。

　　1928 年 12 月 30 日、31 日，农组第二次全岛大会在台中乐舞台举行，参加者近千人。

　　这场声势浩大的全岛性农民大会是在日本殖民当局的高压下进行的，全副武装的日警冲入会场候命。大会选任杨春松为议长，蔡瑞旺为副议长，由议长任命简吉为书记长。农组各支部在会上作情势报告时，数次被日警强令中止，简吉竭力控制会场，维持秩序。农组的议案与对策，几乎

①　《陈来旺听取书》，转引自林炳炎：《林木顺与台湾共产党的创立》，第 206 页。
②　台湾总督府警务局编：《台湾社会运动史Ⅳ农民运动（1913—1936）》，第 130 页。

是依照林木顺的《农民问题对策》纲领进行的，通过了谢雪红关于青年部、妇女部、救济部的建议，并提出"拥护苏联邦""支援中国工农革命"等带有浓厚共产主义色彩的议案。在这次大会上，台共党员杨春松和赵港分别当选为农组中央委员和中央候补委员。

大会后，农组印发《台湾农民组合第二次全岛大会宣言》。宣言书写道：

> 作为殖民地反帝国主义运动的一支大军，为了准备有组织、有计划、有意识地攻击万恶的帝国主义与反动地主，也为了清算过去一年斗争运动的适当与否，台湾农民组合排除一切暴压与障碍，召集数百名勇敢且精锐的斗士——代议员，在如此狂风暴雨之下，举行了第二次全岛大会。

> 战斗的工人农民——一切被压迫民众啊！台湾农民组合第二次全岛大会的任务及其意义又大又重要。我们的公敌帝国主义者还没有倒下，封建余孽还没消灭，民族解放尚未成功的现在，不论由民族上政治上的反帝国主义运动战线来看，或由农民本身土地、民主主义解放运动来看，这回提出于大会的工农结合问题、台日鲜共同委员会问题、大众党组织促成问题、机关报问题、救援会问题、青年部妇女部建立问题、事关农民死活的耕作权的建立及生产物管理权的建立及地租减免等等问题，都是在殖民地政策蹂躏下的我们不可须臾忘记的问题。

> 在我们的解放战线上，我们希望各团体坚强勇敢的各位同志全力以赴，扑灭敌人的一切阴谋毒计，排除一切障碍，以期完成我们的重大任务。[①]

王万得认为这份大会宣言是中文功底较好的台共党员杨克培撰写的。宣言书还强调台湾工农革命与祖国大陆的关系，介绍广东、福建、江西、湖南、湖北组织工农政府的情况，并提出拥护苏联革命、支持中国工农革

[①] 台湾总督府警务局编：《台湾社会运动史Ⅳ农民运动（1913—1936）》，第144页。

命的口号。

当时，经台共党员、农组领导人杨春松的安排，杨克煌以农组大屯郡支部代表的身份参加农组第二次全岛大会。20 世纪 50 年代，杨克煌如对这次盛会与台共的关系作如下总结：

> 这次大会的重大意义，一方面是它标志着全省农民群众的大团结和农民群众坚决与帝国主义、封建主义进行革命斗争的发展；另一方面，这次大会召开时，广大农民群众已经觉悟到承认"拥护苏联，支持中国革命"等口号的重大意义，并且都意识到台湾农民阶级已经受到台湾共产党的领导，因而农民们对自己的解放具有百倍信心，所以这次大会又标志着农民阶级的革命运动进入一个新的阶段。[①]

其实，在日本左翼团体的影响下，农组于 1927 年 12 月召开的第一次全岛大会，就已带有明显的左翼色彩，大会通过了《劳动农民党支持案》、《促进工农结合案》、《特别活动队设置案》等，认为"于当今阶段，我们非展开全体无产阶级的政治斗争不可"，"农民运动与工人运动具有密不可分的关系"，"农民运动应做工人运动的后盾"。

农组第二次全岛大会是在台共领导下召开的，台共将农组视为台湾最具战斗力的抗日团体，为农组第二次全岛大会的召开做了大量工作。当然，这些工作是秘密进行的，只有简吉、杨克培、杨春松等极少数农组领导人接触到台共的《农民问题对策》文件，了解台共在农组第二次全岛大会中所发挥的重要作用。当时，岛内台共中央已任命杨克培和杨春松为农组党组成员。从这次大会通过的宣言和决议看，农组的阶级斗争意识和革命目标更加明确，共产主义的特征十分明显。

为了壮大声势，整个农民组合的干部都动员起来，远在朴子的侯朝宗、李天生接到农民组合本部指令，决定发动群众北上台中。

透过以下这段农民组合员徒步 5 日赶赴第二次全岛大会的细节，可以

---

① 杨克煌：《台湾人民民族解放斗争小史》，第 138 页。

窥见广大台湾农民对农组抗日斗争的大力支持：

> 1928 年，李天生才二十几岁，参加农民组合。为参加台湾农民组合第二次全岛大会，他决定发起徒步走到台中的运动。他们带着简单的行李，背着烘炉、锅子、白米、蕃薯签等，一路展开宣传，召唤农民参加。他们无法住宿旅馆，只能露宿街头、民房或庙宇的屋檐下。不料，从朴子出发，过了西螺，人愈走愈多。从朴子出发才几十个人，走到后来，有上百人。每到一个村庄，就有民众站在路边放鞭炮、鼓掌，甚至一起唱歌随行。就这样一路歌唱着，徒步长征 5 天后，终于到达台中市乐舞台戏院——全岛大会会场。

这个过程如此动人，在李天生自己写的《天星回忆录》里有更加具体的描述：

> 大概在 1928 年 11 月接到农民组合本部的通知，将于是年国历年底（12 月 30 日）假台中市乐舞台戏院，举行第二次会员大会。当时长女碧蓝出生，做了父亲，家庭的责任加重了……但我权衡轻重缓急，决定先"公"而后"私"，暂时撇开家庭一切，参加全岛性的大会。况且本部的指示要劝诱农民尽量参加以共襄盛举。我与刘启光（本名侯朝宗，后因台共大检举而流亡大陆，参加抗战，改名刘启光，他是农组第二次全岛大会的会议主持，兼致开会词）、刘溪南等朴子附近同志邀得数十名农民，为了节省旅费，为了沿途宣传方便，决定徒步前往台中。我们除携带行李以外，以面粉袋、布袋装食米及甘薯签、鱼干等粮食及简单炊具向北港出发，当进入西螺后，再沿纵观道路一行浩浩荡荡，或唱歌或喊口号相携而行。我们天未亮就动身，每走到中午或黄昏，就找靠近村庄的路边树下，或庙宇前的空地休息，简单地填饱肚子。待休息之后，我们往往见机而行，如未见日警监视，我们就找附近农民集会大肆宣传。如有愿意参加大会的农民，我们即时邀其加入……通过北斗时已接近百人。在第三者的眼里一定

觉得是奇形怪状的组合，有的用扁担挑着烘炉、锅子，有的背着布袋，有的手里拎着包袱，身上的衣服都蒙上一层灰尘，似乎是流亡的难民。我还得照料我们队中的两个女性。一个是刘启光（侯朝宗）的妹妹侯春花，一个是北港镇南面苏厝寮村的苏英女士。在那个思想闭塞的时代里，这两人是短发的年轻女孩，思想新维，行动活泼，在1927年已经参加农民组合，专就妇运工作方面而努力。当我们由西螺，经北斗再向目的地进行时，风声已远播附近乡村，是以每经过一个村庄时，就发现沿途两侧，早已列着男女老幼拍手喝彩高呼万岁，有的燃放爆竹欢迎。……我想这是维护民族自尊的大行动，是台湾人翻身的时候，愈想愈觉得活力倍增，意气昂扬。徒步四天，直至第五天的下午才抵达目的地台中市。①

整个活动幕后指挥者是台共党员谢雪红和林兑。1928年赵港陪同谢雪红考察家乡大肚庄的农民运动时，曾对乡亲们说："雪红姐是农民组合的一根很大很大的柱子！"作为台湾农民组合的领导人，赵港对谢雪红的评价，代表了农组领导层对谢雪红和台共的态度。谢雪红和台共对农组的抗日斗争产生了重要影响，使台湾农民运动焕发新的活力，将农民革命与台湾解放运动联系起来。

但因谢雪红身份暴露，不宜公开露面，故她去大会现场了解情况后即撤离。谢雪红在《我的半生记》中描述了大会盛况：

1928年12月30日和31日，台湾农民组合第二次全岛代表大会在台中"乐舞台戏院"举行。全岛有四十多个支部都派代表参加。开会之前各支部代表举着各支部旗由会场内的两旁走上主席台，在台上竖起四十多面红旗，极为壮观。到当时为止，这次大会可称是台湾历史上空前未有过的盛大集会。②

① 杨渡：《简吉——台湾农民运动史诗》，南方家园文化事业有限公司，2009年，第145—146页。
② 谢雪红口述、杨克煌笔录：《我的半生记》，第300页。

这次大会使台共的抗日理念为农组的广大成员接受，为农组日后成为台共的外围组织打下了基础。不过，日警透过大会的宣言、议案等，窥探到台共与农组之间或许存在某种关联，大会正在进行中，即被日本殖民当局强令解散，简吉等8人被逮捕。

1929年2月12日，日本殖民当局发出"全岛大整肃"的逮捕令，史称"二·一二事件"。台中地方法院检察局指挥全岛的日警在台北、新竹、台中、台南、高雄等地搜捕，谢雪红、简吉等人被捕。简吉因"二·一二事件"被判刑1年。

在台共革命战略和政治策略的影响下，1930年下半年，农组的斗争形式更加激进。1930年7月30日，农组曾文支部动员300余名组合员包围制糖公司，要求改善蔗农工作条件，提高甘蔗售价。1930年8月1日，为纪念"反战纪念日"一周年，农组各支部召开座谈会，农组屏东支部举行纪念大会，响应共产国际号召，反对帝国主义战争。1930年9月22日，农组台南州支部联合会动员上千农民，包围学甲、佳里、麻豆、下营等各庄公所，举行示威运动，抗缴租税。

1930年10月25日，农组台南州联合会组织上千农民与日警发生激烈冲突。1930年11月7日，俄国十月革命纪念日，农组各支部纷纷举行集会，农组台南州支部联合会约300人参加纪念活动，农组高雄州支部联合会约600人参加纪念活动。农组屏东支部印制"苏俄联邦革命十三周年纪念大会"标语，并提出"土地归于农民"、"田租即时减少三成"、"争取言论、出版、集会、结社的绝对自由"、"打倒一切反动团体"、"支持中国工农"、"反对日本帝国主义强盗战争"等口号。

1930年11月，农组举行全岛性巡回演讲会20场，2万农民组合员参加。农组的反抗斗争激烈，带有十分明显的共产主义倾向。

1931年1月1日，简吉出狱第7天，赴嘉义竹崎参加农组中央的秘密会议，这一场秘密会议开了4天，详细审议"支持台共案"、"提倡组织反帝同盟案"、"建立赤色救援会组织案"、"举行第三次大会"等十七项议案。这次会议决议支持台共，使农组名副其实地成为台共的外围团体，并要求各地农组进行重建和扩建。

在会议中，简吉依照会议通过的"战线配置案"，与汤接枝、廖烟3人前往北部联合会，这是一场严肃而充满战斗性的会议，为了农组的生存，也为了农民革命的大业，会议一结束，所有战线的斗士立即"潜行"于各地，向各支部传达农组中央委员会的决议。2月初，简吉在台北支部召集会议，参加者有杨克煌、刘双鼎、廖烟、李三吉、李妈吉等。

由于受到严格的取缔而陷入难以活动的困境，各地农民组合干部相继到本部向简吉求助，简吉也不畏艰难，到处奔波，3月协助陈结进行嘉义支部重建，4月协助刘双鼎进行大湖支部改编，同时领导农组北部联合会的台北支部、兰阳支部也着手各项计划，就抗税、中央市场斗争、蔗农大会、蔗糖收购价格争议等行动研拟方案。

1931年3月24日，赵港在台北意外被捕（在狱中牺牲），台共的许多机密文件被日本殖民当局查获。农组拟定的方案都来不及实施就陷入大逆转，台共大检举开始了，而所有农组计划都没能发展就胎死腹中。

同年4月，台共党员陈德兴被捕，日本殖民当局查出台共的相关线索。日警对台共全面而疯狂的镇压开始了。1931年6月，谢雪红、杨克培、杨克煌等台共党员被捕。1931年7月，王万德、萧来福、潘钦信、简娥等台共党员被捕。农组的主要干部几乎都加入了台共，亦有多人被捕。

面对日本殖民当局对台共的全面破坏，简吉着手筹建台湾赤色救援会，积极开展救援和革命斗争。不幸的是，1931年年底，秘密开展活动的赤色救援会组织被日本殖民当局侦知。1931年12月，日警以赤色救援会的机关杂志为线索，展开对台共的追查，在嘉义郡竹崎庄樟脑寮、瓦厝浦、樟树坪部落拘捕10余人。随后日本殖民当局展开全面扫荡，全岛日警协助追捕行动，拘捕赤色救援会的所有关系者300余人。

台湾农民组合难逃厄运，被迫解散。在台共领导下开展抗日运动的台湾文化协会、赤色救援会等组织也被全面肃清。简吉作为赤色救援会的主要领导人，被捕入狱，由于他同时是台共中央委员，被判刑10年。他出狱后仍坚持抗日斗争不放弃，最终牺牲于台北马场町刑场。

台湾义勇队[①]

在抗日战场上，台湾同胞从未缺席，他们不仅在自己家乡艰苦抗日五十载，在大陆战场上也展现出英勇无畏的风采，台湾义勇队即是其中一支来到祖国大陆与无数同胞并肩抗日的团体。

1895年，清政府签订丧权辱国的《马关条约》割让台湾，但台湾人民义不臣倭，奋起反抗，前有揭橥"台湾民主国"的义旗以抗日，后有义勇军山呼海啸，血战七年，克敌无数。台湾人民反抗日本殖民统治者的武装斗争风起云涌，直到1902年林少猫牺牲为止，这段斗争史被一些学者认为是中国人民武装反帝斗争之始。

武装抗日运动失败后，1920年起，台湾人民又转而开展各种文化运动、民主运动、社会运动，保留中华文化之根，誓死不屈服于日本殖民者的统治，连日本驻台大将也不得不承认台湾人民坚不可摧的爱国爱乡之心。第二次世界大战结束前不久，台湾总督安藤利吉大将，曾召集在台日人称：

> 占领台湾五十年。如今，历任总督政绩的考核表将清清楚楚
> 摆在眼前。换言之，如果统治真正掌握了民心，即使敌人登陆，
> 全岛化为战场，台湾人也会协助我皇军，挺身粉碎登陆部队。真

① 本文主要参照以下研究著述：林真《台湾义勇队的筹组及在福建的活动》（《台湾研究集刊》1991年第4期）；钟兆云《李友邦和台湾抗日义勇队》（《百年潮》2002年第3期）；王晓波《日据时期的台湾独立革命与李友邦将军》（《台湾研究集刊》1990年第2—3期合刊）；张毕来《台湾义勇队》（《革命史资料》第8辑，文史资料出版社1982年版）；赵爱玉、赵建平《台湾抗日义勇队成立前后史实考》（《福建文博》2011年第1期）；楼子芳《略论台湾义勇队的抗日活动》（《抗日战争研究》1993年第4期）等。

正的皇民化必须如此。但是，相反地，台湾人万一和敌人的登陆
部队里应外通，从背后袭击我皇军，情形不就极为严重？而且，
据本人所见，对台湾人并无绝对加以信赖的勇气和自信。

据台湾学者王小波的《李友邦与台湾义勇队初探》一文：

> 以至战争结束时，日本在台驻军，陆军二十万人，海军四万
> 五千二百四十七人，合计二十四万五千二百四十七人。这也就是
> 说，虽然台胞在台并未能直接投入中国战场的抗战，但却在台湾
> 牵制了二十四万余日军，使之不能投入中国战场，这项对抗战的
> 贡献是不可抹煞的。

另外，在祖国的战场上，也有许多台胞参加抗战，除了各种的抗日台
胞组织外，由于台胞熟谙日文，对日谍报组织"国际问题研究所"就有谢
春木（谢南光）、李万居等参与工作。在东南沿海的第三战区，还有一支
李友邦将军率领的台湾义勇队。

1939 年 2 月 22 日，在中国共产党的帮助下，以杰出的台胞领袖李友
邦为队长的台湾义勇队在浙江金华正式成立。在抗日烽火燃遍祖国大地的
艰苦岁月里，具有正规军编制的台湾义勇队将士们以"保卫祖国，收复台
湾"为宗旨，转战浙皖闽各省，移驻闽西龙岩、闽南漳州、厦门，深入前
线、后方、敌后与沦陷区，在宣传教育、对敌政治工作、战地医疗、生产
报国等方面开展了卓有成效的工作，是福建的台胞抗日组织中组织严密、
历时最长、队伍不断扩大且直接投身抗战的队伍，也是直接参加祖国抗战
影响最大、持续时间最长的台胞抗日队伍。李友邦为台湾民族解放事业鞠
躬尽瘁，奋斗一生。

李友邦（1906—1952 年），原名李肇基，台湾台北人，祖籍
福建同安。1918 年考入台北师范学校。1921 年加入台湾文化协
会。1924 年，与同学林木顺（台湾南投人，1925 年与谢雪红一
起入读上海大学、加入中共，1928 年当选为台共总书记）等人同
赴祖国大陆，并结识谢雪红（台湾彰化人，台共、台盟创始人之
一，台盟首任主席）。在谢雪红等人的建议下，从上海南下广州，

于 1924 年 6 月入广东警卫军讲武堂，11 月转入黄埔军校第二期，深得军校总理孙中山和军校党代表廖仲恺的器重。1924 年年底离校，奉孙中山先生之命北上。曾主持国民党两广省工委领导的台湾地区工委会，吸收台籍中共党员林文腾、谢文达、杨春松、陈辰同等人为委员，激励台胞抗日斗志，动员台胞参加祖国革命。1925 年，在广州成立台湾独立革命党。1926 年，参与组建广东台湾革命青年团。第一次国共合作失败后，转赴浙江、上海等地，继续从事抗日爱国活动。

1937 年，抗战爆发，上海、杭州沦陷后，大批进步人士和爱国青年纷纷汇集浙江金华、丽水等地，各种形式的抗日组织和群众性抗日救亡团体纷纷建立。李友邦也在酝酿组织抗日团体，发动台湾同胞参加祖国抗战。他说："我们要帮助祖国，同时希望祖国也给予我们台湾同胞以实际的援助，我们大家团结一起打倒日本帝国主义，复兴中华民族。"

1938 年夏，他在丽水与监狱难友骆耕漠（中共党员）提出将从台湾被迫流亡福建崇安县（今武夷山市）的台籍同胞组成抗日组织的设想。骆耕漠表示支持，并报告中共党组织。中共浙江省委派骆耕漠、张一之（中共党员、后化名张毕来）协助李友邦筹建台湾同胞抗日组织。从 1938 年 11 月起，几人数次往返浙闽两省发起组织台胞抗日组织。

1939 年 1 月 20 日，台湾义勇队筹备委员会正式成立，李友邦、张一之、郑汝侯、林心平、张应璋 5 人任筹备委员，开始工作。李友邦任义勇队队长兼少年团团长，张一之任少年团指导员。

1939 年 2 月，在李友邦、张一之率领下，首批义勇队和少年团 40 多人开往金华时，国民党崇安县政府召开大会欢送，县长刘超然还与第一批北上抗日的台胞拍摄合影。3 月，第二批参加义勇队的 100 余台胞开拔金华。《东南日报》报道："……途经龙泉、云和、丽水等县，俱受各县热烈欢迎。"那时，这三县都有中国共产党的同志在县政府重要岗位工作，台湾义勇队经过时，他们都组织扩大群众开会欢迎。他们在浙江抗日前线，一边从事战场和野战区医院的救护工作，一边采用演戏、绘画、讲演、唱

歌等形式进行流动宣传，还努力学习各种知识，包括学习令他们十分厌恶
的日文，以便开展翻译、喊话、反战等宣传工作。义勇队队员就这样兢兢
业业地为抗战，为民族解放作出无私的奉献。他们先后奔赴宁波、绍兴、
温州等地进行战地救护和慰问活动，以鼓舞士气，提高抗日队伍的战斗
力。他们每到一地，就开展"义卖"募捐活动，把自己生产的药品支援各
处抗日战地医院。留在武夷山的台胞还陆续不断的前往金华和皖南参加抗
日工作。下半年，成立了中共义勇队，张一之任支部书记，当时有党员 3
人。到 1940 年年底，义勇队发展到 3 个区队，1000 余人，少年团也扩大
到 100 多人。这两个组织在统战、宣传、生产、医疗等方面，做了许多有
益于抗日的工作和贡献，此为后话。

1939 年 2 月 22 日，台湾义勇队在浙江省金华县城酒坊巷 18 号正式
成立。

台湾义勇队队长李友邦向少年团赠旗

关于台湾义勇队的筹组，据李仲《台湾义勇队队长李友邦》一文中说：

1937 年，抗日的烽火燃遍了祖国大地。1938 年夏，李友邦
怀着一颗爱国的赤子之心，在浙江一些进步人士的支持帮助下，

以"台湾独立革命党"主席的名义,前往福建北部山城的崇安县,号召被国民党以莫须有罪名集中在那里的爱国台胞,奔赴抗日斗争的前线,为祖国神圣的抗战,为台湾的革命事业贡献力量。经过多方努力,依靠一些进步抗日团体和同情台湾革命的爱国人士的赞助,终于在1939年2月22日,在浙江金华成立了"台湾义勇队"和"台湾少年团"。直到这一年的10月下旬,国民政府军委政治部才正式电委"台湾独立革命党"领袖李友邦为"台湾义勇队"队长,兼任"台湾少年团"团长。

据李云汉说:

> 台湾义勇队系纯粹台湾青年组成的抗日团体,遂请求设立分团部,旋得中央团部的允准,并颁给番号为三民主义青年团中央团部台湾义勇队分团。三十二年春,台湾义勇队分团举行了一次团员大会,在会后发表的宣言中,呼台籍青年在一个主义,一个信仰,一个领袖的领导下,为"保卫祖国,收复台湾"的艰巨任务英勇奋斗。

台湾义勇队的宗旨是参加祖国抗战,驱逐日本帝国主义在华势力,以求中华民族之自由解放;发展台湾革命运动,争取台湾之独立与自由,进而重返祖国,共同建立三民主义之新国家,联合远东被压迫民族,打倒日本法西斯强盗,保障东亚永久和平。

台籍黄埔生李友邦(二期)、张克敏(四期)、李祝三(六期)、林树勋(六期)、李中辉(六期)等人成为这支台胞抗日队伍的核心力量。李友邦任队长,张一之任队秘书,音乐家贺绿汀和台湾义勇队队员牛光祖分别为队歌、团歌谱曲。

台湾义勇队的战斗口号"保卫祖国,光复台湾",《台湾义勇队队歌》中唱到:"我们是抗日的义勇军,是台湾民族解放的先锋队。要把日寇驱出祖国,要把他在台湾的镣锁打碎。为正义抗战,保卫祖国,解放台湾,把日本帝国主义整个摧毁。"①

1939年10月，国民政府正式委任李友邦担任台湾义勇队少将队长兼台湾少年团团长。1944年9月升任中将总队长。

台湾义勇队组织严密。队本部下设文书、政治、事务3个组，每组设主任1名，组员2名。支队人数以60名为标准，以下分为6个班，每班10人，各设班长1名。

义勇队成立之前，进行编队前的预备训练。抗战爆发后，许多在福建的台湾同胞违抗日本当局的命令，誓不回台湾。1938年下半年，福建政府指定台民移居崇安、连城，李友邦即来到台胞集中的崇安组织训练这些台胞参加抗日工作。

成立之后进行编队后的经常训练。首先组织的第一支队共63人，集中在浙江金华进行训练和工作，还组建了少年团。

李友邦始终拥护中共提出的抗日民族统一战线政策。因此，有不少大陆各地爱国青年参加台湾义勇队担任秘书、刊物编辑等工作。在台湾义勇队中还建有中共特别支部，协助李友邦开展工作，巩固和发展台湾义勇队。

1939年春，时任中共中央革命军事委员会副主席、中央南方局书记的周恩来到浙江视察时，强调贯彻抗日民族统一战线的政策，指示台湾义勇队要充分运用国民党的关系开展工作。1940年3月，李友邦赴战时首都重庆请时任国民政府军委会政治部部长的陈诚批准台湾义勇队正式成立。他在此行中未能见到陈诚，在得到国民党"三青团"中央干事会康泽的承诺后返回金华。几个月后，国民政府军事委员会政治部来文，批准台湾义勇队成立，委任李友邦为少将队长。至此，已经有"实"的台湾义勇队正式有"名"。

台湾义勇队广泛活动于东南各省及重庆等地，在前方和后方开展各项

---

① 原载王晓波：《台湾史与台湾人》，台北东大图书公司，1988年。作者系台湾大学哲学系教授。

抗日活动，战斗、生活十分艰苦，台湾同胞坚决抗战的英勇行为和爱国主义精神，受到大陆各界的赞扬。国民党要员于右任、李济深等称赞其为"台湾先锋，民族战士，唤起国魂"，体现了民族精神。1940 年 12 月，陈诚出席浙江衢县各界国民月会及"总理纪念周"时亦曾赞扬李友邦及台湾义勇队"实际参加祖国抗战，劳绩卓著"。

1941 年 5 月 10 日，李友邦于衢州与抗日女青年严秀峰结婚，婚后育有四男一女。严秀峰也参加了台湾义勇队的工作。

台湾义勇队成立后，李友邦恢复了在广东台湾革命青年团时期的刊物《台湾先锋》，并将其作为台湾义勇队队刊，自任主编。孙科、李济深、郭沫若等都为《台湾先锋》月刊题词鼓励。李济深题词是"台湾先锋，民族战士，唤起国魂，驱除蛇豕，迪延平之光，雪马关之耻，恢复河山从兹始"。郭沫若题词是"发扬民族精神，争取自由平等"。而少年团通过演讲、演戏、绘画、唱歌等各种形式，广泛进行抗日宣传。他们编排《放下你的鞭子》、《为了大家》、《打杀汉奸》、《最后胜利》等节目到皖南抗日前线进行宣传。

1942 年 12 月 25 日出版第 10 期后，《台湾先锋》停刊，刊物也记录了这支台胞队伍的抗日足迹和抗日主张。《台湾先锋》的内容着重于：为了要记载这些血的斗争史而以之呈献于祖国人士之前，并且向全世界爱好正义者报道我们的斗争；为了探求我们革命行动的理论以保证我们工作之必然成功；为了想把目下为帮助祖国抗战而组织起来的台湾义勇队所作的向大家报告而由祖国各界人士得到"应如何做"的指示。

在创刊号中，李友邦发表《台湾要独立，也要归返中国》一文，陈述1895 年甲午战争失败后，台湾被清政府割让给日本的事实，并阐明基于这个特殊历史背景，"台湾独立运动是在国家关系上脱离外族（日本）的统治，是对现在正在统治台湾的统治者而言。我们现在要做的几件事：第一，要认清祖国的抗战，亦即我台湾的独立运动；第二，各地的台胞，特别是台湾的革命者，应立即组织或参加反日的革命团体，使全台的反日力量集中起来，完成自身的解放；第三，我们要用各种具体的日常行动，来推进和实现上述两项工作"。早在20世纪20年代，李友邦在广州组织台胞抗日团体时，即秉持上述抗日革命理念。他于1938年9月修订的《台湾独立革命党党章》，也以团结台胞抗日，使台湾脱离日本殖民统治而归复祖国为宗旨。

1942年《台湾先锋》第10期中亦刊登李友邦所撰《台湾复省在同盟国战略上的意义》一文，其中阐述了清光绪年间台湾列入中国行省的历史依据，分析太平洋战争爆发后，台湾特殊而重要的军事战略地位，认为台湾与祖国的复兴不能分割，与世界反侵略战争前途更有着密切关系。他在文中写道：

> 台湾革命，以往虽受《马关条约》的束缚，但一贯是向日本帝国主义要求独立而归返祖国的。我台湾同胞，反抗日寇统治的革命运动，比之任何一国的革命为多。这是为了什么？是坚决的一致的为了要脱离异族统治归返祖国。故今日恢复行省，实在就是给与（予）了和日寇斗争了四十七年的台湾民众一个热的鼓励，光的指示！虽然，这个距离并不很近，但可以使他们感受到热的活力、光的引导，而使台湾广大的内向心进到更广大的行动，予日寇致命的打击！"

为了使大陆同胞了解台湾，支持台湾同胞的抗战；动员台湾同胞参加祖国抗战，从日本帝国主义手中光复台湾，台湾义勇队于1943年1月1日创刊《台湾青年》（旬刊），并且定期出版。

《台湾青年》在其创刊词中宣称：

> 革命工作是长期的艰苦的斗争事业。因而如前所述，他非团结起台湾青年的总力，必不能达成其负荷。而青年的潜力又往往置之则散，用之则发；报纸为时代的喉舌，本刊为革命青年集团的产物，职责所在，当然不能置团结台湾青年革命力量，激发台湾青年革命情绪的任务于度外。相反的，我们罔顾人物力及其他种种的限制而发办本刊，其真谛端在这里。明乎此，则知我们是欢迎一切革命的台湾青年集拢来，共操正义之笔，作团结激发的

呼吁，务使台湾革命青年个个能承先启后，继往开来，与全世界反侵略民主国家，与祖国，与革命台胞，打倒共同的敌人——日本帝国主义，写下台湾革命历史的新篇！

台湾革命任务沉重异常，我们固感祖国人士期期在望而知奋发，但在另一方面，我们也感力量单薄，且战时异于常时，影响所及，更使我们深怀戒惧。但幸在今日，祖国抗战与台湾革命已达血肉不分，并则共荣，离则双枯的阶段，因而使我们深信祖国人士给我们的扶掖必殷，指导必勤，批评必严的。唯有这样，本刊才能真正成为祖国抗战与台湾革命的时代的号角——这是我们热望于祖国人士及惕厉自诩的！

《台湾青年》激发革命情绪，揭发敌伪内幕，报道盟军威力和弱小民族反抗运动，影响相当大。

台湾义勇队还出版了《台湾革命丛书》，目的：一、对台湾社会结构，作深入之研究；二、对台湾革命理论，作系统之论述；三、对台湾革命史实，作翔实之记载；四、对台湾风俗习惯，作简明之介绍。

其《发刊旨趣》言：

近半世纪以来，生活于日本帝国主义者的铁蹄下的台湾社会之发展过程，一方面，在经济上，是日本资本主义对台湾殖民地化的过程；另一方面，在政治上，是台湾民族运动之形成与发展的过程。前者，是由对生产机关个别的夺取到产业全面的垄断，后者，是由原始的武装暴动到有理论、有组织的革命。

早在筹建初期，台湾义勇队就积极投入抗日宣传之中，主要形式有出版壁报、举行演讲会、募捐慰劳从抗战前线归来的伤病员、演出文艺节目等。1943年春夏间，先后两次赴闽南沿海进行宣传。第一次由48名队员组成3个组，到漳、泉所属各地宣传，历时3个月。第二次由李友邦亲自带队到闽西南，为军中文化基金及豫灾救济金做募捐公演，前后巡回宣传约 4 个多月，效果极佳。①

李友邦的妻子严秀峰回忆：

> 李友邦于民国二十七年、二十八年及二十九年曾数次接受国际广播电台的邀请，向台湾岛上的同胞及日本人民作重要的广播，二十九年那次广播的题目是："同胞，起来!"先生主要为号召当时台湾岛上五百万台胞，团结一致，起来汇流成一股伟大的抗日力量，共同为谋求台湾民族革命的大业而奋斗!

此外，义勇队还经常配合当地政府，在各种纪念日绘制标语、漫画和纪念特刊。还出版了《台湾壁报》、《台青壁报》、《联合壁报》和《新少年报》等。

参加台湾义勇队的台胞，有 2/3 是医师，他们利用自己的专长，为抗战服务，并建立附设医院。1939 年 9 月 12 日，在浙江金华正式成立"第一台湾医院"，该院照片陈列在中正纪念堂。1940 年 11 月又增设浙江衢州"第二台湾医院"，该院于 1942 年遭日敌机轰炸摧毁，死伤惨重，令人悲愤沉痛。1941 年在浙江兰溪成立"第三台湾医院"，1943 年复在福建省建阳县成立"第四台湾医院"。

1939 年，日军在金华狂轰滥炸，受伤者很多，义勇队出动大批队员为伤民义务治疗，后来还组织了义务医疗队。1943 年 5 月，台湾医院在福建建阳的 8 个月中，为当地居民诊治患者达 48536 名。

台湾义勇队的对敌工作地区包括厦门、上海、台湾，并包括情报工作。严秀峰说：

> 对于沦陷区域的同胞，争取并物色有领导能力的优良人才，教授他们对敌军谈话的内容、方式，组织情报网，调查敌军部队番号、军种、编制、长官姓名、士兵生活、对民众或汉奸等的态度关系。

义勇队以伪装走私船，密派交通员潜入敌后，以重金贿赂敌伪中下级

---

① 安然：《台湾民众抗日史》，台海出版社，2003 年，第 330 页。

人员，潜入敌伪内部供职等方式，搜集敌伪情报，取得很大成绩。据统计，1943年间，由厦门金门方面报告敌伪动态72件，由嵛山岛方面报道敌伪动态6件，由浙江沦陷区报告敌伪动态3件，由上海方面报告敌伪动态4件，由沿海各地报告敌伪动态32件。

对敌工作也包括政治心战，1939年3月，在金华义勇队举行日韩台兄弟茶话会，队员们以日韩及闽南话，与日方俘虏交谈，做了教育、感化俘虏的工作。

到了福建后，组织对敌巡回工作组团，进行对敌军的日语闽南语广播，组织喊话队，散发中日文传单等。后来还在抗日军队中，教士兵学习简易日语会话，用于阵前对敌喊话宣传，效果很好，同时还提高了抗日战士的斗志。

1943年，义勇队派人赴皖浙赣战地开展对敌伪的宣传活动。1944年9月，又派第2直属分队的13名队员，赴浙东、赣西、皖南前线进行对敌宣传。

此外，台湾义勇队还在军事上给过日军多次打击。1942年，台湾义勇队根据当时抗日战争形势的需要，转移到龙岩，并设立了指挥部，组织台胞进行闽西南的抗日武装斗争。其中最令人振奋的是义勇队在厦门多次袭击日军。

1943年夏，部分义勇队精干战士在义勇队闽南办事处主任郑约的策划领导下，分3次从漳州出发，分乘交通船（同日本人走私物资的船只）抵厦门。6月17日，也就是台湾被占47周年之日，义勇队队员向日军占据的厦门日本兴亚院投掷手榴弹，当场炸死日军官兵多名，并在市内散发了抗日传单，向日军表明了台湾人民坚定的抗日决心。

6月30日，突袭厦门虎头山日本海军的油库，炸毁油库及附属设施，打死打伤日伪军几十人。翌日，在日寇庆祝厦门日本政府成立3周年之际，义勇队队员在庆祝会场投下了几十枚手榴弹，当场炸死日伪军数十名，造成日军极大恐慌。

义勇队队员郑约在执行情报任务时，将个人安危置之度外，甚至离家前已留下准备牺牲的遗书，不顾一切只身了解敌情、宣传抗日形势、鼓励抗战热情。

义勇队队员纪志能在押运突袭中缴获的日军武器回漳州时，不幸被日军拦截，被俘后大义凛然，纵身跳楼，壮烈牺牲。

至于生产报国方面，主要的是樟脑和制药。义勇队协助浙江省政府恢复和设立樟脑制造厂和药品生产，樟脑厂在丽水设总厂，在丽水碧湖、松阳等地设分厂，生产出的樟脑油主要用于交通运输。另外还在金华等地协助建立药品生产合作社，生产麻拉利亚药水、疟病丸、胃散等战场急需药品，他们生产的药品多数直接送往抗日前线。

严秀峰说：

> 义勇队队员中，具有国防生产技术者亦多，除能制造素为台湾大宗出产且为军火及医界所必需之樟脑及樟脑油外，尚可制造当时急需之各种药品。此种工作，应祖国各方之请而派遣队员协助生产者，有浙江省建设厅在丽水所设之樟脑制造厂，有福建省建设厅在闽北崇安所设之樟脑制造厂；义勇队同志在该厂等设计制造，出产了大批产品供前方需用。至于制药方面，义勇队在金华设有药品制造厂，技师与技工均由队员同志或队员家属充任，所制药品，皆视祖国抗战之需要而定。

为了哺育下一代的台湾革命队伍，台湾义勇队还于1939年附设了"台湾少年团"。这样一个几百人的台湾革命队伍，在祖国的东南沿海为"保卫祖国，收复台湾"一直艰苦奋斗到抗战胜利。

1941年12月8日，爆发珍珠港事件，中国向日宣战，宣布废止一切与日不平等条约，并收复台湾澎湖。1942年起，台湾义勇队特举办"干部训练班"，每期受训2个月，人数60人，到1944年共举办3期。

1942年5月浙赣战役爆发。台湾义勇队坚持到最后时刻才奉命撤离金华，经江山，翻仙霞岭，再经福建蒲城、建阳、南平、永安，于10月中旬抵达龙岩。台湾义勇队移驻龙岩后，队员人数也有较大发展。据1943年《台湾义勇队队员名册》统计，有队员301人。1945年时队员总数381人，编为 4 个区队。在此期间，由于当地政府把台湾义勇队排斥在驻军之外，不供应日需物品，义勇队生活十分清苦，只好靠生产自救的办法来解决生活困难，活动范围也仅限于闽南一隅。

周恩来一直关心台湾义勇队，肯定李友邦的抗日爱国主张，并对李友邦及台湾义勇队作过重要指示。1940 年 3 月，李友邦赴战时首都重庆，着手组建统一的台胞抗日组织事宜。中共支持台胞抗日斗争和光复台湾的立场，《新华日报》分别于 3 月 21、25、29 日及 4 月 9、13 日报道台湾义勇队队长李友邦在渝之动态。

关于台湾义勇队在台湾光复运动中的作用，李友邦在 1942 年第 3 期《天行杂志》上发表《三年来之台湾复省运动》一文，作如下解释：

> 台湾义勇队是第一个抽芽、滋长和活跃于祖国东南各战场的台湾革命部队。同时它也是台湾复省运动的发端。它不论是在过去、现在以至将来，仍要继承着台湾革命光荣的传统，义无反顾地为"保卫祖国，收复台湾"而斗争！

"保卫祖国，收复台湾"，不仅是台湾义勇队的奋斗目标，也是所有参加祖国抗战的爱国台胞的共同理想。李友邦认为，虽然台湾复省运动这一名词的提出，是最近几年的事情；然而，历史是相互衔接的嬗进，台湾原本就是祖国的一部分，台湾复省运动是在整个台湾革命运动中产生成长起来的，不论今昔，台湾复省运动始终和台湾革命运动密切相关。抗战时期，李友邦曾任台湾革命同盟会主席、常委，台湾调查委员会委员等职，参与制订光复台湾的计划。1945 年 8 月，抗战胜利，日本宣布无条件投降。同年 9 月 4 日，台湾义勇队副总队长张克敏奉李友邦之命，在台北升起象征祖国收复台湾的第一面中国国旗。与此同时，远在厦门的总队长李友邦，于南普陀寺院后山的五老峰山麓摩崖上，题笔写下"复疆"两个大字，字幅高 0.67 米，宽 1.74 米，以表达他带领台湾义勇队全队战士收复疆土台湾的决心。如今，这方遒劲有力的行楷石刻保存完好，尤为引人注目。

李友邦曾对一位台湾女青年郑晶莹说：

我们为了不当日本顺民而在大陆度过了一二十年的流浪生活，饱受了人生的甜酸苦辣而幸存下来这条命。今天我可以作为一个爱国的台湾同胞堂堂正正地回家乡去见父老兄弟。

周恩来非常赞赏李友邦的爱国主张。据李友邦之子李力群先生回忆，抗战胜利后，周恩来曾劝李友邦留在大陆，李友邦说明渴望回到故乡台湾的迫切心情后，周恩来表示理解。

1945 年 10 月 23 日，台湾义勇总队先遣部队抵台，协助维护社会秩序及保管物资。12 月 8 日，李友邦以台湾义勇队中将司令身份率队员返台。正当他们为建设台湾再次奉献之际，1946 年接到国民党当局解散台湾义勇总队的命令。严秀峰曾在《台湾义勇队与抗战》一文中写道：

没有原委、没有安抚，顿时这支曾经为民族国家，为台湾抛头颅、洒热血的抗日革命队伍，骤然间成为一支失业队伍。

之后，李友邦任台湾省党部副主委、台湾省政府委员等职。

1950 年 2 月 18 日，李友邦的妻子严秀峰以"参加匪帮组织"的罪名被捕，并被判处徒刑 15 年。1951 年 4 月间，李友邦被捕，时为中将军阶之台湾省党部主任委员。

1952 年 4 月 22 日，李友邦以"参加匪帮掩护匪谍，意图非法颠覆政府"，被执行死刑，享年 47 岁。次日，台湾《中央日报》第 4 版刊出以"匪伙李友邦昨执行枪决"为题的新闻全文如下：

李友邦参加匪帮掩护匪干，意图非法颠覆政府，经判处死刑，昨晨执行枪决。李犯年四十七岁，本省台北县人，于民国十八年，参加朱毛匪帮青年团，于二十一年间，曾为浙江当局逮捕，系狱两年。释出后仍与匪皖浙闽赣联络机构的金华办事处的匪干邵荃麟、骆耕漠等往来，进行联络工作，并资助匪方，创办日刊，掩护匪干翁文章住宿，又带骆匪之妻张英来台，掩护其工作。又聘任匪干潘华为机要秘书。潘匪吸收其妻严秀峰加入匪党后，交匪干季云联络。季匪于二十八年秋间，先后经严秀峰向其取得我国及国际有关情报，转资匪方。李犯之意图非法颠覆政府，经宪兵司令部查获，移送省保安司令部侦办，依法判处死刑，于昨天执行。

据台湾的李友邦审讯笔录，临刑前李友邦十分坚定，身中三枪壮烈牺牲。

李友邦与台湾义勇队是台胞抗日运动所涌现的历史事件，也是台湾史所呈现的近代中国民族悲剧的一幕。他终生为台湾的光复而奋斗，当年他号召台胞投身于祖国的抗战，强调"台胞未忘祖国"、"为了祖国，为了台湾，毫无疑问的，我们要继续地战斗下去"。但却死于光复后的台湾，也是他为其牺牲奉献终生的故乡。他侥幸未死于敌人的炮火，却丧生于台湾国民党当局的枪下。

李友邦和台湾义勇队的历史证明了，在近代中国史上，台湾同胞与祖国同胞曾共同为挽救祖国的危亡而奋斗今天，海峡两岸同胞未忘那段烽火岁月的历史，未忘李友邦和台湾义勇队队员们炽热的祖国情怀和澎湃的抗日斗志。

20世纪80年代，台湾学术界从王晓波教授开始，开展了台湾义勇队的专题研究，台湾义勇队的研究进入开始阶段；20世纪90年代为台湾义勇队研究的发展阶段，一批相关档案资料得到公开，并涌现出一批较有分量的学术成果；2001年至今为台湾义勇队研究的繁荣阶段，有关台湾义勇队档案得到进一步的挖掘和丰富，并有《抗日烽火中的台湾义勇队》等3部专著问世。

这些年来，台盟中央及台盟福建省委、浙江省委、湖北省委、厦门市委等各级组织，为保护台湾义勇队历史遗迹、开展义勇队事迹宣传研究等方面坚持不懈地努力着。台盟浙江省委连续10年锲而不舍地呼吁、建言做好台湾义勇队旧址的保护和修复工作。2006年10月，浙江金华台湾义勇队纪念馆隆重开馆，作为祖国大陆唯一一座宣传介绍台湾义勇队抗战史实的纪念馆，它的落成对挖掘抗战文化，弘扬爱国主义精神，连接海峡两岸人民的情感，乃至促进祖国统一，都将发挥积极的作用。

2009年2月20日，由台盟中央、全国台联和福建省档案馆共同举办的纪念台湾义勇队成立 70 周年座谈会在北京召开。年逾八旬的台湾义勇队老队员郑坚在座谈会上发言，回忆了他 18 岁加入台湾义勇队的经历，并感慨于祖国大陆改革开放 30 年来日新月异的发展变化。他说，当年在民族危亡的紧要关头，"要救台湾，必先救祖国"，祖国取得抗战胜利，台湾才得光复。今日，祖国强大了，咱台湾兄弟一定要与大陆祖家的兄弟一道，排除外来干预，共同出头天，共建美好的中华大家园，共享一个伟大国家的尊严和荣耀，以做堂堂正正的中国人而骄傲和自豪！[①]

在厦门南普陀寺院后山的五老峰山麓摩崖上，还留有一方石刻在斜斜的巨岩顶部，特别引人注目，上刻"复疆"两个大字，右边署"中华民国三十四年九月"，左侧是"李友邦题"。这是台湾义勇队的遗迹。石刻表明了台湾义勇队队长李友邦带领全队战士收复疆土台湾的决心。

---

① 参见台盟中央资料。

东区服务队

东区服务队，队员以台胞为主体，全称为"广东民众抗日自卫团统率委员会东区服务队"，1938年10月由丘念台在广东组织成立，成立后即积极声援和支持中国共产党领导的抗日活动，开展对敌宣传和搜集日本情报的工作，为巩固和发展抗日民族统一战线奔走呼号。

丘念台，又名丘琮，是台湾著名抗日志士丘逢甲之子。1895年5月，丘逢甲领导反抗割台，结果失败，返回广东梅县老家。其子丘念台只有2岁，跟着家人内渡。丘念台15岁时，丘逢甲告诉他："你明年十六岁要成年了，我命你别字叫念台，有两个意义：第一，是望你不要忘记台湾，一定要继我的志恢复台湾省，拯救那四百万的同胞脱离奴隶生活，复还祖国；第二，是明末清初有个民族意识坚强的学者，叫刘宗周，他的别号也叫念台，我希望你学他的立志和为人。1918年前后，丘念台进东京帝国大学，结识了林献堂、黄国书、黄朝琴等人，与居留日本的台籍青年建立良好的友谊。

为弘扬父辈抗日爱国精神，1925年春，丘念台秘密回到祖国大陆参加抗日活动，在山海关、天津、广州、延安等地从事了一系列抗战活动。九·一八事变发生后，丘念台数次勇敢地进入山海关，组织和参与支援东北义勇军的抗日活动。在天津，他与朱庆澜等人，策划刺杀日军首脑土肥原贤二的抗日行动，后因情况复杂多变未能成功，但丘念台勇敢的抗日壮举，被抗日民众赞誉为"南方青年的健者"。此后丘念台又到广州从事抗日活动，设法侦破为日本侵略者服务的汉奸网，在日本间谍人员中搞策反工作，多次取得重要军事情报。

1932 年 3 月，在丘念台的指导下，刘邦汉、林云连、刘福荣、郑鉴洲等组织成立台湾民主党，其组织大纲明确表示："根据民族自主的精神，打倒日本的台湾统治，由台湾汉民族的手段使台湾独立，建设台湾民主国。"台湾民主党团规更是明确把日本人、曾经为日本人的走狗的人排除在外。台湾民主党革命大运动第一次宣言称"日寇掠夺台湾已有三十余年，期间，对台湾岛民的统治，是以压迫、愚民为政策，专以屠杀民众为其能事"，宣言呼吁台湾同胞"团结在一起，乘着我祖国与日寇决战的时机，竖起革命大旗，走上抗争之路，以不屈不挠的精神，勇往直前，与我祖国齐一步调，以期迅速灭绝日兽，建立我大汉民族的台湾民主国"。1933 年 10 月 19 日，林云连、余长啸、黄文光、刘武刚等人宣誓："为我大汉民族争光荣；为我台湾同胞争自由。基于民族自主精神，创立台湾民主党。团结台湾四百万汉民族，打倒日本帝国主义，推翻日政府，建设台湾民主独立国。"是为继承抗日先辈丘逢甲等成立"台湾民主国"从事抗日斗争的遗志和使台湾回复祖国的心愿，并积极编印机关报《台湾革命运动》、刊行杂志《研究日本》，印发宣传单，开展宣传、募捐巡回活动，活动于华南一带，积极开展抗日活动，连日本人编的《台湾总督府警察沿革志》也说（台湾民主党抗日运动）"坚韧执著方面可算是无与伦比"[1]。

丘念台在广东建立起的抗战组织"东区服务队"，直属国民革命军第 12 集团军领导。该组织由于积极拥护和宣传中国共产党的抗战主张，被国民党内一些人视为是"共产党的外围组织"。[2] 1937 年，丘念台冲破诸多人为障碍、不避国民党内一些人指责其"亲近共产党"的无理责难，毅然决然地来到延安。他在延安抗日军政大学发表抗日讲演，号召全国各党派要维护抗日民族统一战线，在抗日民族统一战线旗帜下，动员全国各界抗日力量共同抗战。他的抗日讲演，赢得中国共产党及全国民众的赞扬，毛泽

---

① 《台湾社会运动史》（1913—1936）第四册《无政府主义运动、民族革命运动、农民运动》（原警察沿革志出版委员会编：《台湾总督府警察沿革志》第二篇），台湾：创造出版社，1989 年，第 44 页。

② 张春英主编：《海峡两岸关系史》，福州：福建人民出版社，2004 年，第 469 — 471 页。

东、周恩来、林伯渠、张闻天等中共领导人接见了丘念台，对其从事的抗日活动作出高度赞扬和肯定。[①] 在延安，丘念台也经常去陕北公学听课，十分钦佩中共组织和教育群众、建立人民武装、开展敌后抗战的办法。

1938 年夏初，丘念台回到广东，争取到余汉谋第 12 集团军少将参议的职衔。他将每月薪酬的一部分作为活动费，邀集在陕北公学、抗大学习结业返回广州的青年杜声闻、林启周、丘继英、魏梵、卓扬、蔡伟青（蔡子培）、关其清、关炳辉、邓云龙（邓慧）、萧道藩（萧炯）等人，筹建抗日救亡团体，请求国民党局批准。然而，因国民党当局对丘有疑心而未具体答复。

一直到 1938 年 10 月中旬，日寇迫近广州时，丘通过他的朋友——12 集团军总司令部参谋处长赵一肩帮助，才得到该司令部发给 2000 千元作为经费，同意他组织抗日团体。这时蔡伟青、关其清、邓慧、黄炳辉、卓扬、陶祖梅、肖昭声、丘时婉等人都参加了丘领导的这个团体。1938 年 10 月下旬，他们从广州撤至梅县后即正式宣布成立了"广东民众抗日自卫团统率委员会东区服务队"。

东区服务队成立后的主要工作

东区服务队成立后，在开办训练班、培养抗日骨干、进行抗日宣传、收容安置台籍青年和对敌情报策反等方面做了大量工作。

培养抗日力量

1938 年 12 月上旬，丘念台率领东区服务队回到他的家乡蕉岭文福乡，计划使这块地方成为群众抗日运动的示范地区。在召开过许多座谈会以后，为培养抗日骨干，东区服务队决定在文福乡举办青年训练班。丘念台任训练班班主任，招收当地青年和蕉岭梅县的知识青年 100 多人，分为高

---

① 《台湾民众抗日史》，第 337 页。

级班（初中毕业程度）、初级班（小学毕业程度）进行训练。训练期一个月，训练内容和方法基本参照抗大和陕北公学。主要课程包括军队政治工作课程的抗日民族统一战线、政治经济学、哲学、抗战理论、抗日游击战术、抗日群众运动、中国革命问题，三民主义等。

训练班培养了抗日力量的种子。训练结束后，大多数学员回到本乡本村进行群众工作，普遍建立夜校识字班、武术馆，在宣传教育的基础上，成立村青年抗敌会、妇女抗敌会等组织，还成立乡抗敌后援会。

东区服务队出版了一份《总动员》专刊，由林启周主编，刊登传播宣传全民抗战的文章。他们在罗浮山周围半沦陷区的三不管地带，日夜奔波，积极从事抗日救亡的宣传和发动组织民众的工作。他们深入各乡村，拜访开明绅士和知识分子，宣讲抗日救亡、保家卫国的真理，争取他们支持东区服务队的工作；召集各种座谈会，号召农民们组织起来抵抗日寇的侵扰；在驻地附近各乡开办青年、妇女夜校，除了教识字外，主要是宣传抗日救亡的真理，教唱抗日救亡歌曲。

队员们还经常在驻地附近乡村演出抗日救亡的话剧等，以激发民众的抗日热情，并曾动员民众组训自卫抗日武装，登记受训的乡民达 300 多人。队员还每晚都下到村里，轮流辅导，与当地群众建立了密切联系。

宣传抗日思想

1939 年年初，国民党当局撤销了"广东民众抗日自卫团统率委员会"，名义上隶属于该委员会的东区服务队遂失去合法存在的依据。但东区服务队并没有停止活动，他到韶关争取到张发奎的支持，同意将东区服务队归属于第 4 战区，张叫他将全队开往潮汕前线，受独立第 9 旅华振中旅长指挥，参加抗战。

1939 年 6 月，东区服务队到达前线。独 9 旅想把随军队撤退出来的潮汕青年学生培养成为地方抗日工作的骨干，要东区服务队帮助训练这些青年。于是东区服务队轻车熟路地协助独 9 旅政治部开办了青年训练班，学员共 200 多人。训练班结束后，该旅政治部把这些青年编为战时工作队，开展地方群众工作和军队政治工作。

东区服务队在独9旅的特务营及第3营里继续做军队政治工作，同时也在潮安前线农村做宣传发动工作，提高群众抗日救国、保卫家乡的思想，搞好军民关系。在独9旅工作的几个月里，东区服务队取得不少成果，除当地军民关系较以前密切外，独9旅中下级官兵的爱国主义思想也有所提高。

搜集敌情

香港沦陷前不久，台籍爱国青年钟浩东、蒋碧玉、肖道应、黄素贞、李南锋等秘密从台湾经香港回大陆，欲投身于祖国抗战事业。但踏上祖国的土地后，因心情兴奋，竟用日语唱起歌来，在惠阳被国民党情报人员当作日本间谍逮捕。

到惠城后，钟浩东等以敌嫌罪被囚在牢里。丘得知此事，并查得他们的父兄当年确曾参加过他父亲丘逢甲所率领的抗日义军，尤其蒋碧玉的父亲蒋渭水是义军的军官，于是力保释放这几位台籍青年，但未获得当局认可。后来丘因事去韶关，乘机向战区司令长官张发奎说明这5个青年的来历。经张发奎同意，他们加入了东区服务队，并迅速成长为东区服务队的得力干部。

1943年秋，"东区服务队"曾两次派人潜入广州日占区做情报和台侨策反工作。当时获得了一条线索，一个名叫陈明的男子在通过石龙日伪检查站去惠阳时仅和检查的人悄悄说了几句话便放行了。因此受到国民党情报人员注意。经调查知陈是台籍人，但一时未能取到陈是敌探的确凿材料，故没有即刻逮捕他。国民党方面把些事告诉丘念台，要丘协助查实。

丘念台便派"东区服务队"的钟浩东、肖道应和李南锋三个台籍队员去做这项工作。钟浩东等以认同乡拉关系的方法，和陈明混熟后，问陈来惠阳有什么任务，陈明承认是奉广州日军情报机关派遣到惠阳搞情报的。于是丘念台约陈明面谈，对他晓以大义，要他认清形势回归祖国参加抗日，等等。他表示愿为祖国效劳。

回广州后，陈明积极为我方提供我们所要的广州日军情报和策动"台侨"起义，后因日方察觉未能成功，陈也牺牲于日寇枪下。

东区服务队后期的主要活动

东区服务队本无一定的编制和经费，该队到底有多少人，有来有去，并无确定之数；也无固定来源的活动经费，十分拮据，"当时全队成员除了吃饭，连一点零用钱也没有"[1]。由于赵一肩任第4战区后勤处长，平常都是通过赵为东区服务队争取一点经费，没有定数。到1942年，经费已无着落。东区服务队曾一度向社会热心人士募款维持。

例如邓慧在丰顺汤坑中学任教时，曾募得一笔款项汇去，其他的同志也尽力捐募。但仅仅靠捐款维持并不是长久之计，只好把人员分散到各村镇，办了约100所办小学，在罗浮山冲虚观办了一个青年训练班（约有50多人），结业后大都分配去办小学。

邓慧写信向丘念台建议：利用罗浮山寺观产业，在冲虚观办一所罗浮中学。1942年冬，罗浮中学已办成。丘念台任校长，黄炳辉以"东区服务队"代队长兼代校长，邓慧任教务主任，徐森元任训育主任，古培灵（陕公毕业）任总务主任，林启周、钟国员等为教师，学生百余人，"东区服务队"的总部也设在这里。另外，"东区服务队"在惠阳横沥、观音阁一带圩镇乡村也办有10多间小学，这些学校都是作为进行抗战工作的据点，培养抗战人才的。

1941年，经国民党中央组织部批准，在香港秘密设立了"中国国民党直属台湾党部筹备处"，任命台籍革命志士、老同盟会员翁俊明（祖籍广东澄海）为筹备处主任，时在军委会政治部工作的台湾人刘启光[2]为秘书。

1943年4月，"中国国民党直属台湾执行委员会"在漳州正式成立，

---

[1] 卓杨：《东区服务队与丘琮》，见《广东文史资料》第二十八辑。
[2] 刘启光，台湾嘉义人，1905—1968年，本名侯朝宗。

翁俊明任主任委员，谢东阁、林忠、郭天乙等任执行委员，丘念台也当选为执行委员。还在1942年冬，丘念台就曾上书国民党中央，请求恢复台湾省制，他当选为直属台湾党部执委后于1943年8月再次上书提出此一建议，认为明确恢复台湾省制后，"台岛革命热情可提高。陷区台侨可离敌内向，英美可息共管分治等妄议"。[①]1943年春，丘念台获任国民党直属台湾党部委员后，不久又兼任台湾党部粤东工作团团长，由他引荐的台湾爱国青年钟浩东则担任了台湾三民主义青年团粤东工作队队长，遂将东区服务队结束，而以上述两个组织的名义继续工作。

1943年秋，丘念台回到罗浮山，即把罗浮中学交给本地人去接办，又把"东区服务队"的基本队员20多人调回惠阳，以他个人在台湾党部所得的薪水和补助，作为"东区服务队"队员的生活费。丘本人的工作重点则转到了抗日复台的方案拟订和理论宣传方面，提出了许多重要意见。

据东区服务队成员回忆[②]，"国民党早就想要东区服务队散伙，碍于丘琮的关系没有下手，一直采取压迫和不发经费等方式，让它自行溃散，因此，我们要丢弃它，无须任何手续。我们在惠阳横沥时，就已经宣布废弃东区服务队的名称，不过那时还没有用国民党台湾党部的名称去活动而已，从此东区服务队宣告结束"。但抗日活动却没有停止，"我们既不是国民党党员，也不是三青团团员，却擎着这两个招牌，又公开活动起来了。"

1944年6月17日，丘念台在《台湾青年》杂志上发表《怎样纪念台湾沦陷四十九周年》一文，对抗日复台问题提出9点意见和建议，其要点为：1. 在大陆工作的台胞较大陆同胞肩负的责任更重，一方面不积极参加祖国的抗战事业，战胜日本侵略者，就不能收复台湾；另一方面，不加倍努力于祖国的政治、经济、文化建设，使之有较大改善，也不能好好趁收台湾。因此必须抛弃个人的功名利禄念头，埋头苦干。2. 不能把收复台湾当作官僚军阀争权夺利、抢夺地盘的机会。3. 要以独立自主的意识来

---

① 秦孝仪主编、张瑞成编：《中国现代史史料丛编》第2集《台籍志士在祖国的复台努力》，台北：近代中国出版社，1990年，第324页。

② 张春英主编：《海峡两岸关系史》，福州：福建人民出版社，2004年，第469—471页。

收复台湾，既要争取国际承认，又要科恢复行使在台湾的主权理直气壮。

4. 要从民族灾难中吸取教训，不要自私自利、自高自大、偷安享乐，要以国家民族的根本利益为重，要看到我们的国家仍是一个贫穷落后的国家，必须发愤图强，迎头赶上。①

1944 年 8 月，丘念台将他草拟的《复台大计管见》、《台湾党务改进管见》等文件送呈国民党中央，对光复台湾提出了许多建设性意见，尤其提出将来接管台湾时不能"视为接收宝库，群趋享用；用人唯亲，弃法尚情，贪污苟且，残虐其民"，从而导致"民必叛击独立，而共管，势甚累卵"。从后来国民党接收不久就发生"二·二八事变"的情况来看，丘的看法无疑有很强的预见性，是对国民党在大陆的政治状况有相当了解后的率直之言。

1944 年 9 月，丘念台被聘为中央设计局台湾调查委员会委员，1945 年 2 月曾奉命协助美国 14 航空队（驻兴宁）招募 20 余名台胞准备协助美军在台湾登陆作战，后因美军改变作战计划而未果。1945 年 9 月，丘到广州协助遣回台胞的工作。

① 张瑞成编：《中国现代史史料丛编》第 3 集《抗战时期收复台湾之重要言论》，台北：近代中国出版社，1990 年，第 202—204 页。

上海台湾青年会

上海台湾青年会成立于 1923 年 10 月，为台湾日据时期成立的知名台湾驻大陆留学生团体。该学生团体由蔡惠如、许乃昌、彭华英等人发起，初期成员约十数名，后来积极扩充，举办许多活动，表现相当活跃。1924年上海台湾青年会主导召开"上海台湾人大会"，表明抗议台湾总督府的高压统治，同年 11 月该会解散。之后，该会成员则另组"旅沪台湾同乡会"、"上海台湾反帝同盟"等。

活跃于日本东京的台湾留学生蔡惠如、彭华英、许乃昌来到上海后，对上海的台湾学生运动产生了很大的推动作用。他们在国民党联俄容共政策的影响下，与北京的台湾学生谢廉清、谢文达，东京的新民会和台湾青年会，以及岛内的文化协会等密切联系，希望得到中国国民党的援助，使台湾独立运动"发展成打倒日本帝国主义的共同斗争"。

1923 年 10 月 12 日，蔡惠如、彭华英、许乃昌召集上海南方大学台湾学生 10 余人在校成立上海台湾青年会，设会址于上海闸北宝山路振飞里948 号。该会重要干部分工如下：谢廉清、施文杞、许乃昌负责文书，许水、游金水负责庶务，李孝顺、林尧坤负责会计。

上海台湾青年会表面上虽仅为单纯学生联谊与研究为主，但事实上却与东京青年团体及台湾文化协会有密切的合作呼应及联系。1924 年 1 月召开"上海台湾人大会"，出席者除上述该会干部之外，还有连枝旺（彰化人）、陈满盈（彰化人、诗人）、甘文芳（彰化人）、张我军（台北板桥人、作家）、林琼树（嘉义人）、郑进来（台北人）、罗渭章（嘉义人）、张桔梗（台南人）等积极分子，会中反对台湾总督府于 1923 年 12 月大肆逮捕"台湾议会设置运动"成员的治警事件。

1924年年初，该会会员增至50余人。5月9日，部分会员参加中国国民对日外交大会主办的"国耻纪念大会"，散发《反对日本帝国主义殖民统治台湾》的传单，指出"三百六十万台湾人已经觉醒了，愿与各位携手团结，打倒共同敌人的日本帝国主义。诸位当帮助我们台湾人尽快获得自由与独立"。

蔡孝乾到上海大学社会学系后，即加入上海台湾青年会，成为骨干之一。1924年5月，一直为该会筹措经费的林尧坤因涉入一桩欺诈案而遭到逮捕，由于经费困难，活动陷入停滞。5月24日，该会办事处迁到法租界筐籥达路巨兴里6号（蔡孝乾的住处），成员聚集协商有关机关志的发行，支持台湾议会设置请愿运动，及加强与岛内文化协会合作，争取经费等事项，以蔡孝乾为中心计划重整旗鼓。当天拟定的青年会干部人选如下，文书部：洪辑德、林维金；总务部：高金义、连枝旺；会计部：王金章、林尧坤；出版部：蔡孝乾。

1924年6月17日，上海台湾青年会反对台湾始政纪念，散发反日传单《勿忘台湾》。6月末，该会以"在华台胞反全岛有力者大会"名义，发表反对辜显荣、林熊征等人召开的"有力者大会"的檄文，对"以辜显荣、林熊征为首"的所谓"有力者"加以口诛笔伐：

> 诸君受台湾总督府特别保护，享受特别利权——阿片、酒、盐、烟草（香烟）等，无一非政府饲养诸君之资料。简言之，诸君乃总督府之走狗。而与总督府共谋，剥削我等之自由与膏血。
> 诸君如何得自己分别有力者之与非有力者？

11月6日，以蔡孝乾、陈炎田、李孝顺为首的干部，在闸北公兴路共和楼茶馆召开上海台湾青年会秋季大会，参加者除50余名会员外，还有10多名旅沪台湾人。因受到当地军警的干扰，大会被迫改为座谈会，继续进行。会上有人提议，青年会的成员不应该仅限于学生，应该改为能广泛包容台湾人的团体。此项提议得到通过，于是决定解散上海台湾青年会，"重新组织旅沪台湾同乡会"，并推举蔡孝乾、陈北塘、陈绍馨、郑进来、陈炎田、林剑英、何景寮等人为创会委员。他们四处奔走，募集经费，但结果并不十分理想，同乡会没有很好地组建起来。

参考文献

1. 杜继东：《留学上海——蔡孝乾红白人生研究之一》，中国社会科学院近代史研究所，http：//jds. cass. cn/Item/8058. aspx。

2. 佟建寅、施菊英、谢安邦主编：《台湾历史辞典》，群众出版社，1990 年。

闽南台湾学生联合会

在祖国大陆艰苦卓绝的抗日斗争不断掀起高潮之际，作为与福建拥有血亲关系的台湾，也为福建的抗日民主运动增添了有生力量，一大批台湾学生从闽南台湾学生联合会的反日斗争经历中，奠定了为中国富强民主而努力的思想信仰，日后走向延安、重庆等地，成为中国抗日斗争的中坚力量，有的甚至为此付出了生命代价。

早在 1923 年 6 月 20 日，由台湾文化协会台南支部、在厦门大学读书的嘉义人李思祯等人发起组织的"台湾尚志社"宣告成立，这是台湾爱国青年在祖国大陆最早成立的革命团体，旨在揭露日本在台湾的殖民统治，唤醒台湾人民的爱国主义民族意识。"尚志社"成立后，积极开展各种反日活动。第二年以"尚志社"为骨干，召开"在厦门台湾人学生大会"，发表宣言书和决议文。不久，郭丙辛为首，召集厦门及台湾学生共同组织"厦门中国台湾同志社"，两次发表宣言，号召两岸同胞牢记国耻，团结奋发，收回国土，废除不平等条约。① 在宣言的鼓舞下，在厦门的台湾学生，包括厦门大学李思祯（嘉义）、中华中学郭丙辛（北门郡）、厦门大学王庆勋（彰化）、集美中学翁泽生（台北）和洪朝宗（台北）、同文书院许植亭（基隆）、中华中学教师万星（台南）、英华书院萧文安等，于 1924 年 4 月 25 日、26 日召开大会，发起成立了闽南台湾学生联合会。② 日后参加过延安抗日斗争、在台湾地下工作中壮烈牺牲的张志忠，也是闽南台湾学生联

① 林仁川：《闽台同心抗击日寇建设台湾》。
② 陈小冲：《厦台关系史料选编》，九州出版社，2013 年。

合会的成员。

闽南台湾学生联合会成立后，立即成为厦门台湾学生革命思想的摇篮。在成立大会举行的 26 日，即在柳真甫长寿学校演出新剧《八卦山》和《无冤受屈》，取材于彰化北白川宫遗迹碑毁损案的所谓募兵事件，讥讽了台湾人在日本殖民统治下的受压迫、受剥削惨状，以激起台湾人的反叛意识。有四五百名与会学生和附近市民观看了演出。之后，联合会又举行演讲会，由各校台湾学生推选的代表轮番上台，讲述有关台湾的历史与日本统治下台湾民众的悲惨处境，鼓动开展抗日革命斗争。

1924 年，台湾总督府动员台湾士绅辜显荣、林熊征等人，以成立才 1 年之久的台湾公益会组织召开全岛有力者大会，反对台湾的民主运动，防堵台湾文化协会的民主事业。[①] 消息传至闽南台湾学生联合会，随即于 7 月印发檄文，分发于岛内"有力者"、台湾文化协会会员、台湾议会设置请愿人员等。同年 11 月 16 日，闽南台湾学生联合会在厦门思明教育会馆召开学生联合会秋季大会，参加者有会员 60 多名，来宾 10 多名，学生代表郭丙辛发表演讲《日本管辖后台湾所遭致的惨状》，开篇即指出："我们家乡台湾，原来是中国的土地，我们原来也是大汉的民族。台湾被日本人统治以来，一切民权悉数被夺，我们如俎上的鱼肉，任人宰割，就如七八年前的噍吧哖事件而言，就惨杀了我好几百名善良的男女老幼，再说，我台湾的一切物产，自被日本统治后，都被剥夺殆尽了。"号召"推进民族自治运动，乘机趁势脱离日本政府殖民政策的羁绊"。[②]

其间，1924 年 4 月，因不满殖民者的奴化教育，从台湾嘉义新港一来到厦门集美中学学习的张志忠，在来自台北的校友翁泽生的组织和号召下，张志忠和集美中学的台籍学生纷纷加入闽南台湾学生联合会。5 月，当发行会刊《共鸣》时，他还与嘉义籍同学庄泗川共同主编。1925 年张志忠返回台湾，加入中共台籍党员王万得（台北人）组织的台湾无产青年会

---

① 高明士主编：《台湾史》，台湾：五南图书出版股份有限公司，2013 年。
② 全文被厦门《思明日报》刊发。

（即台湾黑色青年联盟前身），负责组织在嘉义的抗日活动。

1925 年 5 月 9 日，是袁世凯与日本签订卖国的"二十一条"10 周年，厦门各界群众走上街头，抗议日本当局拒绝我国收回被其占领的旅顺、大连和要求取消"二十一条"的示威游行。闽南台湾学生联合会也在其列。

1925 年 5 月，上海发生日本帝国主义分子开枪杀害工人领袖顾正红，接着帝国主义在南京路枪杀抗议人群，制造了"五卅惨案"，由此引发一场席卷全国的"五卅"反帝爱国浪潮。在上海读书的台籍爱国学生纷纷走上街头，与大陆同胞携手举行游行示威，推动上海"三罢"局面的形成。消息传到厦门之后，闽南台湾学生联合会也加入到了厦门开展的声援上海"五卅运动"的反帝斗争之中，他们召开大会，发表声援上海工人阶级的题为《留厦台湾学生之泣词》的宣言书，该宣言书指出：

> 我们台湾人三十年来，在帝国主义日本政府的压迫下，受尽苦楚，可是我们精神并未麻木，相反地我们却因此刺激奋起，出而谋求解放和幸福……此次上海的惨杀事件，就是帝国主义者的横暴达到极点的明证，其（指大陆同胞）所受的痛苦和我们（指台湾同胞）所受的（压迫）是同样的，因此以互助的精神对付共同的压迫者是当然的事……同胞们，赶快起来，进行联络、提携，进行排斥日货及罢工，期能达成目的……

"五卅运动"之后，由于许多骨干回台或赴沪，闽南台湾学生联合会沉寂了一段时间。

1930 年 2 月，在上海台湾青年团领袖人物翁泽生、林木顺，以及在厦门团市委工作的潘钦信等的指导下，在集美中学学习的詹以昌、在厦门中华中学学习的曹炯朴和王溪森等人联系在漳州的蔡孝乾、张炳煌等，团结厦漳两地台籍学生，重建闽南（台湾）学生联合会。

闽南台湾学生联合会进行社会科学的学习与研究，并策划抗日革命运动。为了进一步扩大组织范围，壮大革命力量，詹以昌、曹炯朴分别以集美中学和中华中学的台湾同学会为发起单位，向闽南各地中等以上学校的台湾学生发出入会邀请函。该函指出，要与日本帝国主义作斗争，必须改变在中国读书的台湾青年"宛如一盘散沙"的现状,"促成我等团结起来,努力达成我等伟大的历史使命"。

之后,詹以昌、曹炯朴、王溪森等人分别深入各校,开展宣传发动,并与各校同学会深入讨论组成联合会的有关具体事宜,听取他们的意见,通过一段时间的努力,联合会计划中的扩会工作取得了成效。

1930年6月1日,在厦门中华中学的第四教室,召开了扩大联合会筹备会,与会者有漳州第十一高级中学代表施怀清,第八中学代表廖国,厦门集美中学代表詹以昌、高文波、邱克修,中华中学代表林树勋、邱仁村、陈启仁,还有厦门中学的若干代表,厦门团市委的潘钦信出席了会议。筹备会选出筹备委员8人,其中集美中学3人、漳州中学2人、厦门中学1人、中华中学2人,会议推举潘钦信为特别委员,负责指导联合会的具体工作。

6月9日,扩大了的闽南台湾学生联合会在厦门中学礼堂秘密举行成立大会,大会通过了联合会章程,章程中就联合会内部组织机构、各校学生会及会员的工作任务等作了规定。虽然该会公开宣布的宗旨是"联络感情、增进团结",实际上从其通过的章程和成立大会的宣言看来,其真正目的是"团结被压迫的台湾民众与革命的国内民众,共同起来与日本帝国主义进行斗争"。

该会的具体任务要求如:学生休假回台时,要与台湾革命团体联络,参加其组织的运动,同时多联系来闽台籍学生,向其介绍联合会情形,邀请他们回校后参加其中活动;了解台湾近况,撰写文章在国内报刊发表,让国内民众了解台湾;与国内各地台湾学生加强联系互相提携,与各地的青年团学生会以及台湾岛内解放运动团体密切联络,支持中国青年团和参加国内革命运动,等等。

由于翁泽生的指导,该会实际上完全依照上海台湾青年团的模式组织起来的,它成立后的活动也一直以社会科学学习与研究和反帝运动为主。因此,这次大会还布置了开展反对"六·一七"台湾始政纪念日活动。1930年6月17日,联合会组织学生上街散发、张贴反日传单,开展"飞

行集会"，对民众进行演讲。这是由台湾爱国青年组织的在闽南地区首次
开展的反对日本侵占台湾的斗争。

"六·一七"斗争过后，联合会组织会员骨干成立读书小组，积极开
展革命理论学习，当时主要有两个读书小组，一是集美学寮班，成员有：
王灯财（即王碧光，是翁泽生在厦门培养的台湾共产党驻厦联络站负责
人）、邱克修、王光天、高水生、廖某等。另一小组是：詹以昌、王溪森、
黄天鉴、董文霖、曹鸿跳等。学习小组每个月举行一次秘密学习会，或请
有关老师讲课，或自行讲述学习体会。1930 年 9 月，联合会利用每周六下
午，在会员董文霖住处开办有关"进化论"、"新兴经济学"学习会，请蔡
孝乾和台湾农民组合干部侯朝宗担任主讲。

1930 年 10 月 27 日，台湾高山族同胞不满日寇的残暴统治，在莫那鲁
道的领导下，揭起起义大旗，这次起义遭到日本当局的血腥镇压，战斗中
死亡者达 900 人，被俘后杀害的有 561 人。

消息传到祖国大陆，上海的台湾青年团迅速作出了声援雾社起义的反
应，闽南学生联合会也闻风而动。1930 年 11 月 8 日，潘钦信等人召集联
合会骨干成员和活动分子 30 多人在集美邮电局附近召开紧急会议，大家一
致认为："雾社起义的原因是日本帝国主义的压迫，他们惨杀番民（指高
山族同胞），实在是不人道的作为，我等同胞应更加团结援助起义的番民，
共同打倒日本帝国主义。"

会议决定响应上海台湾青年团声援番民的行动，以联合会的名义发行
《台湾革命特刊》和《援助台湾番族革命宣言》，秘密送回岛内各地散发。
这次拥护雾社起义的斗争活动历经数天，之后在厦门天马山召开一次总结
会，宣告这一斗争告一段落。而学生联合会的许多骨干成员如蒋文来、侯
朝宗、董文霖、高水生、王溪森等人先后赴沪，成为翁泽生领导下的上海
台湾青年团的骨干。

从参与人数来看，各地台湾学生联合会囊括了大多数青年台湾学生，
学生的参与率很高。虽然各个团体的成员一般在几人或几十人之内，但在
当时岛外台湾学生总人数的比例上是很高的，且许多团体在成员数量上都

不断取得发展。如东京的"文运革新会"有成员 40 人。"上海台湾青年会"成立之初，只有李孝顺等 10 余名会员，经过一段时间的发展，该会会员增至 50 余人。不容忽视的是，这些学生团体的成员，成为台湾民族运动的进一步发展的重要人才。闽南学生联合会也成为培养台湾革命人才，输送台湾革命血液，建立新的革命组织的沃土。

1931 年，日本警方发动第二次"台共大检肃"，捕获台湾共产党重要干部王万得、谢阿女（谢雪红）、潘钦信等 107 人，均以违反治安罪，判处重刑。经过两次检肃后，台湾共产党重要成员有的入狱，有的返回大陆（如蔡孝乾）。台湾共产党遭受日本殖民当局的严重破坏，很难开展活动。中共中央指示翁泽生，尽快培养台湾革命人才，派回台湾重建党组织。

1931 年 4 月下旬，根据反帝运动形势发展的需要，翁泽生、林木顺领导的上海台湾青年团改名为"上海台湾反帝同盟"，成为党领导下的"上海反帝大同盟"的一个团体盟员。另一方面，翁泽生还寄希望于活跃在闽南厦漳一带的这群台湾革命青年，认为他们是台湾革命的希望。

1931 年 6 月中旬，翁与上海台湾反帝同盟骨干侯朝宗一起来到漳州，在向蔡孝乾了解到这里台湾学生联合会的情况后，决定以该组织为基础，组建厦门反帝同盟台湾分盟，以便更进一步溶入厦漳地区蓬勃发展的反帝运动洪流之中，并在斗争中培养台湾革命青年，在条件成熟时把他们派遣回台湾重建党组织，并派侯朝宗具体指导组建厦门反帝同盟台湾分盟的工作。

在侯朝宗主持下，厦门反帝同盟台湾分盟在厦门市白鹿洞正式成立，参加人员有原联合会的积极分子王灯财、康续、陈耀林、陈启仁、戴遥庆、陈兴宇等人，并推选在厦门团市委宣传部工作的王灯财为分盟负责人，侯朝宗负责与上海台湾反帝同盟联络。

分盟成立之后，马上投入到反对"六·一七"台湾始政纪念日的斗争活动。1931 年 9 月，九一八事变爆发后，王灯财、陈耀林等 10 多名台籍青年印制《反对日本帝国主义占领东三省》宣言书，寄发给厦、漳等地的台湾学生。

在随后掀起的全国反日抗战怒潮中，厦门反帝同盟台湾分盟响应厦门团市委的号召，积极贯彻中共中央提出的"抗日救国"新方针，并入了"厦门青年救国会"，更积极地投入到了祖国人民抗日救亡的伟大斗争中去。

"台湾民主国"

　　19 世纪末，日本侵略中国和朝鲜而爆发中日甲午战争，1895 年中国战败，清政府出卖台湾，与日本侵略者签订《马关条约》，将台湾割让与日本，使日本对台湾的长期觊觎得以如愿。台湾民众听闻割台消息，悲愤填膺，奋起反抗，宣告"独立"，"愿人人战死而失台，决不愿拱手而让台"。① 日军于 1895 年 6 月攻陷台北，于同年 6 月 17 日正式施行殖民统治。1895 年 11 月日军攻占台南，公布"全台平定"。② 日本殖民当局 1925 年出版的《台湾年鉴》绪言指出："山有乔木，海有鱼鳖；穰穰五谷稔于野，而百禾离离。富源无尽期，宝库任人开发。进可伸张经略南方之大志，退亦足为子孙谋定百年之计！"③ 可见，无限榨取台湾这座资源丰富的海岛，并以此地作为侵略中国南部及南洋群岛的根据地，是日本侵略台湾的意图。至今，日本仍有受军国主义思想影响，否认二战失败的某些人，对当下的"台独"寄予期望，居心叵测；并且，日本企图强占中国固有领土钓鱼岛，这是日本人食髓知味的故伎重演，遭到全体中国民众的强烈反对。

　　"台湾民主国"是在日本侵略军强势攻台的趋势下由绅士丘逢甲率领人民谒台湾省巡抚唐景崧，提议台湾实行独立自主，反抗日本侵略。

　　丘逢甲（1864—1912 年），又名仓海，字仙根，号蛰山，又号仲阏，

---

① 唐景崧给清廷的电报，转引自苏新：《未归的台共斗魂》，台北：时报文化出版企业有限公司，1993 年，第 261 页。
② 苏新：《愤怒的台湾》，台北：时报文化出版企业有限公司，1993 年，第 49 页。
③ 山川均著：《日本帝国主义铁蹄下的台湾（续）》，蕉农译，《新东方》1930 年第 4 期，第 134 页。

坐落在广东梅州市的丘逢甲墓及雕像

所著诗文常署南武山人或海东遗民。丘氏本为姜尚之后裔，周初封于营丘，因以丘为姓。战国以降，先祖迁徙不定。至南宋末年，二世祖从文天祥抗元，始定居广东嘉应州镇平县（今蕉岭县）。

他首倡组织义军，加强战备，以防范日军进攻。丘逢甲等写下血书，表示"誓不服倭"，并质问朝廷："皇太后、皇上及众廷臣，倘不乘此将割地一条删除，则是安心弃我台民。台民已矣，朝廷失人心，何以治天下？"他在一首诗中写道："忽行割地议，志士气为塞，刺血三上书，呼天不得宜。"如今国难当头，强敌进逼，台事危急，丘逢甲又以"守土拒倭号召乡里"，这种爱国义举正符合广大台胞的内心愿望，因而他登高一呼，立即引起各界民众的强烈反响。诚如江山渊的《丘逢甲传》中所说：丘逢甲慷慨激昂的演说"一字一泪，言未已已哽咽不能成声，听者咸痛哭，愿唯命是听"。[①] 一时爱国忠勇之士群起而响应，在很短的时间里就组建成一支号称百营的义军队伍，丘逢甲自任全台义军统领，设司令部于台中丘逢甲的住所柏庄，祭旗誓师，驻防台中，兼任筹饷。

---

① 江山渊：《丘逢甲传》，《小说月报》第 6 卷 3 号，1915 年。

唐氏乃与台湾防务帮办刘永福相谋，大家共议成立"台湾民主国"，推唐景崧为"台湾民主国总统"，刘永福为"台湾民主国大将军"，丘逢甲为"副总统兼义勇统领"，姚文栋为"游说使"。1895年5月25日，"台湾民主国"成立，① 以蓝地黄虎旗为国旗，表示臣服于清朝；改年号为"永清"，昭示天下，台湾永远隶属于中国。强调台湾仍然是中国领土不可分割的一部分，时间一旦成熟，将请归中国。并以台湾绅民的名义布告中外，发表《自主宣言》：

日本要索台湾，竟有割台之款。事出意外，闻信之日，绅民愤恨，哭声震天。虽经唐抚帅电奏迭争，并请代台绅民两次电奏，恳求改约；内外臣工，俱抱不平，争者甚众，无如势难挽回。绅民复乞援于英国，英泥局外之例，置之不理。又求唐抚帅电奏，恳由总理各国事务衙门商请俄、法、德三大国，并阻割台，均无成议。呜呼惨矣！……今已无天可吁，无人肯援，台民唯有自主，推拥贤者，权摄台政；事平之后，当再请命中朝，作何办理。倘日本具有天良，不忍相强，台民亦愿顾全和局，与以利益。唯台湾土地政令非他人所能干预。设以干戈从事，台民惟集万众御之，愿人人战死而失台，决不愿拱手而让台。……如各国仗义公断，能以台湾归还中国，台民亦愿以台湾所有利益报之。台民皆籍闽粤，凡闽粤人在外洋者，均望垂念乡谊，富者挟资渡台，台能庇之，绝无欺凌；贫者歇业渡台，即可谋生，兼同泄愤。此非台民无理倔强，实因未战而割全省，为中外千古未有之奇变。台民欲尽弃其田里，则内渡后无家可依；欲隐忍偷生，实无颜以对天下。因此捶胸泣血，万众一心，誓同死守。倘中国豪杰及海外各国能哀怜之，慨然相助，此则全台百万生灵所痛哭待命者也。②

---

① 《台湾民众抗日宣言》，转引自苏新：《愤怒的台湾》，台北：时报文化出版企业有限公司，1993年，第50页。

② 徐博东、黄志萍著《丘逢甲传》，时事出版社出版，1987年，第81页。

114

　　"台湾民主国"成立的当天，唐景崧即致电总理衙门："台民前望转机，未敢妄动，今已绝望，公议自立为民主之国。……遵奉正朔，遥作屏藩。俟事稍定，臣能脱身，即奔赴宫门，席槁请罪。"

　　"台湾民主国"成立并重新任命官员以补内渡官员之缺。"台湾民主国"下设三个衙门：改布政使司为"内务衙门"，以刑部主事俞明震主之，对外称"内务大臣"，其关防文曰"台湾承宣布政总理内务衙门关防"；改筹防局为"外务衙门"，以前驻法参赞副将陈季同主之，对外称"外务大臣"，其关防文曰"台湾总理各国事务衙门关防"；改全台营务处为"军务衙门"，以礼部主事李秉瑞主之，对外称"军务大臣"，其关防文曰"台湾军务衙门关防"。诸大臣对内称督办，"所有应办事宜，即着该衙门悉心核议，呈请抚台核夺。其余地方民事，仍由道、府、厅、县照旧办理。抚台于外洋各国称'台湾民主国大总统'，而于本省文武属员仍照衔相称"。

　　"台湾民主国"还建立清军与义军联合抗日的新体制。台湾原有的驻军甚少，仅 20 余营。战争爆发后，巡抚邵友濂陆续招募新营。清廷又谕福建水师提督杨岐珍，南澳镇总兵刘永福酌带兵勇赴台。旧有新募各勇，"统计当在八十营之数"。除由全台义军统领丘逢甲统 10 营义勇外，又任命吴汤兴为台湾府台军统领，统 6 营义勇。其后，刘永福檄简成功为义军统领，带 11 营，协防台南。

　　"台湾民主国"成立后，台湾军民士气大振，严阵以待，决心以血肉之躯来抵抗日本的武装侵占。但是统帅唐景崧表面上答应留台抗日，骨子里却并没有抵抗到底的信心和决心。

　　此时日寇为实现其占领台湾的野心，不惜出动大兵，以北白川宫能久亲王为司令，率领近卫师团大举侵台。由台湾东北角澳底登陆，越三貂岭，攻陷基隆。台北地方的民众，仍不断地和日军进行战斗，展开激烈的游击战。

　　在这时候，台北浪人辜显荣前往基隆，引导日军攻台北。丘逢甲闻讯，急调台中义军驰援，但行至中途，台北已被攻陷了。

　　留台抗日还是奉旨内渡，唐景崧随时准备"相机自处"。加上他志大才疏，刚愎自用，指挥失当，调度无方，刚一开战，就使全台的重镇台北率先失陷。危急时刻，唐景崧公举刘永福为抗日统帅。自己一走了之，台湾局势终于无法换回。

日军得台北后，一面侵宜兰，一面攻新竹。丘逢甲率领义军（民军）在新竹一带与日军大战。新竹、嘉义、彰化等地之会战激烈空前，有说日寇北白川宫能久亲王在嘉义之役被击毙，日方为了保密，继续将其以能久亲王的身份在台南由担架抬上船，让台南目击民众以为能久亲王重病回国。嘉义陷后，终因饷缺粮绝，孤立无援，义军统领丘逢甲亦不得不离台。

在台南方面，即由刘永福领导，继续团结散军，结合全岛富绅，召集义民，募集军饷，征募抗丁，训练抗日民军，以黑旗为徽号，因此有"黑旗军"之名，声势仍极浩大，坚持保卫台湾，反抗日军到底。

其时日本大本营，则制定三面进攻计划：在台北编成"南进军"，派能久亲王率近卫师团，由彰化经嘉义向台南；派乃木中将率第2师团，由南部枋寮登陆，经凤山侵台南；又派贞爱亲王率混成旅团，在西部布袋嘴登陆，犯台南前方侧面，围攻台南。但遭遇意外顽强的抵抗，缺乏新式武器与训练的台南抗日军，到处对日军加以阻击，经过一个月的血战，日军攻入台南城。抗日统帅刘永福，不顾日军一切诱惑，坚持抵抗。及大势已去，乃赴安平，率残部返大陆。而日军最高统帅能久亲王，一说也于此役阵亡。

日军攻占台南后，于11月公布所谓的"全台平定"。

据日方事后发表，侵占台湾日军动用兵力约5万人，佚子约2.5万人，马9400余匹。战死和病死者5000余人，因病送返日本者约2.5万人，留于台湾治病者5000余人，总计损失达3.5万余人，即出征者的半数以上。但台湾人民被杀死者，据不完全的估计（当时事实上是无法统计），达数十万。为加强对台湾的统治，至1902年，全台设有10个厅警察课、97个支厅、计有992个派出所，全岛共有警察机构达到1500余处，警察人员18000余人。据1922年资料统计，日本在本土的警察设置与百姓的比例是1228∶1，在朝鲜殖民统治区是919∶1，而在台湾是547∶1。台湾的一切政务都是通过警察来实行的。

"台湾民主国"以后几十余年的抗日运动史，"独立运动"几乎成为台湾抗日运动的代名词，究其原因是有民族情怀的台湾民众闻清政府割台消息，立即宣告"独立"，组建"台湾民主国"，并强调台湾仍然是中国领土不可分割的一部分，时间一旦成熟，将请归中国。[1]

这里仍要多说一句，《台湾通史》作者、著名诗人连横。是反对日本殖民统治、进行文化抗争的杰出代表。台湾割让后，为了抗日保台，连家曾把老宅让出一半，作为抗日名将刘永福指挥黑旗军的临时大帅府。台湾陷落后，连横的父亲连永昌悲愤交加，不幸与世长辞。第五任台湾总督佐久间马太得知后，强令警备署征用连家老宅，作为台南地方法院。面对国破家亡、丧父毁家的伤痛，连横作为一介文弱书生只能以笔为剑，传播汉文化，记录台湾的痛史成了他不懈的追求。经历千辛万苦，连横终于写成了《台湾通史》。乱世痛史，以史为鉴。《台湾通史》第一次用历史定位了台湾的中国归属。在《台湾通史》中，连横秉笔直书，为抗日英雄刘永福、丘逢甲、徐骧、姜绍祖、吴汤兴立传，并倡言"夫史者，民族之精神……国可灭，而史不可灭"。

"台湾民主国"国旗　　　　　　"台湾民主国"玉玺

---

[1] 唐景崧给清廷的电报，转引自苏新《未归的台共斗魂》，台北：时报文化出版企业有限公司，1993年，第261页。

刘永福黑旗军

刘永福（1837—1917年），清末爱国将领，字渊亭，本名义，广西钦州人。

1866年，刘永福曾梦到长髯老人称他"黑虎将军"，于是令其义军制七星黑旗为军旗，在广西归顺州安德北帝庙，率众部下举行祭旗仪式，创建了"黑旗军"。

清末年画——刘永福率领黑旗军在台湾抗击日本侵略者

1873年（同治十二年）和1883年（光绪九年）应越南政府约请率部抗法。1873年11月，法国总督安邺带兵攻占河内，越南政府恳请刘永福帮助抗法。刘永福率黑旗军从驻地保胜日夜兼程，翻越宣光大岭，疾驰千里，突然出现在河内城外。安邺急忙出城迎战。黑旗军将士"奋勇向前，悉力攻敌，势极猛烈"，法军抵挡不住，丢下安邺不管，一窝蜂向城内逃去。黑旗军先锋吴凤典飞快赶上，斩杀安邺，夺回河内。这一仗，法军死伤数百名，余部龟缩在城边几个据点内，任凭黑旗军在外叫阵，再也不敢出战。于是刘永福下令扎长梯70架，准备强攻。但是，越南政府却急令刘永福撤军，接着与法国第二次订立《西贡条约》。这时，法国正值在普法战争中惨遭败绩，暂时无力进行大规模的扩张行动，于是宣布放弃北圻，越南则同意向法国开放红河航道。

此次战役毙法军统领安邺、斩法军统帅李威利，取得震动中外的罗池、纸桥大捷，被越王封为二宣提督。中法战争中，又大败法军，取得左育、宣光、临洮大战胜利。中法战争结束后，中法政府经多次交涉达成协议，以黑旗军回国换取法军从澎湖撤走。刘永福应召回国，1886年任广东南澳镇总兵，1894年（光绪十二年）帮办台湾防务，渡台抗日，驻守台南，被尊称为"百年前的抗日爱国英雄"。

中日甲午战争爆发。台湾战略地位日显重要。黑旗军在越南打法军，"打到番鬼亡魂丧胆，威震天下。如今，日本仔犯我中华，对台湾虎视眈眈，为保卫台湾，我们扩充了黑旗军。今日，我们又在海岛的北帝庙前祭旗誓约，这是历史的巧合。现在，我们在此宣誓：'有黑旗军在，就有台湾在！'"

9月2日，清政府电令："刘永福着赴台南。"刘即启用"帮办台湾防务闽粤南澳镇总兵关防"大印，于9月3日携带义子刘成良、女儿刘秀蓉，率领2000多名黑旗军将士，乘坐专程前来接运的"威靖"、"驾时"等数艘大小战船，驶赴祖国宝岛台湾。

刘永福到台湾后，刘永福率黑旗军驻守台南，先后在潮汕、台湾等地招募新兵，将兵力扩充至8营。

清政府与日本签订了屈辱的《马关条约》，把台湾、澎湖列岛割给日本。消息传出，全国各地掀起反割台、反日本武装入侵台湾的怒潮。正在北京参加会试的维新派志士康有为、梁启超等1300多名举人，联名向光绪帝上书，义正辞严地反对割台议和，主张迁都抗战。许多诗人写诗作文，对"缔约"口诛笔伐。台湾的爱国军民进行了轰轰烈烈的反投降、反割让的武装斗争。但是，清政府不顾人民的反对，5 月 20 日，电令在台湾的文武官员"陆续内渡"。并派李鸿章之子李经方为"割台大臣"，前往台湾办理交割手续。

5 月 22 日，台湾省巡抚唐景崧电询刘永福意见，刘永福复电："与台存亡。"[①] 台湾省三府（台北、台湾、台南）一州（台东直隶州）的文武百官抱头鼠窜，纷纷内渡。6 月 4 日，巡抚唐景崧携子出逃后内渡。

坚持抗日保台的刘永福，在台湾镇总兵万国本辞职内渡后，即接任台湾镇总兵，并于 6 月发布《署台湾镇总兵就职告示》。《告示》中说："自问年将六十，万死不辞……愿各众志成城，制梃胜敌，军民共守，同心戮力，自可转危为安……"[②] 日寇占领台北后，桦山资纪致函刘永福，送去劝降书，逼他撤离台南。刘永福在 8 月 23 日《致日本台湾总督桦山资纪函》中说："台湾隶我中国二百余年矣……余奉命驻防台湾，当与台湾共存亡。一旦秀而弃之，将何以对我先皇于地下？……余既不敢忘效死勿去之心，又何忍视黎庶沉沦之苦？爱整甲兵，保此人民，成败利钝，在所不计。"[③] 显示了刘永福坚贞不屈、大义凛然的民族气节。这种以国患为忧、以保民为念的爱国精神，极大地鼓舞了台湾军民抗日保台斗争。由刘永福口述、黄梅安撰写的《刘永福历史草》（1915 年）[④]，记载了刘永福三次拒授"总统"大印的史实：

> 至 6 月间，台南各界大集公民大会，到会者数千人，集议公推刘永福为"台湾民主国大总统"，众皆赞成。议决，即铸银印一颗，文曰"台湾民国总统之印"八字。铸就，各界代表邀集3000 余人，将印送与刘永福，并说明全台各界数百万生命，公意举他出任"总统"。再过两日，各界委派代表耆老等，又将印送

---

① 引自连横撰《台湾通史》。
② 见《申报》1895 年 6 月 25 日。
③ 见《中日战争》（六）。
④ 见《中国战争》，中国史学会主编：《中国近代史资料丛刊》。

与刘永福。又过三日，代表们再行送印。刘永福每次皆慷慨陈词，说明原因。第一次，刘永福说："尔等众百姓公举我做'总统'，送印而来，可以不必多此一举！此印不能打得的，无论如何均要打赢，方可完全领土。今日之事，军事也，土地之存亡，人民主关系，千钧一发，甚宜注意。其实事在将兵互相得力，咸皆用命，或者易亡而存，转危为安，从此上国衣冠不沦夷狄耳。区区此印，无能为力……请将印带回销之可也。"第二次，刘永福说："前次送来，吾已不受，今又何劳诸君耶？夹势如斯，情同骑虎，朝廷忍舍锦绣山河又不愿置数百万生民于不理。今诸君送此印来，无非欲保自家，固土地，不甘为蛮夷牛马而已。诚宜决意抵敌，务须互相协力，筹军饷，为第一着紧要之事……吾在越国时，三次与法逆交兵，一战而法酋马安邺授首，再战李威利分尸，三战而法全军焚灭，共计法兵死者不下万人……彼时并无'总统'印绶，不过奉命讨逆将士用命而已，印何为哉！"第三次，刘永福说："你送印交我，更不能做事矣。尔们回去，那系有银帮银，有钱帮钱，无钱帮米，无论多少均善；至其无钱米之人，别要帮力，我须用人出力，则相帮之至。"

5月10日，日本政府任命功晋海军大将的桦山资纪为"台湾总督"，24日率"台湾总督府"官员赴台。27日，陆军中将北白川宫能久亲王统率精锐近卫师团2万兵员，军舰29艘，从冲绳出发入侵台湾。29日，在台湾三貂角澳底登陆，后占领基隆、台北。6月2日，桦山资纪与中国割台专使李经方在基隆口外的日本军舰"西京丸"上办理交割手续，17日在台北正式成立"台湾总督府"，举行所谓的"台湾始政典礼"，开始对台湾施行殖民统治。

台北失守后，丘逢甲率部南退，在新竹一带顽强抗击日军，经多日血战，最后弹尽粮绝，丘逢甲不得已撤抵福建泉州。这样，台湾抗日的重任就落在了刘永福的肩上。在台湾民众的拥戴下，刘永福带领他们用极为简陋的武器，继续抗击日本侵略者。

在刘永福黑旗军的声威震慑下，日军不敢强战。为瓦解台湾抗日力量，日本以重金为诱饵，想诱使刘永福弃台内渡。但刘永福毫不动摇，表示"我奉命驻守台湾，义当与台湾共存亡"。

8月中旬，日军向大甲溪进逼，刘永福派黑旗军前往支援，他们商定沿大甲溪设伏，黑旗军埋伏在南岸丛林中，徐骧率领的义军埋伏在北岸丛林中。22日，日军进犯大甲溪，遭到黑旗军和义军伏击，腹背受敌，纷纷落水，死伤惨重。第二天，日军在汉奸的帮助下，从侧路抄袭，攻占了大甲溪，接着又攻占了台中。

日军攻占台中后，黑旗军和义军退到彰化。彰化城外的八卦山地势险要，是彰化城的天然屏障，黑旗军将领王德标率部和义军扼险据守，阻击日军。28日，日军主力向八卦山猛攻，守军居高临下，多次击退日军的进攻。日军又靠着汉奸从后路偷袭，守军受到两面夹攻，但是顽强死战。这是日军入台后双方之间规模最大的一次战斗，打得异常激烈，日军死1000多人。日军少将山根信成被打死。黑旗军和义军也死伤惨重，吴汤兴等将领壮烈牺牲。日军付出了重大代价才攻占了八卦山，接着攻占了彰化县城。

10月8日，日军又出动几万军队，兵临嘉义城下。嘉义是台南门户，周围多为平原，连丘陵地也少，地形不利于防守。深谙兵法的刘永福指示，守嘉义用智不用力，要多用伏击，埋设地雷，不要与敌人正面交战，于是王德标与徐骧在嘉义城外布下地雷阵。日军进攻时，他们只略作抵抗就退入城中。日军见此情景，以为黑旗军和义军失去斗志，因此下令在城外宿营，准备第二天攻城，哪知道半夜时分，地雷阵响成一片，700多日军在睡梦中便一命归天，埋伏的黑旗军和义军又冲杀出来，日本亲王北白川宫能久也身负重伤，不治死去。第二天，疯狂的日军全力攻城，日军的炮弹像雨点般的落到城外。黑旗军和义军奋勇抵抗，但终因敌人炮火猛烈，嘉义城被攻破，黑旗军和义军大部遇难，王德标和徐骧退守曾文溪。10月20日，日军进攻曾文溪，凭借优势装备和兵力，枪炮齐发。黑旗军和义军凭一腔热血与日军激战，大部壮烈牺牲。

为坚持抗战,"护我炎黄子孙,保我神圣国土",刘永福把"筹军饷为第一着紧要之事"。一是频频去函去电求援,如8月19日《致署两江总督张之洞电》中说:"闽粤饷无济,台南已无法可筹……痛哭乞援,望切望速。"

二是派人到内地乞饷接济。刘永福先后派了易顺鼎、罗六琴、吴桐林以及知县刘禹卿等回内地找总督、巡抚乞饷求援。但所到的直、鲁、闽、粤等省都封疆大吏"无一应者",均以不敢违圣旨、碍大局、罹重咎为辞拒绝接济。

三是以台湾省台南官银钱票总局和"护理台南府正堂忠"的名义,发行台南官银币。刘永福命安平县知县兼摄台南知府忠满,印行面额为"壹大员"、"伍大员"、"拾大员"三种银票,向各商户借款筹饷。台南人亲切地称为"刘钦差银票",对筹集军饷起了积极作用。

由于没有各方有力的援助,此时,黑旗军和义军不但兵力处在绝对劣势,枪械弹药也消耗殆尽,粮饷也极为匮乏。清政府自从将台湾割让给日本后,下令封锁沿海,禁止官员援助台湾的抗日斗争。刘永福一次次派人去大陆,好不容易募集到一些捐款,还被政府扣留。

10月中旬,驻守嘉义的刘永福部在城外军营中埋了许多地雷,然后弃营入城,日军不战而得营,地雷突然爆炸,死伤700多人。义军乘势从城中冲出,打死了日军近卫师团中将师团长北白川宫能久亲王。

1895年10月15日,日军进攻台南,刘永福驻安平炮台,策应城中守军。17日,日军大举进攻安平炮台,已届花甲之年的刘永福大吼一声,亲自开炮,击毙日军几十人。18日,台南城中弹尽粮绝,守军溃散。刘永福见大势已去,仰天捶胸,呼号恸哭:"我何以报朝廷,何以对台民!"后来,在部将的劝说下,刘永福带着儿子和亲兵,搭乘一艘英国商船回到大陆,台湾的抗日斗争宣告失败。

日方一些资料记载:"直至我军突入阵地时尚不退走,炮手6名终死在炮侧。虽为敌人,其勇敢真值得赞叹,可称为中日战争以来未曾有的勇兵。"

刘永福领导的抗日保台武装斗争前后5个月,虽然遭到了挫败,但已给日本侵略者以沉重打击。据日本史学家的资料记载："日军投入49835人的兵力和26214名随军夫役，付出了近卫师团长北白川宫能久亲王、近卫第二旅团长山根信成以下4642人阵亡牺牲的代价，花了4个月时间，才勉强地占领了台湾。"据中方估计，"侵台日军共50000人，因伤亡和疾病而遣送回国者达32000人，其中死者4600人"，比在整个甲午战争中伤亡2647人的损失大得多。台湾爱国军民抗日保台斗争，英勇壮烈，可歌可泣，永载史册，中国人民永志不忘。

晚年的刘永福，仍念念不忘台湾。1915年，袁世凯与日本签订了亡国灭种的"二十一条"。刘永福拍电谴责袁世凯卖国求荣，并表示，他愿以老朽之躯充当先锋，与宿敌决一死战。1917年1月9日，这位威名远震的反帝爱国将领溘然长逝。

流传至今的刘永福《别台湾》，至今读来仍令人敬叹不已。

别台湾

流落天崖四月天，尊前相对泪涓涓。

师亡黄海中原乱，约到马关故土捐。

四百万人供仆妾，六千里地属腥膻。

今朝绝域环同苦，共吊沉沦甲午年。

民族英雄刘永福，高擎抗日大旗，带领台湾民众浴血奋战，抗倭寇、保国土、反"台独"，为中华民族树立了光辉的榜样。孙中山赞："余少小即钦慕我国民族英雄黑旗刘永福。"当代著名诗人田汉赋诗颂："近百年来多痛史，论人应不失刘冯。"台湾苗栗市福星山公园（现改为猫狸公园）忠烈祠大殿供奉三位神像，正中是明朝民族英雄郑成功，左边是抗日义军志士丘逢甲，右边是黑旗将军刘永福。广州有刘永福村、永福路、刘义亭。刘永福的故乡钦州市，建有永福大街、永福广场。1996年9月，国家教委、解放军总政治部等6个单位命名"钦州市民族英雄刘永福故居"为"全国中小学爱国主义教育基地"。2001年6月，国务院公布其为全国重点文物保护单位。

简大狮抗日义军

简大狮（1870—1900 年），本名简忠诰，台湾台北沪尾（今日新北市淡水区）人，祖籍福建省漳州府南靖县梅林乡长教村。青年时代随亲族家人回祭祖省亲时，正值长教简德润大宗祠开设武术馆，请来武林高手教授族中子弟练武强身。简大狮身高体壮，对武术颇有兴趣，便留下来习武 3 年。他力气很大，宗祠门口有两只石狮子，一般人都挪不动，他却能举起绕行宗祠一周。众人称他力大过狮，于是改名为"简大狮"。出师后，简大狮刀枪棍棒样样精湛，开始在漳州、石码、厦门一带街头献艺，名声大噪。不久，简大狮返台，在淡水开设武馆，招徒授艺，广交朋友，声望很高。

1895 年，日军侵台时邀简大狮带路，但却被他拒绝。于是日本人就趁简大狮外出时奸杀他母亲及妹嫂，并杀了简家 10 余口人。从此简大狮与日寇结下不共戴天之仇。不久之后简大狮倾尽财产，历经艰险躲过日军搜捕，招募乡民组建义军，袭击金山日军宪兵驻所，将驻警全部歼灭。随后，义军转战阳明山，与日军展开游击战。日军派大军攻山，简大狮亲自率领义军将士奋勇抵抗，经过数日激战，义军将日寇军队死死围困于大屯山，并近乎全歼。此战告捷后，12 月简大狮所率义军又乘胜袭击台北日军，城内乡民奋起响应，双方在八甲町展开激烈战斗。由于提前做了充分的准备，战斗初期便歼灭敌军 300 多人。后来日军进行了增派兵力进行支援，简大狮所率义军伤亡增大，而且弹药耗尽，被迫撤出战场，起义失败。

1896 年，简大狮所率义军由关渡直攻淡水。日军凭借着射程较远的精良武器，守备山坡地带。义军则分三路进攻，巧妙绕过敌军炮火袭击，杀入敌阵，痛击敌军，将其追打至淡水镇内。日军增援部队欲从淡水外包围义军，但是到达后看到的只是遍地的日军尸体，义军早已成功撤离。

1897年5月8日，是日本当局强行规定台胞选定国籍的最后一天。当日，简大狮与陈秋菊又率抗日武装5000余人再次进攻台北，义军曾一度攻入台北市区，并占领奎府街等地，连日本台湾总督也被迫到处避难。日本人为这次被袭大为震惊，立即调遣部队增援。

此战之后，简大狮一时威震台湾，成为日军心头大患，千方百计想除掉简大狮。为此，日军展开了多次"围剿"，但每次换来的都只是死伤累累的惨重代价。就连被日军奉为"军神"的乃木希典都对简大狮无可奈何，公认他为令日军最苦恼头疼的人物。

1897年2月，简大狮部义军联合罗绵春部义军在竹仔山倒镜湖一带与日军展开激战，经过6昼夜的相持，罗绵春英勇牺牲，简大狮率领余部化整为零退入深山。

1898年2月，儿玉源太郎出任第四任台湾总督。为给义军施加压力，迫使其解散，儿玉源太郎采取怀柔加封锁的策略，断绝了简大狮部义军的粮饷军械，义军难以存活，被迫解散。简大狮于是内渡厦门安溪，寻找机会潜回台湾，以待时机成熟时再战。

1899年，正当简大狮购足武器准备回台湾时，日本人却胁迫清廷将其逮捕。面对清朝官员，简大狮慷慨陈词："我简大狮，系为台湾清国之民。日人无礼，屡次至某家寻衅，且被奸淫妻女：我妻死之、我妹死之、我嫂与母死之，一家十余口仅存子侄数人，又被杀死。因念此仇不共戴天，曾聚众万余以与日人为难。然仇者皆系日人，并未毒及清人；故日人虽目我为土匪，而清人则应目我义；唯我一介小民，犹能聚众万余，血战百次，自谓无负于清。去年大势既败，逃窜至漳，犹是归化清朝，愿为子民。漳州道、府既为清朝官员，理应保护清朝百姓，然今事已至此，空言无补！唯望开恩，将予杖毙，犹感大德！千万勿交日人，死亦不能瞑目。"当地群众闻知简大狮一事，皆顿首官府求赦，然而腐败无能的清政府怕得罪日寇，强令"缚大狮献于倭，处极刑"。1900 年，抗日英雄简大狮被绞死于台北监狱。

后有清朝诗人隔海含泪为抗日志士简大狮作诗：

痛绝英雄洒泪时，海潮山涌泣蛟螭。

他年国史传忠义，莫忘台湾简大狮！

诗人这首壮烈的诗篇，表达了后人对英雄高尚民族气节的无限敬意，并强烈控诉了清政府对日寇屈膝投降，断送英雄性命的无耻行径。

吴汤兴抗日义军

　　吴汤兴（1860—1895年），台湾苗栗客家人，祖籍广东嘉应州（今梅州），秀才出身。吴汤兴曾为生员，也学习武艺，以行侠仗义闻名于乡里。光绪十六年（1890年），和同为生员的邱国霖在苗栗县铜锣湾街倡建铜锣乡关帝庙，俗称"九湖恩主公庙"。

　　1895年，清廷因甲午战争战败而签订《马关条约》，割让台湾予日本。4月17日，割台的消息传至台湾。在自己不能主宰又被腐败的清政府出卖给日本的情况下，台湾民众的悲愤、无奈、绝望的心情非外人所能体会。全台男女老少、士农工商、贩夫走卒，鸣锣罢市，涌入省府，愤怒抗议朝廷的割台行为，决心誓死保卫台湾。当时台湾人民开展抗日斗争的主要形式是组织抗日义军。吴汤兴也在家乡倡办义军。

　　1895年5月29日，日军开始向台湾发动了大举进攻。当时任驻守台北后路的总兵余清胜不仅没有进行抵抗，反而主动致书日军头目称："体我皇上媾信修和睦之至意，何敢抗违，亦不敢有观望。"并表示要"听命行之"，随后他就率其所统领的5营兵士投降了日军。日军进入台北后，认为"台湾民主国"为丘逢甲所首倡，于是"嫉之甚，严索之"。此时，台北后路只剩下丘逢甲率领的一支义军，形势非常危急，考虑到敌我双方力量悬殊，丘逢甲遂决定退往台中。6月7日，日军占领台北后，便迫不及待地要拿下新竹，以便打开南侵的通路。为保卫新竹，吴汤兴、徐骧、丘国霖、吴镇洸等，皆率义军前往新竹城。随后不久，前台湾镇总兵吴光亮一营及提督首茂林、傅宏禧二营，也来到新竹。此时，各路义军及清军诸营"不期而会者万人，遍山漫野"。于是，大家推举吴汤兴为抗日义军首领。6月11日，吴汤兴集众列营，祭旗誓师，并设大鼓一面，筑三丈高架挂之，旗帜整齐，立约法数章，有事则击鼓，各庄闻鼓音即齐集公所，并约众接济粮食费用。12日，吴汤兴发布告示，揭露敌人罪行，表示抗敌决心，并申明纪律，号召人民投入抗日斗争。当天，吴汤兴便率部由新竹沿铁路线北上，以截击南来之日军。因吴汤兴义军皆来自新竹、苗栗二县，故有"新苗军"之称。

6月15日，吴汤兴部义军500余人与姜绍祖部义军共同北上支援，在杨梅坜遭遇日军。义军占据有利地形，顽强地进行抵抗。日军则依仗武器精良，用山炮对义军发起疯狂进攻，迫使义军后退。随后，日军进至大湖口车站，义军的抵抗更加猛烈。日军因据点久攻不克，只好下令停止进攻，转而进攻新竹。

6月22日，日军阪井支队进至新竹城下，以机关炮队发炮掩护，步兵发起冲锋。吴汤兴部义军虽然粮饷、枪械都很短缺，但仍奋力抵抗，消灭大量日军。然而，义军的牺牲也十分惨重，为避免更多的伤亡，吴汤兴率所属义军撤出城外。日军攀城墙而入，打开城门，大队进入城内。而在此之前，新竹知县王国瑞及提督首茂林二营已弃城内渡。新竹沦陷。

此后不长时间，吴汤兴所率新苗义军发展壮大，但军饷仍十分紧张。台湾知府黎景嵩将苗栗县钱粮作义军粮饷，并给义军发放军装，同时还发布告示筹饷。由于黎景嵩竭力筹措军饷，新苗义军才得以维持下来。此后，新苗军与新楚军配合作战，共同打击日军。当时，日军遂欲固守新竹，但守军仅1000余人，且处于新苗军、新楚军和新竹以北各路义军的包围之中。7月上旬，黎景嵩命令抗日联军各部定期收复新竹。7月10日，继6月25日义军第一次反攻新竹失败后，抗日联军对新竹发动了第二次反攻。此次进攻参与的兵力较多，规模也较大。义军按预定计划分路进军，其中吴汤兴部义军攻南门，杨载云继后策应。其余几路分别是：傅德升攻东门；陈澄波攻西门；徐骧、姜绍祖则各从间道挺进。战斗进行的异常激烈。双方相持之傍午，陈澄波麾军先退。当陈澄波军在西门外激战时，杨载云出牛埔，会同吴汤兴军自鸡卵面山进攻南门。但由于事先情报泄露，日军早有准备,杨、吴两军无法靠近南门。后又会合傅德升军从东南路进。不料日军已占据城东2里许之十八尖山。吴汤兴熟悉山路,首先应战。然而,由于双方力量对比悬殊,第二次进攻新竹的战斗仍以义军失败告终。

7月25日,抗日义军又对新竹发动了第三次进攻。义军把这次反攻的时间选择在夜间。当夜,当抗日义军靠近新竹城时,却被日军的巡逻哨兵发现,双方随即交火。由于日军的火力太猛,而且有良好的掩体,抗日义军虽奋力抵抗,仍伤亡惨重。战至次日,抗日义军开始向南撤退。三次反攻新竹的战斗均告失败。

8月8日,日军大队攻陷尖笔山,乘势进攻苗栗。苗栗无城不易防守,吴汤兴和徐骧俱退入彰化。8月24日,日军涉大甲溪,破葫芦墩。8月26日,台中为日军占领。吴汤兴与徐骧合守彰化八卦山炮阵地。8月28日黎明,日军攻山,特别以一部队直扑军营。吴汤兴和徐骧率军交战,炮火猛烈,吴汤兴英勇阵亡。

林少猫抗日义军

林少猫（1866—1902 年），台湾屏东人，本名苗生，号义成，小名少猫（其在抗日义军转入地下后所用的诨号），以小名称世。作为台湾早期的抗日领袖之一，林少猫与简大狮、柯铁虎被世人并称为"狮虎猫抗日三猛"。

林少猫世居阿猴（屏东）东门城外，经营一家店号为"金长美"的米店。"台湾民主国"时期，日军到处残杀台湾民众，目睹无数同胞被害的林少猫毅然决断弃商而转投刘永福麾下，并任黑旗军稻字中军左营管带。刘永福兵败后，抗日运动被迫转入地下。为筹集资金以掩护抗日活动，林少猫决定返回家乡继续经营米店。他以绅商身份作为掩护，表面假意笼络当地日军宪兵，实际却在暗中从事反日活动。

1896 年 9 月，台南凤山地区抗日首领郑吉生率领义军数百人袭击阿猴日军宪兵驻所，并用汽油将该宪兵驻所完全烧毁。当时，林少猫家正是义军起事活动的重要场所。后来日军调集援兵，义军战败，郑吉生战亡。由于身份暴露，林少猫被迫率领义军离开阿猴。此后，他被推举为南部义军首领，率领郑吉生旧部继续抗日。

林少猫领导的义军主要活动于凤山、阿猴、漳州庄、下淡水等地，并建立了多处秘密基地，寻机袭击日本的宪兵队、军营、警署和日本人在台湾的地方政府。林少猫指挥作战才能突出，在其领导下，义军顽强抗敌，日军十分惧怕。《东方兵事纪略》记载：林少猫虽用土枪，但击无虚发，攀山越岭，聚散前后，每绕倭兵之后，屡次重创倭兵。富军事知识和民族意识。"民主国"失败后，林少猫成为台南凤山地区抗日军队的主要首领。

1897 年 4 月 25 日清晨，林少猫部义军 400 余人围攻东港日军营房，

林少猫

到了黄昏时又有 300 余名义军出动攻击潮州宪兵驻所。当时，民间盛传林少猫部义军将于 5 月 2 日与各路义军联合，在全台大举起事。这种传言令日军十分惧怕。5 月 8 日，林少猫部义军突袭凤山和阿猴的日本交通宪兵。在这次战斗中，林少猫的一名卫兵战死，日军从这名卫兵身上搜获 3 枚林少猫的印信，首次得以揭开林少猫的身份之谜。考虑到日本殖民当局掌握了林少猫的背景材料及其活动线索，为避免过多暴露义军，以及解决义军在弹药、粮饷等各方面的消耗问题，林少猫于同年 6 月内渡祖国大陆请求资助，经过两个月的筹措准备，8 月返回台湾。林少猫回到台湾后，义军抗日活动继续，并且更加活跃。9 月，林少猫部义军 400 余人进攻阿猴城宪兵驻屯所，12 月袭击内埔办务署，大量日警被击毙。

1898 年 12 月 27 日，林少猫部义军与高屏地区抗日军 3000 余人攻打屏东潮州城，围攻州办务署和宪兵队。当时客家义勇军是由林天福任总指挥，与林少猫同心协力作战，两路义军同心联合，声势浩大。战斗中潮州办务署署长濑户晋及巡查被抗日义军斩首。此后义军又乘胜攻入恒春，联合高山族同胞 700 余人，攻打附近地区的敌人据点和机构。来自万丹大营的宪兵部队，也在中途截杀日军。12 月 30 日夜，日军紧急调动军舰与火力强大的陆战队助战，双方激战 3 日，义军因寡不敌众撤退至恒春一带山区。

此后，义军继续与日军在山区周旋，日本殖民当局则实施更加残忍的"大讨伐"。从 1898 年年底至 1899 年 3 月间，日军进行了两次大规模的进攻，高屏地区的台民被杀者达 2000 余人，伤者更是不计其数。日军的暴行不仅引起国际舆论的普遍谴责，而且受到日本国内的严厉批评。日军遂决定把重点放在暗杀林少猫上，然而由于林少猫为人机警，平素对居所附近的百姓关爱有加，所以时常得到台民的掩护，协助他逃脱日本人追杀。1899 年 2 月中旬和 3 月下旬，日军曾两次围捕林少猫，但林少猫均顺利脱身，日本殖民当局以围捕和暗杀行动对付林少猫的企图始终没能得逞。

1899 年 5 月，总督儿玉源太郎改变围捕策略而代之以优厚条件和谈招抚，并通过高屏绅商出面与林少猫谈判。当时林少猫感到，长期躲避于深山，虽然义军和自己均可保全性命，但与外界隔绝，粮饷和情报的获得都异常困难，断非长久之计，于是迫不得已，决定虚与委蛇，并随之提出苛刻条件。双方约定划地而治，互不侵犯。日方允诺让林在后壁林一带开垦。林少猫所要求条件如下：割凤山近郊一地给林少猫，日本不得征税；所经道路，日本方面不得使用；该地方如有犯罪者，由林少猫处断，林少猫等携带武器日本不得干涉；补偿被剥夺的财产；日本应支给林少猫年金 2000，官吏不得进出林少猫驻地；林少猫族党系越狱者免罪释放；林少猫驻地若有土匪逃犯，由林少猫捕后送官；下淡水溪通行舟筏由林少猫征税等。这些条件皆被日本接受，其后林少猫在后壁林锐意经营余年，势力逐渐强大，有些商人要把东西搬运到凤山也插上林少猫的旗帜，以便通畅无阻。林少猫在后壁林威势日盛，而日本殖民当局对他就嫉恨越深，日本人恐惧林少猫的壮大，必欲伺机早日除之而后快。

1900 年后，义军再度蜂起，台南地区的许多抗日志士纷纷复出，其中相当多数都是林少猫的旧部。日本殖民当局判定这其中必有林少猫的支持，随后日军恢复了对抗日势力的大讨伐，并准备进攻林少猫所在的后壁林地区。1902 年 5 月中旬，日本殖民当局在将台南其余复出义军逐一消灭后，决定对硕果仅存的义军盟主林少猫采取军事行动。1902 年 5 月 30 日，日军第 3 混成旅接到命令对林少猫在后壁林的住地发动突袭，日军首先以大炮猛轰，堡内火焰冲天。继而日军发动了全面进攻，义军在林少猫的率领下进行顽强的抵抗，下午 5 时左右，日军第 6 大队首先突入堡内。义军四散突围而出，日军追击不舍。同时，另一路日军攻入林少猫在后壁的家，并网罗罪名赶尽杀绝林少猫家人及一些抗日志士，共计 300 余人。31 日，林少猫在掩护妇孺撤退时遭到伏击，他猝不及防，仓促应战，不幸中弹身亡，后壁林被日军攻陷。

一生充满传奇性的英雄豪杰、台湾抗日领袖林少猫英勇牺牲，时年 37 岁。抗日三猛领导的抗日斗争被相继镇压后，台湾人民坚持 7 年之久的武装反日斗争暂时进入低潮。

台湾复中兴会

1894 年，腐败无能的清政府在甲午中日战争中战败，被迫于 1895 年与日本签订丧权辱国的《马关条约》，将台湾割让给日本。为抵抗日本侵占，台湾人民在没有外援的情况下坚持了半年的武装抵抗，数万名台湾同胞英勇牺牲，但也使日本占领军付出死伤 3 万多人的代价。也是在甲午战争开始的这一年，孙中山远赴美国檀香山，在华侨中宣传反清革命，创立了中国第一个资产阶级小团体——兴中会。孙中山在兴中会入会的秘密誓词里提出了"驱除鞑虏，恢复中华，创立合众政府"的斗争任务，这是中国历史上第一个旨在推翻清朝封建君主专制政府、建立像美利坚合众国那样的资产阶级民主共和国的革命纲领。1895 年 2 月，孙中山在香港中环士丹顿街 13 号宣告成立兴中会总部，开始更加猛烈地抨击清朝的腐朽反动统治。他深刻指出了当时"政治不修，纲维败坏，朝廷则鬻爵卖官，公行贿赂，官府则剥民刮地，暴过虎狼。盗贼横行，饥馑交集，哀鸿遍野，民不聊生"的中国社会现状，从而更加明确地把斗争的矛头指向清朝宫廷和官府，公开揭示了兴中会反清的宗旨。2 月下旬，广州兴中会分会成立，陆续入会者达百人。此外，兴中会还在国外设有许多分会，在华侨中发展组织。1905 年，兴中会与华兴会、光复会联合成立了中国同盟会。

日军侵占台湾后，实行残暴的专制统治和疯狂的经济掠夺，并且推行"皇民化"政策，台湾同胞在日本的镇压和威胁下屈辱的生存。一直以来，中国的仁人志士都希望有朝一日能够收复台湾。辛亥革命前后，孙中山与他领导的兴中会、同盟会相继到台湾进行革命活动。早在 1897 年，孙中山就派革命党人陈少白同志到台湾联络革命志士，发展革命势力。1897 年冬天，兴中会台湾分会成立，这是资产阶级革命派首次在台湾建立据点，它使得台湾地区较早地播下了革命的火种。1900年，孙中山首赴台湾，呼吁具有光荣爱国主义传统的台湾同胞进行抗日反殖斗争。在台湾兴中会分会的支持和配合下，孙中山在台北建立了接应广东惠州起义的指挥中心，招收了一批军事人员，极大的激发了台湾人心中对祖国的向心力和深厚的民族情感。从1901年到1924年，孙中山先生又先后4次到过台湾，病危时仍"念念不忘台湾同胞，关心注意台湾同胞的革命事业"。①

1907年至1915年，台湾岛内先后爆发了十几次有一定规模的抗日起义，这些抗日活动有的是同盟会等革命党人领导的，有的是直接受到辛亥革命的影响或激荡而起，也有的是因不甘忍受日本殖民统治的压迫而起。这一系列抗日活动是继1902年台湾人民武装反抗日本殖民统治的斗争暂时沉寂5年之后的第二次武装反抗斗争的高潮，而1907年蔡清琳领导的北埔起义是其中规模和影响较大的一次。

蔡清琳，北埔支厅月眉庄（台湾新竹峨眉乡）人，当过脑丁（采樟脑工人）、隘勇，曾经因参加反日活动而被关进监狱。他是土生土长的台湾人，不仅对山地的情况十分熟悉，而且与山地的高山族关系十分密切。蔡清琳深受传统反日思想和革命思想的影响，对日本的殖民统治极为不满，深怀复兴中华和抵御外侮的愿望，不断向高山族等当地同胞宣传革命思想。他以孙中山的"兴中会"为榜样，组织创建了"台湾复中兴会"，会员发展到400余人，自称"联合复中兴总裁"，并在台北、台中、台南各地设立了分会，积极准备武装起义来推翻日本的殖民统治。这里"复中兴"的含义就是恢复中国对台湾的主权。蔡清琳号召人民起来把日军全部打出台湾去，接应祖国军队在台湾登陆，先占领新竹为根据地，接着逐步光复台湾，成为台湾的主人。随后，蔡清琳打起"安民"、"仁义"和"复中兴"的旗帜，进行了著名的北埔起义。台湾复中兴会发起的北埔起义，规

① 庄政：《国父—9台湾》，《中央日报》（台北）1980年3月17日，转引自陈在正：《台湾海疆史研究》，第238页。

模不算大，时间也不算长，但却是汉族人民和台湾少数民族联合的抗日武装起义，沉重打击了日本帝国主义的血腥统治，极大的震动了日本殖民当局。

所谓"隘"即"险隘"之意，是易守难攻之地，为对付"番地"设定。在"隘"设碉堡称为"隘寮"，警务员叫"隘勇"。隘寮之间的联系为隘路叫"隘勇线"，用以围堵山地少数民族，将其封锁在山中，再逐渐缩小范围，迫使山民就范。大坪位于"番"界边缘，是一个土地肥沃、地形狭长的小高原。1907年，约有四五十名日本人前来定居，发展香菇、甘蔗、柑橘，以及橡胶树苗的栽培等产业。为了防范山民袭击，保护日本人的生命和财产安全，日本政府在鹅公髻山（台湾新竹县五峰乡大隘村与苗栗县南庄乡东河村交界处，距北埔乡界仅约500米，峰顶海拔1579米，为台湾小百岳之一）下设隘勇线。沿着山麓共设7个分遣所，每一个分遣所由一名日本警员和数名隘勇驻防。分遣所之下，还设有隘寮，总共20多个。日本政府在大坪还设置了隘勇监督所，负责督办隘线防务工作，由1名警部补和3名巡查及数名隘勇驻守。

1907年11月间，日本总督佐久间久马太正加紧对"番人"（即山地少数民族）进行武力讨伐，而被日本当局强行征调去讨伐的台湾隘勇由于不断死伤产生不满，不愿继续作战。蔡清琳乘机向隘勇揭露日军的暴政，他对众人说："我们先起事，全台一定响应起来。"① 声称已经与祖国的军队取得了联络，并被任命为"复中兴联合队总裁"，清军下个月就要在台湾登陆，只要起义响应便能把日本人驱逐出台湾，鼓动人们起来反抗日本的殖民统治。隘勇不愿帮助日军讨伐少数民族，纷纷表示愿意参加抗日斗争。蔡清琳当即组织骨干，秘密招募隘勇100多人。五指山泰雅人总头目（清政府时期所封）赵明政、马利可湾人头目黄得明闻讯也率众赶来参加。② 蔡清琳又与山地同胞进行联络。山地同胞对日军的武力进攻痛恨万

---

① 黄玉齐：《台湾抗日史论》，台湾：海峡学术出版社，1999年，第277页。

② 台湾省文献委员会编：《台湾省通志稿》革命志，抗日篇，台湾：海峡学术出版社，2002年，第80页。

分，立即表示愿意与蔡清琳合作抗日。

11月14日深夜，以蔡清琳和巫新炳为首的复中兴会会员策划在大坪起义，一举收复台湾。蔡清琳亲率大坪隘勇及大隘社高山族同胞约100余人，猛烈袭击北埔附近的鹅公髻日本警察所，杀死日本警察数名，随后又派人袭击了大坪，杀死了许多在地方上作恶多端的日本人。大坪距离北浦有12里的山路，抗日志士歼灭大坪所有分遣所的日本人已是次日凌晨5点多。15日上午，蔡清琳等人竖起"安民"与"复中兴总裁"旗号，杀到北埔，开始攻击北埔支厅。北埔的日本人没有料到抗日隘勇会进行突然袭击，被杀得措手不及。此次作战，共杀北埔支厅厅长、邮电局局长以及警察、官吏等日本人57人，重伤6人，北埔日人仅有2名逃脱。随后，除了指派20多名人员留守，其余全部往新竹进攻。志士经过宝山到了新竹金山，与日军军警交火，不敌，转回北浦山区藏匿。

消息传到台北日本总督府，佐久间久马太正总督立刻派守备队一中队赶到北埔支援，会同北埔警察队共同向抗日义军进行反击。同时，日本台中驻屯军也调来一大队，还有从其他地方调来的兵力，合力向起义军进攻。蔡清琳率隘勇和山胞共200多人到距新竹10里之地的水仙仑迎战，战斗持续至11月底，起义军寡不敌众，向北埔山地撤退。这时，本来准备同时起义的台中、台南复中兴会会员已经遭到日军镇压，另有90余名起义民众死于日军的追杀中，蔡清琳已经处于孤立无援的境地。佐久间对台湾少数民族同胞进行执拗的镇压，除本身亲到前线指挥外，还动员军警、保长、甲长等在北埔一带大举进行搜查，准备血洗北埔。同时，日本警视总长也下达最后通牒，谕令3日内必须将起事者缉捕归案，否则派兵剿灭北浦。此时，到处都已经是风声鹤唳，颇有"山雨欲来风满楼"之势。后来，由于日本当局担心会由此引发全台民众更大的反抗，就暗中下令取消了清乡屠杀的命令，但对于参加抗日的民众则加紧搜捕。至12月中，共有100余名民众被捕。随后，日军还在新竹等地大肆搜捕抗日义军，在各地遭到搜捕株连的多达2000多人，而实际接受日本"临时法庭"审判处决者仅仅9人，无期徒刑97人。

蔡清琳领导的台湾复中兴会革命斗争就此落幕，台湾复中兴会组织也随着此次斗争的失败销声匿迹。经过了 30 余年，日本人离台后，后人在义士砍头处决掩埋处建立了纪念碑，吊唁忠魂，蔡清琳等义士也于 1957 年（民国四十六年）入祀忠烈祠。

台湾复中兴会是在日本高压殖民统治政策的压迫下和"驱除鞑虏，恢复中华"思潮的影响下成立的组织。虽然存在的时间不长，规模不大，但有着深刻的历史和现实意义。它组织领导了汉族人民和台湾人数民族人民联合的抗日武装起义——北浦起义。它的出现，说明台湾民众的斗争与祖国的历史风云互相呼应、密不可分，使我们认识到台湾与大陆是一脉相承的有机统一体。国弱则岛割，国难则岛亡。在积贫积弱的清政府封建专制统治之下，广大台湾同胞不甘当亡国奴，企盼台湾回归祖国的民族情怀空前高昂。说明台湾人民没有放弃抵抗，义无反顾，积极而热烈地投身到革命中，掀起了一波又一波的光复台湾的斗争，而这些志士的英勇事迹无疑是中国抗日革命史中壮丽的一幕。台湾军民用实际行动向全世界表明：中国人民不可侮！中华民族不可侮！台湾军民用自己的鲜血为中国人民反帝斗争史谱写了悲壮而又光辉灿烂的篇章，充分体现了中华儿女的爱国主义精神。

参考文献

安然：《台湾民众抗日史》，台海出版社，第 170—173 页。

罗福星台湾同盟会支部

中日甲午战争使得台湾人民离开了祖国的怀抱，但是两岸中华儿女却各自在民族救亡的道路上奋斗不止，祖国大陆轰轰烈烈的反帝反封建的爱国救亡运动，也深深地影响到台湾人民的反日运动。其中，以罗福星受孙中山影响加入中国同盟会，并回台创立中国同盟会台湾支部，策动反日暴动失败而就义，最广为人知。

罗福星作为在台湾最早喊出"驱逐日人，光复台湾"的革命家，也是孙中山所创立的同盟会的会员，其革命主张无疑受到了孙中山"驱除鞑虏，恢复中华"的启发。事实上，罗福星短暂的革命历程，始终受到祖国大陆革命事业与孙中山三民主义的影响。在 2005 年台湾光复六十周年之际，位于台北的中国国民党中央党部大楼前挂起了罗福星的巨幅画像，就从侧面印证了这段历史。①

罗福星（1886 年 2 月 24 日－1914 年 3 月 3 日），别名东亚、中血、国权，祖籍广东嘉应州，生于荷属东印度爪哇巴达维亚（今印尼雅加达）。其父罗经邦，为客家人，由广东至荷属东印度爪哇经商，其母亲为印尼华侨，具荷兰与印尼血统。罗福星出生后，其父母携罗福星回到广东嘉应州镇平县高思乡大地村。1903 年，18 岁的罗福星随经商的祖父罗超六赴台，居住于苗栗一堡牛栏湖庄（今苗栗县造桥乡丰湖村一带），并就读苗栗公

---

① 华夏经纬网，2005 年 10 月 25 日，http：//www. huaxia. com/xw/tw/2005/00379084. html。

学校，学习日文。在台期间，罗福星亲眼目睹了日本殖民当局一边推行奴化教育，一边又以"清国奴"侮辱、剥削、压迫台湾人民的残酷现实，并立志要让台湾从日本殖民统治下解放出来。

1906年，罗福星随祖父回到广东，途经华侨众多、革命氛围浓郁的厦门时，听到革命党人的宣传，决定加入革命。回到故乡嘉应后，罗福星在小学担任教员，并于1907年加入同盟会。在此期间，罗福星结识了已经变成广东名流的原台湾名士丘逢甲，受丘的委托去新加坡考察办学。此后，罗福星曾先后前往华人聚集、对革命抱有同情的南洋新加坡、巴城等地，在华人学校中担任教员，暗中筹集革命款项，召募华侨加入革命，扩大革命队伍；也曾在缅甸担任同盟会所经营的书报社书记；并于1908年与孙中山在曼谷见面，当面倾听了孙中山对中国革命的未来愿景。1911年，罗福星率领于爪哇募集的2000多名民兵回广东，参与黄花岗之役。同年底，辛亥革命爆发，中国最后一个封建王朝被推翻，中华民国建立。

祖国大陆革命的成功，为台湾摆脱日本殖民统治指明了一条出路。孙中山领导的福建都督府计划派人去台湾活动，罗福星对台湾比较熟悉，便自告奋勇，要求到台湾开展工作。1912年，罗福星奉命回到台湾，成立中国同盟会台湾支部，向台湾人民宣传三民主义和抗日思想。支部以刘士明、彭云轩、丘维藩、林达荣、刘金甲、魏中兴、江亮能、黄光枢、黄员敬、谢德春、付清风等"十二同志"为骨干，建立领导机关，以台北大稻埕为活动基地，革命机关设在苗栗，对外则以"华氏联合会馆"名义开展活动。罗福星往来于台北及苗栗之间，以华民会、同盟会、三点会及革命会等集会争取、招募同志，并从大陆将武器运至台湾，准备带领台湾人民抵抗日本殖民统治。在罗福星"驱逐日人，收复台湾"口号的号召下，中国同盟会台湾支部力量不断增强，至1913年2月，同盟会台湾支部已经拥有约500名会员。

1913年3月15日，罗福星联络东势角的赖来、南投陈阿荣、新竹大湖的张火炉等抗日义士后，于在苗栗召开台湾革命同志代表大会，号召"雪国家之耻，报同胞之仇"，并以"十二同志"名义发表《大革命宣言书》，揭露日本殖民统治，号召民众团结起来，收复祖国山河。随后，组织起抗日起义队伍，罗福星担任总指挥，由江亮任总司令，下设旅、团、营、队，分别以"东王"、"西王"、"南王"、"北王"为代号，加紧军事编制和起义准备。

1913年9月，几名革命党人为强化抗日斗争的武器装备，取走了日本警察大湖支厅一批枪只。但由于缺乏革命斗争经验，案件随即被侦破，罗福星酝酿的起义计划泄漏，日本人在全台展开地毯式搜捕，对同盟会在岛内地方的组织进行破坏。各地义军见形势危急，纷纷向起义指挥部来电请示提前起义，但在起义尚未发动情况下，许多领导人即遭到日本当局逮捕。准备武装起义的张火炉，被日寇发觉，提前在大湖起义，50多人壮烈牺牲，200多人被捕；以赖来为首的抗日组织，准备以武力攻夺台南警察署，由于叛徒的告密，只好提前发动，赖来不幸被暗杀，起义也遭失败。危急中罗福星表示："就是粉身碎骨也决不退缩。砍头不足怕，革命不能停！"紧急情况下，他给闽省总督府写了告急信，提出要在台湾组织临时联合会，为起义之用。因为名字为全岛日警所知，罗福星不顾个人安危，于12月间秘密召集同盟会会员会议，决定分头隐蔽，等危险时期过后东山再起。12月16日，罗福星从台北转到淡水，躲藏在一户农民家中，准备搭船暂避大陆，被日本人收买的走狗发现。12月18日晚，日警包围了这家房子，罗福星被捕了。

根据从罗福星身上搜到的党员名册，日本人逮捕了相关人士。日本总督府在苗栗成立临时法院，依情节不同，对参与人士分别进行审讯。在这次起义斗争中，有921人遭到检举。1914年3月3日，日本殖民法院宣判，578人获得不起诉，另有4人受到行政机关处分。实际遭起诉者，被判死刑者20名，有期徒刑285名，34人无罪。

面对日本帝国主义的审判，罗福星公开承认："此次所以募集革命党员，系为反抗日本政府，脱离其统治，计划使本岛复归中国所有。"与其同时被捕的周齐仔也宣城："台湾原为中国领土……故募集革命党员，与日人战，以光复台湾为目的。"谢集香等党员也承认："革命党之目的，为光复台湾。"① 其革命行为志在使台湾回到祖国怀抱，在牢中，罗福星继续坚定信念，与日本殖民当局斗争。他利用敌人让他写"自白书"的机会，抒发心中的革命热情和对革命必胜的信念。他写道"勇士飞扬唱大风，黔首皆悲我独雄；三百万民齐奋力，提鞭昂首气如虹!"最后，以罗福星为首的20位志士，被日本人在台北刑务所（后来的台北监狱）分批送上绞刑台，壮烈成仁。罗福星从容就义，也流传下"杀头相似风吹帽，敢在世中逞英雄"的壮美诗句!

罗福星和台湾同盟会支部的英勇抗日的义行，继承了历代台湾先民爱国爱乡、抵抗外辱的光荣传统，象征中华民族的维护国家主权独立和领土完整的坚韧不屈，也代表了真正的台湾精神! 罗福星的鲜血，更唤起了更多台湾同胞，加入到祖国大陆的抗日斗争，加速了日本帝国主义的败亡。

---

① 陈在正：《台湾海疆史研究》，厦门大学出版社，2002年，第212页。

东京台湾青年会

东京台湾青年会，原名高砂青年会，1912 年成立，因创立于东京台湾留学生寄宿舍"高砂寮"而得名，发起人为林茂生等。当时只是敦睦乡谊的团体，每年春秋开会两次，有时亦举办远足或郊游等活动。

1920 年《台湾青年》杂志社成立时，更名为东京台湾青年会，会址设在东京神田区神保町。该会成员多为台湾新民会、社会科学研究会和台湾学术研究会的成员。受祖国大陆五四运动的影响，以提倡新文化运动和政治运动为旨趣。

该会更名后，曾抗议总督府对《台湾青年》的迫害，发动争取高砂寮使用权的示威运动，支援台湾议会设置请愿运动等。最重要的是，由会员所组成留学生文化讲演团，利用暑假期间巡回全岛，在各地举办文化启蒙的演讲会。从 1923 年到 1926 年暑期的文化讲演团连续举办 4 年。由于东京台湾青年会的活动日趋积极且颇具成果，总督府引以为忧却无计可施，因此鼓动不肖分子来捣乱，组织"台湾同仁会"，又进行"青年教团台湾会馆"设置运动，目的在于和台湾青年会对立，捣乱民族解放运动阵线。

1926 年就读日本大学生许乃昌结合同校杨贵、杨云萍，东京帝大商满生、高天成，专修大学林朝宗等学生举办活动，同时持续在各校招收新

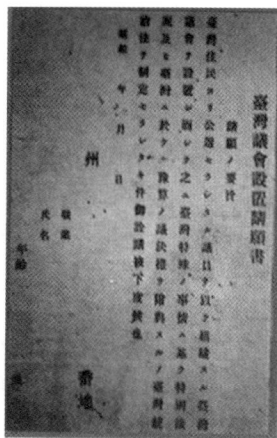

1921 年 1 月 30 日，以东京台湾青年会为中心的 166 名学生及岛内的林献堂等 11 人及在上海的蔡惠如联署向帝国议会提出

人，包括大成中学苏新、中央大学黄宗尧、日本大学林兑、东京医专吴新荣等人，1927年3月秘密组成东京台湾青年会内部的左翼次级团体——社会科学研究部（后改名为东京台湾学术研究会），其活动目标在于使青年学生的运动由民族主义转向共产主义革命运动。该会与帝大新人会、无产青年同盟、学生社会科学联盟联络，与岛内左翼工会与农民组合也有联系。

东京台湾青年会内部形成的左翼"社会科学研究部"的迅速成长，导致东京台湾青年会左右两派的分裂。1927年11月13日，东京台湾青年会在东京神田明治会馆召开临时总会，改选干部，参加会员约有200余名。选举结果，"研究部"成员以压倒性当选干部多人，东京台湾青年会的领导权遂归"社会科学研究部"。此后，苏新即担任"东京台湾青年会"的书记，负责实际事务。

在1928年9月23日台湾共产党东京特别支部筹组会议上，特别支部决定要达成的两个任务之一便是在台湾学术研究会和东京台湾青年会建立党的指导地位，以便吸收台湾学生为党员。特别支部筹组人林兑与其他支部成员努力争夺东京台湾青年会的领导权，使该会成为东京台湾人的左翼组织，执行了先前秘密会议所做出的关于"改革东京台湾青年会，使之在台湾共产党东京特别支部指导下成为一个大众团体"的决议。

参考文献

1.《台湾历史辞典》。

2. 羊子乔：《杰出的战士——苏新（一）》，《台湾周刊》2003年第9期。

3. 何义麟：《台湾总督府警察沿革志》，1939年。

余清芳抗日义军

余清芳抗日义军（1879 年 11 月—1915 年 8 月），又名台湾抗日革命军，发动了"西来庵（噍吧哖）起义"，领导人物为余清芳、江定、罗俊。该起义为台湾日治时期最大规模的反日民变之一。

余清芳（1879 年 11 月－1915 年 9 月）又名清风、青芳，字沧浪，号春清、春芳。化名邱九、徐清风。出生于台南府恒春县阿猴街（今屏东县屏东市），幼时迁居至台南厅长治二图里大湖区后乡庄（今高雄市路竹区），幼年曾于私塾习四书五经，因父逝而学业中辍，到左营庄米店、杂货店打工。17 岁时正值日本占据台湾，他即参加抗日义军。抗日失败后，回到家乡。20 岁考选为台南警

余清芳

员，担任巡查补，分发到阿公店支厅（今高雄市冈山区）。21 岁因涉嫌诈欺，被解职。23 岁复职，入凤山警察单位，不久又遭行政处分而解职，随即到关帝庙区（今台南市关庙区）役所担任书记，两个月后，又被长官歧视而离职，无以谋生，唯有参与源于罗祖教，且混合释老的斋教活动。

余清芳生性豪爽，历游台南、玉里、林庄等地，经常出入各地斋堂，结交甚广。1908 年，他参加与天地会有渊源的秘密结社"二十八宿会"。"二十八宿会"由嘉义朴子商人丁鹏所发起，丁鹏自称会符咒法术，又说清朝北洋军即将攻打台湾，要民众参加其会，共同反日，这些说词都影响了日后的余清芳。不久该会遭破获，余清芳遭捕入台东"加路兰浮浪者收

容所"。1911 年 10 月获释。

释放后余清芳一面工作谋生，一面经常往来于台南的西来庵，利用宗教活动结交了在反日上志同道合的一些朋友。经人介绍，余清芳结识了罗俊和江定。

罗俊是嘉义他里雾人，以行医、教书为生。日本侵占台湾时，参加抗日。抗日失败，渡海前往大陆，在福建等地游历。后隐居于福建天柱岩寺。虽持斋礼佛，但抗日之心未泯。辛亥革命成功，他深受激励。经与人联络，于 1914 年返回台湾图谋抗日。此时罗俊已是年逾花甲之人，但谈及抗日，依然是志气昂扬。与余清芳一见，两人即决心携手共谋抗日大计。当时约定，罗俊以台湾中北部为中心，宣传抗日，发展组织；余清芳则继续在南部活动，待时机成熟，南北共同举事反抗日本侵略者。

余清芳

江定是台南楠梓仙溪里竹头琦庄人。日本侵台之后，曾任区长，两年后因得罪日本人，被迫逃亡崛仔山中。江定在山中险峻之处结庐耕殖，并结交周围不满日人的隘勇等数十人，10 余年间，一直谋求举事反日。余清芳经人介绍，进入山中访问江定。两人倾吐抗日心声，商定反日起义时，余清芳为统帅，江定为副。余清芳先下山筹集经费、发展组织，寻找时机，江定则继续在山中发展组织、招募志士，一旦余清芳选定时机，

江定即率部队下山协助杀敌。

余清芳与罗、江结识后，即积极准备抗日行动。他以台南的西来庵为活动中心，一方面借修筑庵堂的名义广募捐款，一方面向信徒宣传日本侵略者的暴政，声称他受神示，要建立"大明慈悲国"。届时中国要派军队渡海，台湾人只要里应外合即可驱逐日本侵略者。他分发神符、咒文，称信徒如持之，可以刀枪不入。一时间，从之者渐多。而罗俊、江定招募的抗日志士也日渐增多。余清芳见时机已渐成熟，即以"大明慈悲国大元帅"的名义发表谕告，号召台湾民众参加抗日共建立台湾国。

但是余清芳保密工作没做好，各地起兵风声四起。总督府听闻，遂通令各地警方加强查缉，控管地方上不良分子。作战方面，余清芳之行动策划也不够细腻，没有建设好联络管道，也未管制手下作为，就派遣手下苏东海携带大量金钱，来往闽南厦门与台湾之间，行踪诡异。1915 年 5 月 23日，由基隆驶往厦门的船中，警察发觉被监视的台南人苏东海及其同伴形迹可疑，就将他们扣留。苏东海在拘禁所给员林的同伴写了一封秘信，信中告之形势危险，如果被捕，询问应如何问答，以免矛盾，等等。但苏东海竟将此信交同监的一个日本妓女带出，结果信落入警察手中。余清芳得知事情泄露，迅速离开西来庵，到山中与江定会合，并通知各地同志紧急备战。罗俊在嘉义与同伴数人突破日人的搜索，进入嘉义山中。

日本当局几经调查，渐渐查明余清芳、罗俊、江定是抗日活动的组织者，便将三人头像分发各地加紧搜捕。1915 年 6 月下旬，日本当局得报，发现罗俊的踪迹，即出动大批警察在嘉义附近搜查。6 月 29 日，罗俊及同伴在嘉义竹头传庄附近的山林里被警察发现。警察发动袭击，罗俊拼死抵抗，以牙齿咬断一警察的手指，但终于力屈被擒。

罗俊被捕后，日本当局更大肆出动警察在各地搜捕抗日志士。1915 年7 月 6 日，余清芳在遭到官方通缉的情形下发动起义，自称"大明慈悲国奉旨平台征伐天下大元帅"，江定为副元帅，准备带领数千教众攻击噍吧哖一带（今台南玉井）的日本官署。

此时驻台南日方军警已闻知消息，十分惊慌，生怕由此引发燎原大火，决定先发制人，急调集军警包围了义军山区基地。余清芳兵分两路，迎头出击，首战大捷，一举击溃了日方军警的进攻，并且乘胜追击，攻占了好几个派出所，杀死日警数十人。余清芳又意外地从俘虏口中得知，日方警力已倾巢出动，后方十分空虚，于是他亲率主力，突袭了仙埔警察厅。警察厅少数留守人员猝不及防，均被一一击毙，前方日警得到这一消息，慌忙招集残部回师救援。等到大队人马赶到事发点时，义军早已尽掠其武器弹药退回深山老林了。气急败坏的日军警跟踪追击，但是一见到眼前的崇山峻岭，吃过苦头的军警们再也不敢贸然进攻，战事一时呈胶着状态。

到了 1915 年 8 月 2 日，义军突然主动出击，余清芳率精兵数百，趁着夜色袭击了噍吧哖日警支厅的南庄派出所。面对忽然从天而降的义军，十几名日警很快毙命。大获全胜后，余清芳下令将此所烧毁殆尽。接着又乘胜占领了噍吧哖东北的虎尾山，据险设防，遥控噍吧哖，与日警备队对垒。

日总督安东贞美接报，认为事态严重，下令出动日军正规军陆军一联队、炮队一小队配合警察部队围攻噍吧哖。抗日义军只有两门小炮，枪械、弹药均严重缺乏，无力阻挡日军的猛烈火力，只好退入山中。日军进入噍吧哖，采取了滥杀无辜百姓作为报复。日军先诱使附近村庄百姓男女老幼集中起来，然后命令他们掘壕。待壕沟掘成，日军即四面包围开枪扫射，致使 3200 余百姓遭集体屠杀。日军警并大力进行搜山。余清芳、江定见无法聚众坚守，决定暂时分散以避风险。于是二人各奔东西。1915 年 8 月 21 日，余清芳在台南的山谷间被捕。

安东贞美得到余清芳被捕的消息，不由大喜。他下令在台南设立临时法庭，所列被告计达 1957 名，这是世界上最大的"刑案"。余清芳等 866 人被处死刑，700 多人被判有期徒刑，不起诉者 300 多人，另一义军主要将领罗俊等 8 人则被判绞刑。

西来庵（噍吧哖）起义是辛亥革命时期台湾民众反抗日本统治参加人数最多、斗争最激烈、规模最大的一次起义。也是台湾人民牺牲最为惨烈的一次起义。为了镇压这次起义，日本当局动员了大批的军力、警力，使用了欺骗、集体屠杀、秘密处决，甚至将近千人判处死刑等极为狡诈、残暴的手段，说明了日本统治者对于台湾人民反抗斗争的恐惧，也说明了日本在台湾实行的是最为野蛮和黑暗的殖民统治。

义军剩下的残部，在余清芳副手江定的带领下，继续坚持斗争，直到 1916 年 5 月，当局采取欺骗诱降方式。日本当局派人向江定表示，只要他出降，决不追究。1916 年 4 月，江定听信了日本当局的保证，率 270 余人出山自首。受降完毕后，日本当局突然于深夜出动大批警察将江定等人全部逮捕，并宣布江定等43人要送法庭审判，余下220余人不予起诉。然而这220余人从未见他们回到家中，据说是遭到警察的秘密处决。日本当局利用此案在全台大肆进行检举，受牵连而逮捕的有近2000人。

烈士们的鲜血教育了活着的台胞，应该认清日军的狰狞面目、坚定反抗意志。此后的抗日活动，不绝为缕。抗日志士除在当地展开斗争外，也有相继回大陆参加抗日斗争的队伍，直至最终迎来抗日战争的伟大胜利。余清芳义军的血没有白流。

参考文献

1. 张廉熙、李敏、晓兰：《话说台湾》，河北与台湾网。

2. 李志跃、赵子云：《余清芳起义抗日》，全刊杂志赏析网，http：//qkzz. net/article/5170b6b1－d39。

3. 《余清芳》，百度百科，http：//baike. baidu. com/view/453088. htm？fr＝aladdin＃ref＿［1］＿453088。

4. 林衡道：《余清芳抗日革命档案》。

5. 涂顺从：《南瀛抗日人物志》。

6. 苏有志：《新化镇志·人物志》。

应声会

蔡惠如（1881—1929 年）

蔡惠如（1881—1929 年），为台湾社会运动的领袖，原籍福建省，出生于台湾中部牛骂头（今台中县清水镇）。家中为著名商号"蔡源顺号"，从小受私塾教育，16 岁便开始负责家族事业，前往台中当任谷会社社长，成为蔡源顺号第二十代掌门人。1908 年（明治四十一年）开设协和制糖会社，并创办牛骂头与员林轻铁会社，家族事业涵盖米粮、制糖、轻铁等领域。后被日本殖民政府派为台中区区长。1913 年（大正二年），蔡惠如与陈基六在牛骂头合创"鳌西诗社"。1914 年（大正三年）成为同化会之成员。1918 年（大正七年）10 月与雾峰林家的林献堂、林幼春在台中成立台湾文社，并发行以刊登古典汉诗为主的《台湾文艺丛志》，为日治时期台湾第一份汉文文杂志。

之后，蔡惠如辞去台中区区长一职，变卖大部分的家产，将事业中心迁往中国。在福州开办渔业公司、在北京开设期货公司，并将公司管理权交付长子，自己则往来台湾、中国、日本之间，参与三地台湾人所成立的自治运动组织。1919 年（大正八年），蔡惠如鼓吹旅日留学生成立启发会、应声会。1920 年成立新民会，以林献堂出任会长，自己出任副会长，蔡惠如慷慨捐出 1500 日圆（当时可买 3 万台斤的米），并创办台湾青年杂志社，发行《台湾青年》杂志。1921 年（大正十年），台湾文化协会成立，蔡惠如担任理事。1923 年（大正十二年），台湾发生治警事件，蔡惠如、蔡培火、蒋渭水等人被日本殖民政府逮捕判刑，其中蔡惠如遭判刑 3 个月。1929 年（昭和四年），蔡惠如中风引发脑疾，于 5 月 20 日逝世，年仅48 岁。

蔡惠如始终关心祖国大陆的民主运动和文化运动，并主动与之连接。在五四运动直接影响下，1919 年秋，一批在东京学习的台湾青年蔡惠如、林呈禄、蔡培火等人联络大陆在日本留学的青年马伯援、吴有容等，为响应五四号召，取"同声相应"之意，成立"应声会"。1920 年 1 月，在蔡惠如的号召组织下，成立"新民会"，以取代组织涣散的"应声会"。深受祖国大陆新文化运动和五四运动影响的林献堂、蔡惠如分别任正、副会长，会员有一百多人，并于 1920 年 7 月 16 日创办了机关刊物《台湾青年》（与大陆陈独秀的《新青年》遥相呼应之意）。"新民会"连同《台湾青年》的成立，标志着台湾人反日本殖民文化"同化"运动的开始，成为第一批台湾非武装反抗日本殖民统治运动的先声。因此，新民会在台湾所从事的工作，一定程度上可视为应声会的延续与升华，在形式上和名称上，不仅都保留了对祖国大陆相关名称的"应"的特点，在主旨和目的上，业与应声会一脉相承，并无二致。

因此，新民会所发行的《台湾青年》等刊物，所发表在《新民报》等刊物上的文章，就具有让人振奋的"中国意识"，并致力于推广中华文化，延续中华文脉，强化中国认同，以期实现台湾与祖国大陆的同声、同步、同心。其创刊号《发刊之旨趣》里便旗帜鲜明地表示，"国民之荣辱，不在乎国力之强弱，而在乎文化程度之高低"。陈炘说："文学者，乃文化之先驱也"。"文学之道兴，文学无不与之俱盛。故文学者，不可不以启发文化、振兴民族为其职务也"。主要执笔者之一黄呈聪讲得更明白："'中国'就是我们的祖国，我们未受日本之前就构成'中国'的一部分……若就文化而论，'中国'是母我们是子，母子生活的关系情浓不待我多说"，并对于将"台湾特殊化"转为"台湾独立化"的思想进行了批判，"我们台湾不是一个独立的国家，背后没有一个大势力的文字来帮助保存我们的文字，不久便就受他方面有势力的文字打消我们的文字了，如像我们的社会文化不高，少数人的社会更容易受多数人的社会推倒了"。

黄呈聪说："研究中国白话文，渐渐接近他，将来就会变做一样"，"台湾虽是孤岛，也有了大陆的气概了"。它特别注意介绍大陆的五四新文化运动，组织文化问题的讨论，发表文学艺术创作。在创刊后，它以主要篇幅推出三篇提倡新文化的重要文章：陈祈的《文学与职务》，陈端明的《日用文鼓吹论》(提倡汉字白话文，与大陆新文化运动保持同步。作为台湾最早的白话文理论文章，林瑞明认为其"文学主张实与陈独秀的文学革命论如出一辙"。

《台湾民报》在《创刊词》上开门见山指出中国是祖，批评现在的台湾人对日本文化"同化"的麻木："我们汉族移住于台湾已经过了有三百年了"，"虽是堂堂的黄帝子孙，也恐怕与蛮人无大异"，"我们岛内同胞，若沉醉不醒，深迷不悟，也恐怕将无颜可以见世界上的文明人了"。"我们祖先虽然来自中国"，但是"社会的文化，还没有普及，若不赶快想个法子，来启文化，来振起民气"，"也不可得了"。指出办报的目的："所以这回新刊本报，专用平易的汉文，满载民众的智识，宗旨不外欲启发我岛的文化，振起同胞的元气，以谋台湾的幸福。"

被誉为"台湾的民族运动的铺路人"的蔡惠如，在《台湾民报》创刊号上说："台湾的兄弟不懂汉文，我所以滚下泪珠儿来咧。这个原故，是很容易明白的，我们台湾人的人种，岂不是四千年来黄帝的子孙吗？堂堂皇皇的汉民族为什么不懂自家的文字呢？"蔡惠如关于《台湾民报》办报宗旨讲得再明白不过了。

《台湾民报》不遗余力地介绍祖国大陆的新文化运动及其文学作品。民报1卷4号发表许乃昌的长篇论文《中国新文学运动的过去，现在和将来》，详细地介绍了陈独秀的《文学革命论》和胡适的《文学改良刍议》。1924年发表了苏维霖的《二十年来的中国古文学及文学革命的略述》(《台湾民报》3卷12号)，1925年分6次连续登载蔡孝乾的《中国新文学概观》(《台湾民报》3卷11—16号)。1926年4月发表刘梦苇的《中国诗的昨今明》。同时还转载了鲁迅、胡适、郭沫若、郑振铎等的文学作品。1923年，

《台湾民报》的同仁们还在台南成立了"白话文研究会"，目的在于还原日本殖民统治下台湾人的中国文化认同感。

1936年3月，《台湾新民报》社组织考察团回祖国大陆进行考察，考察团游历了厦门、上海等地，在上海接受华侨团体欢迎时，考察团主要成员林献堂深情致辞说，"林某终于归来祖国"，表达了赤子对祖国母亲深深的依恋之情。

1936年9月，日本第17任台湾总督小林跻造上台，开始全面推行"皇民化运动"，以适应战时的需要及其永久统治。1937年6月1日《台湾新民报》等中文报业或中文栏目均遭停刊。《台湾民报》的中国文化建构之影响，正如参加与组织者之一的杨肇嘉先生所说："台湾人民永远不会忘记祖国，也永远不会丢弃民族文化！在日本人残暴的统治之下，度过了艰辛苦难的50年之后，我们全体台湾人民终以纯洁的中华血统归还给祖国，以纯洁的爱心奉献给祖国。"

东宁学会

要了解"东宁学会"，首先应该了解"东宁"对中国，特别是对台湾省的特殊历史意义。

东宁又称东宁国，是指台湾在1661年至1683年间，由南明延平王郑成功所建立的郑氏政权统治的时期，历经郑成功、郑经及郑克塽三世统治22年。郑成功为恢复明朝统治，以台湾为光复基地，秉持"尊明溯"的政治立场，将台湾改称"东都"、再改为"明京"，南明昭宗遇害后最后改为"东宁"，赤崁地方更名为东都明京，又设京城承天府于今台南市以处理军务。可见，郑氏创立东宁政权的目的，并不是为了偏安海外，而是为了以海东为基地西进攻神州。

郑经继位后，号东宁国。虽然东宁国是一个独立行政、以郑氏王族为最高元首的独立政权，与清政权分庭抗礼，当时西方人也有称郑氏政权为台湾王国（如英语 Kingdom of Taiwan）、福尔摩沙王国（如英语 Kingdom of Formosa）者，但东宁奉已灭亡的南明正朔之永历年号、礼遇许多明朝宗室，以大明延平王、招讨大元帅的身份、名义号召恢复明朝，因而，东宁至始至终都只是自外于清廷（以及其所客观代表的"中土"），而未自外于中华。因此，虽然现今欧美研究中使用东宁王国定位郑氏政权，如英文 Kingdom of Tungning、西班牙文 Reino de Tungning 等，但应该了解到，西方对于东方历史观和中国历史事实的理解，有其局限性，特别是中国文化中无法让外国人理解的"天下"与"国"，"皇"与"王"的区别，因此不能反客为主，以西方视角中国史实。

事实上，东宁政权不仅是有中国人（闽南人）所建立的政权，在政治、经济、文化等各方面，也承袭了中华传统，其22年的历史，也始终与作为国家主体政权的清政府发生交集。

1661年，郑成功收复南台湾，5月占普罗民遮城，改赤崁地方为东都明京，称东都为"东都"、或东宁，下设一府二县，即承天府，下辖天兴县、万年县二县，另设澎湖安抚司。其中，天兴县治设于佳里兴（今台南市佳里区），辖区涵盖今日嘉南至台北的台湾西部区域，万年县县治设于二赞行（今台南市仁德区二行里），辖区除了包含台南一部外，也涵盖高屏地区。行政区划定后，郑成功派杨朝栋担任承天府府尹、庄文烈及祝敬分别担任天兴县知县及万年县知县。这是台湾首度实施郡县制度，象征着台湾从此回到祖国版图。

郑成功去世后，继位的郑经于永历十八年（1664年）称东宁国。同时，他又将承天府辖下的天兴、万年两县改制为州。承天府典两州下，又增设三安抚司（澎湖安抚司、南路安抚司、北路安抚司）、四坊（东安坊、宁南坊、西定坊、镇北坊）、二十四里及数量不等的台湾原住民社。其中，澎湖安抚司、南路安抚司、北路安抚司设安抚使，州设知州、坊设签首、里置总理。其中，签首及总理两职负责如：户籍、迁徙、婚嫁、出生、死亡等基层民事，并规定按时汇呈州府。在行政上，东宁国拥有类似于诸侯国的几乎全部架构。延平王拥有至高的权力，延平王之下，有咨议参军，总理国政、为宰相之职。参军府辖下又设立六官（吏、户、礼、刑、兵、工），六官之下又设左右协理，协理之下为左右都事。另外，又设立察言司、承宣司、审理司、赏勋司、中书科、储贤馆、育胄馆等官僚机构。

鉴于与清朝力量悬殊，东宁国"中兴明朝"无望，郑经也改变了郑成功所确定的经略台湾的方针，只图自保，而不求"复国"。自1662年郑成功在台去世郑经继位，到1679年，清廷曾经8次试图与郑经和谈，但郑经一闻招安，便约为兄弟之国。在1667年，郑经即认为："今日东宁，版图之外另辟乾坤，幅员数千里，粮食数十年，四夷效顺，百货流通，生聚教训，足以自强，又何慕于藩封，何羡于中土哉"，并盼望清朝"能以外国之礼见待"，甚至自比外国，表示"况今东宁远在海外，非属版图之中，东连日本，南蹴吕宋，人民辐辏，商贾流通，王侯之贵，故吾所自有，万世之基已立于不拔"，1669 年，又提出"比朝鲜不体罚，愿进攻投诚"。

但有充分理由相信，郑经自比外国，实在是面对清朝的诏安压力，以及岛内"反清复明"的民意压力，而采取的推托之词。实际上，东宁王国始终没有放弃经略中原的梦想，一旦认为双方力量对比发生变化，仍然会主动进攻清廷。1674 年，清廷三藩乱起，东南半壁不稳，使郑经看到了反攻中原的希望。是年，郑经西征清朝，攻取漳州、泉州，无疑是对其"以外国之礼见待"言论的自我否定。

1683 年，康熙谕令施琅专征台湾，郑氏军队惨败，郑克塽向清廷纳土输诚。10 月 8 日，施琅于台南赤崁宣读敕诏，郑克塽以下原东宁王臣，都欢呼踊跃，各乡社百姓和原住民，都争相壶浆迎师，台湾重新回到祖国版图。

正是因为"东宁"的文字符号，一方面符合台湾暂时与祖国大陆未实现统一的现状，一方面又暗含了对祖国大陆统一的渴望与对中华民族意识的寄托，更能规避日本当局对于结社、出版等方面的政治审查，因此，在日据时期，"东宁"一词多用于表达对故国的思念之情，以及对台湾被殖民现状的批评。

随着台湾民族意识的觉醒，一批以岛内青年为主的新的爱国力量崛起，他们不仅在教育中反对殖民教育、维护中华民族认同，甚至通过学生运动、结社，表达对台湾前途的意见。1920 年至 1928 年，台湾学生共发生 7 次重大学潮，并形成多个重要的学生结社团体，如文运革新会、南盟会、台东同乡会、东京台湾青年会，以实际行动争取台湾社会公平正义，反对殖民统治和教育，唤醒中国人的民族意识。如 1924 年台北师范及1927 年台中一中爆发学潮，众多学生牺牲或被学校开除学籍，其中台北师范被开除学籍的学生多半转而留学东京，1925 年 11 月他们组织约 40 人组织"文运革新会"，以唤起台湾民众的民族意识为目标，在 1926 年 1 月发刊会报中《由破坏到新社会》述及："破坏！破坏！奴隶养成所的一切学校……制糖会社、铁道、工场等，一切阻碍物应予破坏。……破坏！破坏啊！由破坏才能实现自由平等的新社会。……"文运革新会激烈思想倾向也表现在反对合法主义的台湾议会设置请愿运动上，他们主张阻止台湾议会设置请愿委员赴日请愿，12 月 26 日经该会会员协议后决定"台湾议会请愿本会会员不予签署，请愿代表来京亦不表欢迎"。由于一些学生团体在表现了对日本殖民统治的不妥协态度后，遭总督府禁止与拘捕，因此，更多有识之士为保存实力，以期在唤醒台湾青年民族意识方面发挥更持久的作用，便采取了更为灵活的方法。正是在此背景下，由丘逢甲之子、台湾青年学生丘念台所组织的"东宁学会"成为并不广为人知，却发挥了实际作用的团体。

丘念台，原名丘伯琼、丘国琼，丘逢甲之子，祖籍广东镇平，1894 年 3 月 11 日生于台湾台中潭子乡。丘逢甲作为清朝进士和台湾人民所拥戴的爱国人士，在 1895 年割台时倡组"台湾民主国"以抵抗日本侵台，失败后内渡广东原籍，改丘伯琼为"丘念台"，以示不忘故土之意。丘念台幼承父志，以光复台湾为己任。辛亥革命时，父子先后加入同盟会。1913 年以丘广为名，赴日留学，1919 年入九州帝国大学矿冶科，旋转东京帝大物理科，次年又转矿冶科。课余联络台籍青年，组织东宁学会，互通声气，以光复台湾故土相砥砺，为号召在日青年学生回祖国大陆参与抗日运动，或在岛内开展反帝运动，发挥了重要作用。据《台湾总督府警察沿革志》记载，留东同乡会成员大多为不认同日本殖民统治的台湾青年组成，其中以祖籍广东青年学生为多，刚成立时称为"东宁学会"，约于民国十五年（1926 年）10 月 31 日集会时改名为"留东同乡会"。此会表面以亲睦共助勉学为目的，实乃怀抱民族独立，或企图台湾光复为中国领土。[1]

此事丘念台在其著述《岭海微飙》中亦有提及，此名源于台湾在明末郑成功统治时期曾称东宁府，故借用"东宁"以隐"台湾"。该会最大目标，欲在潜移默化中使台籍学生内心深处滋长拥戴祖国光复台湾的自觉与希望。由于此会性质特殊，始终不敢公开活动，虽然一般留学生多不知此

① 叶荣钟：《台湾近代民族运动史》，台北：学海出版社，1979 年。

会存在，但仍然有相当多的青年学生受此影响，成为日后大陆抗日战争一分子，或为光复后台湾开展中华复归运动积蓄了力量。根据丘念台伯母的回忆，对东宁学会在东京的活动有大量记录：

四弟璟来日本，并且开始进行组织台籍学生的工作，阿璟，阿琳与筠端都帮念台，联系在东京的台胞，组织东宁学会。东宁学会原是台湾的旧称，日本人却不知道，那时，俄国正有共产党，而且势力向世界各处延伸，日本警方以为丘念台是组织东方的列宁的共产党组织，找他约谈。他当然不说明东宁学会本来就是台湾的名称，只说东方安宁学会之意，日本警方想：只要不是共产党组织，也就放过了。

当时台湾雾峰林献堂主导台湾知识分子从事民族运动，而丘逢甲与树甲均与林家结亲，丘念台因此与台湾文化运动分子密切往来。他暗中指导台籍同学阅读祖国的课本，学习祖国的语言，以引发台湾同胞爱国爱乡梓的自觉。而且同学中有困难的，他们夫妻兄弟几个就尽力帮忙，自己却省得很，梁筠端因此而得宿疾。而四弟璟，更因太苦读劳累省俭而病死。

他虽然感到悲痛，不过，在诸多活动中，结识了许多台籍留学生，像黄国书还和他拜盟兄弟，同宣誓：务驱倭复台，不得有渝。还有透过林献堂认识抗日台湾人士如林呈禄、蔡惠如、黄朝琴、蔡培火、蒋渭水，等等，这为后日台胞的抗日工作奠下许多基础。

他与妻子在留日期间，生一女儿取名应棠。民国十二年暑假，却一直梦见父亲逢甲公召唤他要回乡祭祖。他于是带着妻子幼女和弟弟回国，谁知出东京，踏上上海，就听到日本东京发生东京史所未有的大地震，压死了许许多多人，连帝国大饭店都震垮，整个东京满目疮痍。

如果我们不回国，住那破木屋，不被压死，也会有三两个人受重伤。他不禁向天三拜，拜谢父亲在天之灵默默引领他实时避开灾厄。①

1946 年 9 月 20 日，《中央日报》报道"台湾光复
致敬团"赴祖国大陆活动的消息

1925 年，丘念台东京帝大研究院毕业后返国，受命地质调查，历任沈阳兵工厂技师、辽宁西安煤矿公司采矿主任等职。颇为让人意外的是，青年时代为台湾光复而涉险奔走的丘念台，在台湾光复后也未忘"东宁学会"在其生命中的影响。台湾光复后，丘念台膺任监察委员兼中国国民党台湾省党部委员，先后兼任总统府资政、国民党中常委、中央评议委员等职。1946 年，丘念台赴台发起"台湾光复致敬团"，由林献堂任团长，向黄帝陵献碑敬告台湾光荣回复为中国领土；1947 年，与叶荣钟在台中成立"东宁学会"，旨在实践三民主义、复兴中国、提高文化水平、推进政教产业等，继续致力于祖国意识在台湾的启蒙。②

① 丘秀芷：《永远的赤子——丘念台先生》，中国统一联盟《统讯》2010 年 7 月号。
② 叶荣钟：《台湾人物群像》。

新民会（台湾青年会）

史料记载，1901 年起就有台湾人到东京留学，数量由少到多逐年增加，"至 1908 年，在东京府管辖内有台湾留学生六十人"。[1] 初期的留学生以中小学生为主，由于学生年龄很小，思想尚不成熟，暂且谈不上民族意识的觉醒。1911 年辛亥革命以后，台湾学生赴东京留学蔚然成风。1915 年有 300 多人，1922 年留学东京者达 2400 人之多。

这些优秀的台湾青年学生到东京留学时期正值日本大正民主时代，他们在日本接受先进的近代教育，新兴的各种民族、民主思想给了他们批判现实的武器。恰逢一战结束，殖民地民族自决思想抬头，日本共产党成立，朝鲜发生独立运动，祖国辛亥革命胜利，中国共产党成立，这些无不深刻地影响着东京台湾留学生的思想意识，致使他们的民族意识急剧发酵起来。而日本一些开明学者与政治家对台湾人民的同情，更是对他们巨大的鼓舞。

因为辛亥革命的成功使留学生心中燃起希望的灯光，激发民族意识，消灭自卑感，对祖国向心力滋长茁壮。同时，对祖国的强盛抱有信心，把台胞争取自由，获得解救的殷望寄托在祖国的将来。甚至出现被称为"祖国派"的留学生，主张回大陆去为祖国的建设效力，俾祖国早日强盛起来，台人的解救才有希望。[2]

东京台湾留学生的民族意识既已觉醒，同时又获得台湾岛内有力人士

---

① 叶荣钟：《台湾近代民族运动史》，台北：学海出版社，1979 年，第 75 页。
② 蔡培火等：《台湾民族运动史》，台北：台北自立晚报社，1983 年，第 76 页。

——如台中清水望族出身的汉学家、有"台湾留学生的大家长"之誉的蔡惠如，雾峰林家出身的林献堂等人的支持，自然感到有成立一些团体，进行一些实际行动的必要。于是，具有政治色彩的台湾留学生社团便相继破茧而出。东京留学生团体逐渐成为点燃 20 世纪 20 年代引燃台湾民族运动的火种，这些知识青年逐渐成为台湾民族运动的主力军。

1921 年，以台湾留学生为主体的新民会在东京成立。第二排左起林呈禄（左二）、蒋渭水（左三）、蔡惠如（左四）、林献堂（左五）

1919 年，五四运动的春雷惊天动地，在日本留学的台湾知识青年莫不欢欣鼓舞，群情振奋。林献堂、蔡惠如联络当时在日本东京留学的台籍知识青年（包括较活跃的林呈禄、黄呈聪、蔡培火、郑松筠、彭华英、王敏川、王钟麟等），开始组织团体。

1919 年秋，蔡惠如、林呈禄、蔡培火等人联络"中国基督教青年会"主事马伯援、吴有容，为声援响应五四运动，取"同声相应"之意，在东京成立了台湾留日学生中第一个民族运动团体"应声会"。但因会员不多且流动性大，组织成立不久，便在不知不觉中消声息影。

1919 年年底，林献堂联合蔡惠如与在东京的一些台湾留学生组成了

"启发会"，原"应声会"的一些成员加入该会。该会推举林献堂为会长，并由会长指名林呈禄为干事，拟在留学生之间展开启蒙运动。该会成员经常讨论交换有关台湾政治社会改革的意见。但由于宗旨不够明确，百余名成员中构成复杂，加之经费开支不当等方面的原因，很快便停止了活动。

林呈禄（1886 年 6 月 27 日－1968 年 6 月 16 日），台湾桃园大园人。他是新民会创会干部，同时担任该会机关刊物《台湾青年》的主干（即总编辑），并借由《台湾青年》、《台湾》等杂志于东京宣传台湾民主运动，抗议台湾总督府不受日本法律约束的专制。还曾任《台湾民报》、《台湾新民报》、《兴南新闻》等报章杂志社干事。1923 年因治警事件被捕。他也是战后台湾东方出版社的社长，台湾推理小说的催生者。

1920 年 1 月 8 日，蔡惠如邀请原"启发会"会员 11 人，于日本神田中华第一楼召开了创立组织协商会，与会人士一致同意，并决定于 1920 年 1 月 13 日在东京涩谷区蔡惠如的寓所召开成立大会。会名由蔡惠如提议，取《大学》篇中"作新民"之义，定为"新民会"，林献堂、蔡惠如任正、副会长。新民会的发起人多为旧启发会的成员，百余名成员全部是东京地区的台湾留学生。

　　启发会解散后，林呈禄深感缺乏一个组织以推动民族运动，怂恿蔡惠如于 1920 年 1 月在日本神田，取礼记大学篇'作新民'之意，成立新民会，当时众人公推蔡惠如为社长，蔡惠如固辞不受，谓非献堂不可，于是众人要求蔡惠如权充会长，直至林献堂同意出任会长时为止。[①]

1920 年 3 月，新民会会员林呈禄、蔡培火、王敏川、郑松筠、彭华英、蔡伯汾、陈炘、刘明朝、蔡玉麟等人，协议"该会议决三个行动目标：第一为增进台湾同胞之幸福，开始政治改革运动。第二为扩大宣传主张，联络台湾同胞之声气，发刊机关杂志。第三图谋与中国同志多多接触之途径，第一个目标之具体表现，为台湾议会之设置运动，第二目标即成

---

① 戚嘉林：《台湾史》，台北：海峡学术出版社，2008 年。

为《台湾青年》杂志之发刊"。①

关于新民会，《台湾总督府警察沿革志》称：

> 新民会表面所揭橥的纲领，虽系专门考究台湾所有应予革新事项，图谋文化的提高，然当其实践则系立于民族自决立场，推进岛民之启蒙运动，俾伸张合法民权。②

为实现既定目标，新民会成立后展开如下活动：

首先，会员以个人资格参加"六三法撤废运动"及台湾议会设置请愿运动。

其次，以蔡培火为编辑主任，设立台湾青年杂志社，创办台湾人的民族启蒙运动机关杂志——《台湾青年》。

同时，蔡惠如、彭华英、林呈禄等还到大陆联系国民党，以获取祖国方面的支持。

另一方面，旅居东京的台湾留日学生，1916 年时已组成"高砂青年会"的同乡睦谊团体，最初与政治运动无直接关系，以敦睦乡谊相标榜，每年春秋各集会一次，举办一些诸如郊游、远足之类的活动。1920 年年初新民会成立后，该会改成"东京台湾青年会"。当时，新民会的所有表面活动均移由青年会推行，青年会遂成为新民会的表面团体，新民会则作为指导团体退居幕后。

1927 年以后，新民会由杨肇嘉组织，每月都举行例会讨论台湾问题，有时也邀请日本和台湾的知名人士前来演讲。1930 年秋天，新民会宣告解体。此为后话。

新民会在其存在的 10 年间，其成员参与了台湾社会的一系列重大政治事件和社会改革。

每年二、三月日本国会开会期间，台湾总督府的总务长官往往以政府委员的身份列席会议以备咨询。会议期间，会在东京小石川植物园设宴招

---

① 蔡培火等：《台湾民族运动史》，台北：台北自立晚报社，1983 年，第 82 页。
② 戚嘉林：《台湾史》，台北：海峡学术出版社，2008 年。

待台湾留学生，借以进行笼络和拉笼。东京台湾青年会的留学生便利用这个机会，对日本在台湾的殖民统治进行抨击，从而与主持这项活动的日本人产生激烈的冲突。台湾议会设置请愿团由台湾的进步士绅和知识分子组成，每年都派代表去东京向日本帝国议会递交请愿书，表达台湾人民要求当家做主的意愿，这一活动持续了多年。

台湾青年会组织留学生文化演讲团返回台湾，到各地进行宣传，从1923 年夏季开始，这项活动坚持了数年。演讲团的文化启蒙活动受到了台湾民众的热烈欢迎。

为加强宣传，台湾青年会决定发行会刊，刊物仿照祖国大陆的《新青年》取名为《台湾青年》，于 1920 年 7 月正式创刊。

为此，蔡培火、林呈禄等学生领袖拜访了正在东京的台湾总督田健次郎，向他表示创办这一刊物纯粹是为了提高台湾文化的品位而已，声明"纯为提高台湾文化而发行本志，设若涉及过激或诽谤施政而有扰乱治安之虑的记事，断不刊载。"因而获得同意，并在创刊号上题字："金声玉振"。

事实上，《台湾青年》创刊号的《卷头辞》写道：

"……觉醒了讨厌黑暗，追慕光明；觉醒了反抗横暴，眼从正义，觉醒了摈除利己的、排他的、独尊的野蛮生活，企图共存的、牺牲的文化运动。你看，国际联盟的成立，民族自觉的尊重，男女同权的实现，劳资协调的运动等，没有一项不是大觉醒所赐予的结果。"又说："吾人深思熟虑的结果，终于这样觉醒了。即广泛地侧耳听取内外的言论，应该摄取的，则细大不漏地摄取，作为自己的营养……以爱护和平为前提，讲究自新自强的途径……"

他们一再号召的"觉醒"正是对台湾同胞民族意识执著而深情的呼唤。反对殖民文化侵蚀，追求民族文化革新，通过台胞的自新自强实现民族解放，是这篇卷头辞的思想核心，也是新民会与《台湾青年》杂志的指导思想。

在发刊几次后，《台湾青年》逐渐登载一些反对言论的文章，不断受到查禁处分，但会员们常常巧妙地避开搜查。

1920年10月发刊的《台湾青年》第4号，刊登了蔡培火题为《我岛与我等》的所谓"不妥"文章，对台湾总督府的暴政进行披露，遭致台湾总督府的迫害，该刊曾一度被禁止发售。

《台湾青年》共出版了18期，在台湾新文化运动的开端时期发挥了巨大作用，成为推动台湾社会民族民主改革运动的中心。

1921年12月，台湾青年会在东京召开留学生大会，抗议台湾总督府封杀《台湾青年》杂志，要求给台湾人民以言论自由。同时，派出20名代表向当时的日本首相加藤友三郎递交了请愿书。

1922年5月，《台湾青年》改名为《台湾》继续发行。从1922年4月至1924年6月，两年多的时间，《台湾》共发行19期。这段期间，正是"台湾议会设置请愿运动"及"台湾文化协会"正活跃的时期，《台湾》杂志介绍了许多关于民族自决运动的理论及实务，以支持这些政治社会运动，因此被总督府认定是一份"危险刊物"，给予严密监控，不妥的言论，即遭撕毁涂销才准运入台湾销售或遭到直接查禁的命运。

1923年4月，新民会又创立白话版的《台湾民报》以满足大众需要，同时继续发行《台湾》。随着《台湾民报》的发展，不久把《台湾》废刊，全力发展《台湾民报》，并将半月刊改为周刊。

1923年4月15日，《台湾民报》在东京创刊，为半月刊，运回台湾销售。同年9月1日，发生东京大地震，《民报》被迫停刊。10月15日复刊后，改为旬刊（每10天出版1期），同时将《台湾》杂志的日文版移入《台湾民报》，版面配置，中文占三分之二，日文占三分之一。

1925年7月12日起，《台湾民报》扩大发行，由旬刊改为周刊，规模日益扩大，同年8月26日，发行《创立五周年及一万份突破》临时特刊。

这时，《民报》虽然在东京发行，却克服了发行的不便及总督府的严密检查，发刊份数突破 10000 份，比起当时在台湾发行已久的主要日系报纸，如《台湾日日新报》18000 份、《台南新报》15000 份，可看出《民报》受欢迎的程度。

白话文为主的《台湾民报》也成为台湾新文学的重要基地。定居于北京的台湾作家张我军是第一个将五四运动之后的中国新文学介绍到台湾的人，也因此在台湾掀起新旧文学的激烈论战。一些支持新文学的作家，如赖和、张我军、杨云萍等，也以《台湾民报》为创作舞台，不时发表文学新作，并与旧文学的作家进行论战。

至 1926 年左右，《台湾民报》的发行数量已达 20000 万多份，超出了作为台湾青年会机关杂志的角色，发展成台湾全社会运动的指导刊物。

1896 年，日本以法律第 63 号的形式，赋予台湾总督以立法权，这就是所谓的"六三法"。该法第一条规定："台湾总督于其管辖区域内，得发布与法律同等效力之命令。"第三条规定："台湾总督于临时紧急必要之时……得即时发布第一条之命令。"这样，台湾总督在台湾所发布的紧急命令便与日本天皇公布的紧急敕令具有同等效力。

在活动之初，台湾青年会"决定继续开展"六三法撤废运动。1920 年 10 月，留日台湾学生 200 余人在东京召开撤废"六三法"示威集会。

但是，"六三法撤废"运动未能跳出"日台一体"的政治藩篱。随着五四运动影响的日益深化，林呈禄提出用"台湾议会设置请愿运动"取代撤废"六三法"运动。林呈禄提醒人们要摆脱日本"同化主义"束缚，为争取民族自治、自决与自主而斗争。此后，"台湾议会设置请愿运动"坚持了 15 年之久。

台湾青年会在东京还开展了高砂寮自治斗争。1925 年 2 月，可以容纳 70 余人的高砂寮新馆竣工了，但有关方面却不让留学生搬进去。其理由是：“新馆因经费及其他的关系已不能给予留学生作为寄宿之用。”留学生便派代表向寮方交涉，但几次下来都不得要领。

1925 年 9 月 19 日，这些留学生在台湾青年会的指导下，试图占领高砂寮新馆。于是寮方宣布暂时关闭高砂寮新馆，双方一时僵持不下。10 月中旬，台湾总督府文教课长发令说：“高砂寮要即时闭锁，不准台湾留学生寄宿，凡是寄宿之人都要离开，否则要派警察一一逐出。”

同年 10 月 25 日，在东京的 900 余名台湾留学生为此在神田青年会馆召开台湾青年会临时总会，一致通过“相约不撤出寮舍，组织高砂寮自治会，坚持抗争”的决议。

1927 年 3 月 28 日，东京台湾青年会的春季例会上成立了社会科学研究部，埋下分裂的隐患。10 月，该会为左派的社会科学研究部成员所占，右派旧干部宣布辞职。东京台湾青年会社会科学研究部独立为社会科学研究会。

由于分裂，1927 年以后台湾青年会的活动逐渐趋于低潮。而新民会仍然存在，1927 年以后由杨肇嘉负责，每月举行例会，并聘请学者前来演讲。1930 年年初，针对台湾总督府准许吸食鸦片者重新登记一事，新民会出版《台湾鸦片问题》，把台湾鸦片问题系统地记录下来。

1930 年夏，由于杨肇嘉与叶荣钟为创立“台湾地方自治联盟”先后返台，新民会其他重要会员亦返台或离开东京，新民会无人主持，逐渐停止活动。另一方面，台湾岛内自同化会解散与西来庵事件之后，许多士绅与旧式知识分子缄口不言，“宁为太平犬，不作乱世民！（辜显荣语）”岛内政治气氛极差，林献堂也因受同化会事件打击而无法活动。

新民会的成立标志着台湾新文化运动的开始。此后 10 年内，发生在台湾的重大政治活动，诸如“六三法”撤废运动、台湾议会设置运动、台湾议会期成同盟会、新台湾联盟、台湾文化协会、台湾民党、台湾民众党、台湾地方自治联盟，等等，均与新民会有直接或间接关系。

新民会的成立宗旨及其活动雄辩地说明台湾新文化运动一开始就是台湾同胞反对殖民统治、争取民族权利的民族革命运动，是文化战线上台胞坚持了 25 年的反同化斗争的新发展。其根本特征是认同祖国，并把反对封建主义纳入到反对殖民主义统治的斗争之中。

　　台湾与祖国大陆隔海相望，日据台湾后虽然两地难以直接沟通，然而日本东京分别与祖国大陆及台湾保有联系，变成了祖国大陆向台湾输送新文化运动火种的转运站，为台湾新文化运动的发动与深入提供了必要的条件。台湾新文化运动的先锋们充分利用了这个条件，通过新民会在祖国大陆与台湾之间架起了一座神奇的桥梁。新文化运动经由这座重要的桥梁深入到台湾本岛开花结果。

　　新民会的积极作用催生了台湾文化协会。1921 年 10 月，在新民会与林献堂的支持下，开业医师蒋渭水联合医师吴海水等人，在台北创建了台湾文化协会。台湾文化协会是在台湾岛上成立的第一个文化界大型群众团体，网罗了岛内青年才俊，成为台湾政治社会运动的中坚。

北京台湾青年会

在日据时期，为了逃避日本殖民文化侵害，一批爱国爱乡的台湾青年辗转来到祖国大陆，其中一批青年精英汇聚于当年北京政府所在地的北京，共同反抗日本侵略，学习、切磋中华传统文化，服务、团结台胞参与祖国大陆的革命事业和民主运动，而其中，尤以北京台湾青年会影响为大，甚至成为日后台湾菁英在岛内开展反帝爱国运动的先驱。

北京台湾青年会的发起人与北京大学、五四运动，甚至孙中山先生都有不解之缘，他们来到北京，也正是受到祖国大陆轰轰烈烈的民主革命运动，看到了祖国独立富强的希望。如被视为由台湾归国第一人的刘锦堂（王悦之），即为受到五四运动的影响，且有幸与孙中山、李大钊等国共领导人见面。据刘锦堂之子刘艺回忆，当年刘锦堂在日就学于东京美术学校（今东京艺术大学），师从日本"油画第一人"的藤岛武二。受到五四运动影响，刘锦堂感觉到有机会为祖国的文化建设贡献力量，不再做日本的顺民，1920年春毅然回国，意欲追随孙中山从事国民革命，并受到孙中山助手王法勤的赏识，并收为义子，为其改名为王悦之。在王法勤的劝说下，王悦之回日完成美术学业，1921年春毕业后回国，考入北京大学文学院，成为台湾学生第一人。[①] 在北大期间，经王法勤介绍，王悦之认识了李大钊、章士钊、刘半农等文化界名人，也成为在京台湾进步学生的表率。

1922年1月，由陈文亮、嘉义范本梁（北京大学哲学系旁听）、海山

[①] 刘艺：《台湾前辈画家刘锦堂在北京的一生》，北京市台湾同胞联谊会：《在北京的台湾人》，北京：台海出版社，2005年。

北京台湾青年会发起人合影（来源：北京台联网）

郡籍北京大学学生林炳坤、苗栗籍北京大学学生郑明禄、台中市刘锦堂（王悦之）等台湾青年发起，以及蔡惠如、吴了瑜、林焕文等台湾名人参与的北京台湾青年会成立，主要会员有林炳坤、陈江栋、郑明禄、刘锦堂、黄兆耀、林子明、林飞雄、范本梁、林瑞腾、蔡惠如、吴子瑜、林松寿、廖景云、林焕文等台湾学生，其中不乏雾峰林家、板桥林家、台中吴家等名门望族。① 聘请北京大学校长蔡元培、前财政总长梁启超、北大教务长胡适、前司法总长林长民等为名誉会员。②

根据北京台湾青年会的会员名单及会章，我们可以了解到，这是一个台湾人的中华民族意识逐步觉醒后成立的，以反日为目的的团体。虽然该社团以"谋求相互理解、奖励中国文化研究"为宗旨，但实质上却是以推动台湾人对中国的认同，支持中国反帝、反封建、反殖民的革命斗争的。如北京台湾青年会成立公告揭文开篇即写明："先是，随着台湾人的民族觉醒，一向不引起特别注目的支那留学生数目，显然有逐增的倾向。"随后也提到了在北京的32名台湾学生，"受到中国学生运动的影响，在渐渐认同支那民族的意识下，迈向反日运动"。由此可见，北京台湾青年会在思想上受到了五四运动的影响，也是台湾人民参与五四运动后中国文化建

---

① 北京市台湾同胞联谊会：《台湾会馆与同乡会》，北京大学出版社，2012年。
② 北京市台湾同胞联谊会：《中华魂·京台情》，2010年，第34页。

设的最佳例证。如刘锦堂不仅放弃在日本发展的机会回到祖国大陆，更改名为"王悦之"，表达其回到祖国后精神愉悦之情。后王悦之成为中国 20世纪早期油画的代表人物之一，曾在上海、北京、杭州等地创作、讲学，创办"阿波罗学会"，创立北京美术学校并出任校长，为祖国培养美术人才。其个人作品曾代表中国参加巴黎国际博览会。正如王悦之代表作《弃民图》、《亡命日记图》等作品所体现出的中国艺术传统的神韵与气质，青年会始终注重从中国视角、中国精神、中国觉醒等角度，强化与祖国的精神联接。

北京台湾青年会成立后，通过结社、出版、发行会报，宣传中国文化，对日本殖民罪行进行鞭挞，也受到了日本方面的监视、破坏。1922年农历闰五月，《北京台湾青年会月刊 特别号》刊发，蔡元培亲自题字"木本水原"，发刊词中首句便是"我们因为要提倡台湾同胞，来中国留学；和要研究中国文化，觉着没有一个团体，是很不方便的"[1]，随即，日本驻华公使小幡西吉志在当年 8 月向日本殖民当局发送的报告中就如此评判台湾青年会："进来台湾及东京的在学学生等，思想受到感化，系多少带有政治意味的团体组织。"1922 年 8 月，青年会发起人范本梁从东京回到北京，不久加入无政府主义组织"北京安社"，组建"新台湾安社"，出发《新台湾》杂志，主张"驱逐日本强盗"、"透过不断的暗杀与反复暴动，期以台湾民众革命之成功"。[2] 1926 年，在遭到日本在中国的代理人与同路人的镇压下，范本梁返回台湾，被日本当局逮捕判刑，后牺牲于台湾监狱。

北京台湾青年会还与台湾各进步团体联系，众多成员还是在台湾岛内具有重要影响力的代表人物。如蔡惠如和林焕文为台湾文化协会理事，北京大学学生郑明禄、北京朝阳大学学生谢廉清、谢文达为台湾文化协会会员。当时台湾青年会以青年会的名义，向北京教育部门抗争取消了台湾学

---

[1] 北京市台湾同胞联谊会：《台湾会馆与同乡会》，北京大学出版社，2012 年，第 126 页。
[2] 何标：《在北京的台湾人》，北京市台湾同胞联谊会：《在北京的台湾人》，北京：台海出版社，2005 年，第 99 页。

生只能以旁听生方式入学的不合理规定，扩大了在台湾学生中的影响。并以位于崇文门约耳胡同 14 号的办事处为活动地点，通过阅读刊物、散发宣传材料宣传反帝爱国思想，使得台湾青年学生的爱国爱乡精神得以传承。1924 年 3 月 5 日，在台湾发生的殖民当局逮捕台湾议会期成同盟会成员的治警事件，该会曾发表《华北台湾人大会宣言》，对日本殖民当局的粗暴行为进行了批判。①

1925 年前后，由于会刊停办等原因，北京台湾青年会一度沉寂。后于 1926 年 12 月，张我军、吴敦礼、陈清栋等人提议重组台湾青年会，并于 1927 年 1 月 4 日在北京政法大学举行成立大会，20 多名台湾学生入会，并选举张我军为主席，选举洪炎秋等 5 人为会报编辑委员②。3 月 15 日，创立《少年台湾》月刊，但一年后，随着《少年台湾》月刊停刊，北京台湾青年会再度沉寂。

北京台湾青年会发轫于五四，其重要意义在于，一方面承接了五四运动的思想火种，一方面开启了台湾人民参与祖国大陆抗日斗争和革命运动的序幕，表明台湾人民始终没有缺席为国家独立和民族解放而进行的斗争。

---

① 《台湾社会运动史》。
② 《台湾民报》周刊第 142 期，1927 年 1 月 30 日。

台湾议会期成同盟会

　　1921 年至 1934 年，是台湾议会设置请愿运动轰轰烈烈开展的 14 年。台湾议会设置请愿运动是近代台湾最重要的一次基于近代政治意识的民族运动和抵抗运动，而台湾议会期成同盟会的发起就是源于第二次台湾议会设置请愿运动之后，是台湾日治时期负责推动议会设置请愿运动的团体。原预定在台北结社，但因遭总督府取缔而转移至东京。

　　当时，面对日本殖民当局对岛内武装抵抗运动的血腥镇压，为了摆脱台湾人民在殖民统治下的实际痛苦，以林献堂为代表的知识分子、民族资产阶级和一部分士绅发起、组织了这场运动，为争取台湾民众在日本殖民统治下获得基本的政治权力进行了不懈的努力。虽然迫于当时的国际环境，同盟会的各项诉求不得不在承认日本当局统治权的前提下进行，但其一方面彰显了台湾相对于日本的独特性与独立性，推动了台湾人民在武装斗争之外，以非暴力抗争的形式争取自身政治权利的力量集结，更为日后台湾地区的自治运动，甚至是社会主义运动开启了序幕。

　　台湾议会设置请愿运动是台湾日据时期历时最久、规模最大的政治运动，要求在台湾单独设置拥有立法权、预算审查权的"台湾议会"。

　　日本通过甲午战争侵占台湾，遭到岛内各地的武装反抗，使日本统治当局认识到台湾民众并不甘心接受日本统治。1896 年 3 月底，日本政府遂依据台湾总督府的要求，由帝国议会通过《关于应在台湾施行的法令之法律》，俗称"六三法"，正式从法律上确定了对台统治的严酷性。"六三法"的实施，使得台湾虽然名义上是日本"领地"，但实际上却成为日本的殖民地，不能享有日本国内的所谓民主待遇。因此，台湾并没有真正成为日本国土，台湾民众也没有真正被视为日本国民。

随着国际上反帝、反封建运动的兴起，一批在日本留学的台湾青年精英受到国际上各被压迫民族反帝爱国运动的影响，包括朝鲜三一独立运动、祖国大陆五四运动的影响，民族意识被唤醒，并开始对台湾的现状和前途进行思考，希望通过民族自决的方式，摆脱日本的殖民统治。而要实现自决，首先要争取自治，要实现自治，首先要废除被总督府视为独裁依据的"六三法"。为此，台湾知识分子不得不借助日本国内对台湾抱有同情的力量，包括旨在推进台湾"国民化"、"内地化"的人士，采取非暴力的手段实现主张。

从1914年开始，林献堂、蔡培火、林呈禄、蔡式谷和郑松筠等东京的台湾留学生，一方面透过台湾同化会的参与，寻求日方同情者的支持，一方面更组织启发会（后改为新民会）从事废除运动。并在其机关刊物《台湾青年》、《台湾》中发表文章争取台湾人的政治、法律权利。1920年11月"六三法"期满前，时任台湾总督的田健治郎说出"本岛现况尚未至能达废弃本法的程度"后，11月28日，新民会200余名会员即在东京展开示威。由于当时日本殖民高压统治的客观现实，以及缺乏更高的政治理论的指引，此一阶段，日本知识分子提不出更高的政治诉求，只可能将视野对准与切身利益相关的独裁恶法。

随着废除运动的深入开展，一部分具有强烈民族意识和反帝意识的有识之士开始意识到要求废止"六三法"的运动，不仅有其局限性，更埋藏严重隐患。由于参与者往往主要诉求集中对经济、政治和社经地位的平等，意味着若获得公平对待，可能不会从事民族运动。明治大学毕业的林呈禄就指出，此一运动否定了台湾的特殊性，变相承认了"内地延长主义"，等于加速了台湾的"日本化"，亦即使日本对台湾的殖民统治更加具有所谓"正当性"。1920年12月15日，他在《台湾青年》第5号上发表的文章已有以"设置台湾议会"取代"撤废'六三法'"的思考，其"完全自治"主张虽然未能被蔡培火等运动领袖乐观看待，但也使"设置民选议会"的构想成为台湾知识分子的共识。1920年年底，林献堂在东京提出以要求设置台湾议会为共同奋斗目标，但不公开标榜自治，以免过分刺激日本政府，用台湾议会设置请愿的方式，逐步实现台湾的民族自治。这个观点引起了热烈的反应并逐渐成为共识。"六三法"的撤废运动遂告终，转向以台湾议会请愿为共同目标。

1921年1月30日，由林献堂领衔包括东京台湾青年会学生、岛内爱国志士和上海的蔡惠如等在内共178人签署了《台湾议会设置请愿书》，提交至第四十四届日本帝国议会贵族暨众议院。是为第一次请愿。请愿书如此论述请愿之理由：因为台湾情况特殊，不同于日本国内，有特别立法之必要；日本是立宪国家，台湾在其统治之下，也要享有立宪政治之待遇；目前台湾总督同时掌握立法权及行政权，违反宪法精神，应将立法权还给人民。在进行第二次台湾议会设置请愿运动之后，运动领导者蔡培火、蒋渭水等人意识到不结社不足以凝聚力量，也缺乏与日本当局进行抗争的正当身份，决定组织一个常设团体，以做长期抗争。

虽然第一次请愿，日本贵众两院均决定该案不予采议，但却受到了日本民间和台湾民间的热烈响应，不仅京都大学教授山本美越撰文大加赞扬，林献堂等请愿代表回台时，更受到热烈的欢迎。这也使得林献堂等人意识到台湾民众的民族意识已然觉醒。凭借着这股民意支持，1921年10月，台湾文化协会成立，表面上标榜"促进本岛文化"，实际上就是议会请愿运动的幕后单位。

1922年1月，林献堂等征得包括岛内住民350人，台湾留日学生160余人在内共计512人签名，由江原素六和田川大吉郎分别介绍贵族院和众议院，提出请愿。2月26日，向日本第四十五届议会提出第二次台湾议会设置请愿书，仍如第一次一样不予采议。

两次台湾议会设置请愿活动激怒了台湾总督府，他们决定从议会请愿运动的中心——台州入手，施行高压统治。1922年5月，林献堂等人被监视，会场常被警察干扰，支持运动的乡绅被吊销生意执照，教员被免职。

9月22日，州知事常吉寿德引见林献堂、杨吉臣、林幼春、甘得中、李崇礼、洪元煌、林月汀、王学潜8人晋见总督，"劝导"他们停止请愿运动。同时，治安当局对请愿分子或迫令辞职，或剥夺享有贩卖盐、鸦片等权利，或迫还贷款。台湾银行即向林献堂逼讨20多万元债务，同年8月，警方宣布林献堂族人损毁北白川宫能久亲王纪念碑上的"王"字，加之特工人员造谣说他已向总督保证停止请愿运动。在各种压力与误解责难下，林献堂陷入困境，终于表示"奉谕脱离关系"，退避家园，表面上不再过问其事。

连续两次请愿受挫，使请愿运动领导人意识到结社不仅有利于凝聚力量，更能解决对台请愿时的身份难题。请愿运动领导人之一的蒋渭水，宜南人，幼时家境贫寒，做过乩童、工友，毕业于总督府医学校（当时台湾的最高学府），后悬壶台北。他曾率同学170多人参加同化会，后与林献堂相识，开始投入民族运动。蒋渭水具有强烈的民族信仰，为人果敢刚决，勇于任事，不避艰险，是一位可贵的实干家，时人称为"北蒋南蔡（培火）"。在林献堂被逼不再过问台湾议会设置请愿活动后，蒋渭水等人宣称"除此辈外仍由我等纯洁青年一手担负这个重任"，如果能达成台湾议会的成立，同时产生台湾人的人格，则被捕下狱也在所不惜。如果因为害怕而自撤旗帜，"则无异于人格的自杀"。1922年8月，为应付台湾当局的迫害，蔡培火与蒋渭水等人决定成立专以促进在台湾设置特别立法议会为目的的"台湾议会期成同盟会"。1923年1月16日，蒋渭水等人以石焕长为负责人向台北警察署申请成立"台湾议会期成同盟会"的政治结社组织，1月30日正式宣告成立结社组织，但随即在2月2日遭到台北州警务部禁止结社，结社活动就移到东京。1923年2月，请愿委员蔡培火、蒋渭水、陈逢源利用第三次赴东京请愿之机会，于2月16日在东京牛达区若松町（今新宿区若松町）台湾杂志社举办筹备会，同日以林呈禄为负责人向早稻田警察署提出成立"台湾议会期成同盟会"的政治结社组织，结果获准在东京成立。2月21日同盟会在台湾杂志社举行成立典礼，本部也设于台湾杂志社内。

返台后，积极招募会员，作第四次的请愿。1923年4月，蒋渭水乘《台湾民报》创刊演讲之际，号召民众加入议会期成同盟。新任总督内田嘉吉命令禁止这种"拨弄激烈言辞，搅乱人心，蛊惑民众，妨害安宁秩序"的政治运动。是年12月16日，台湾殖民当局对请愿分子进行全岛性大检肃，共有99人被搜查或扣押，蒋渭水等18人被起诉，史称治警事件。最后蒋渭水、蔡培火、蔡惠如、林呈禄、石焕长、林幼春与陈逢源等7人遭判刑3到4个月不等，其他6人被判600元的罚金，5人无罪。

治警事件后，被判刑的人士在入监时，民众夹道送行，场面感人。蔡惠如于1925年2月21日由清水坐火车到台中入监，当地民众多人跟随其至火车站，甚至有同车送行至台中者。很多民众燃放鞭炮，高呼万岁，以示同情和惜别。台中警察署长亲赴现场指挥警察驱散民众，然散而复集，跟随至监狱门口者仍有数百人。为此，他曾写下一首《意难忘》以谢民众，全词如下：

> 芳草连空，又千丝万缕，一路垂杨牵愁离故里。壮气入樊笼，清水驿，满人丛，握别至台中。老辈青年齐见送，感慰无穷。山高水远情长，喜民心渐醒，痛苦何妨！松筠坚节操，铁石铸心肠。居虎口自雍容，眠食亦如常。记得当年文信国，千古名扬。

蒋渭水、蔡培火等于1925年5月10日假释出狱，随即巡回全岛各地举办文化演讲，借以宣传台湾议会设置运动，同时亦通过《台湾民报》，大力宣传民族民主思想。事件引起日本国内温和力量的同情和岛内民众的政治热情，林献堂再出来领导，通过文化协会在全台各地办演讲会，积极宣传，此后运动声势不断壮大。第六次请愿时，有700多人连署，第七次请愿时更有近2000人连署，第八次更有2500人参加连署。不过日本国会始终以所谓"政府委员不出席"的形式，对台湾民众的请愿不予理会。

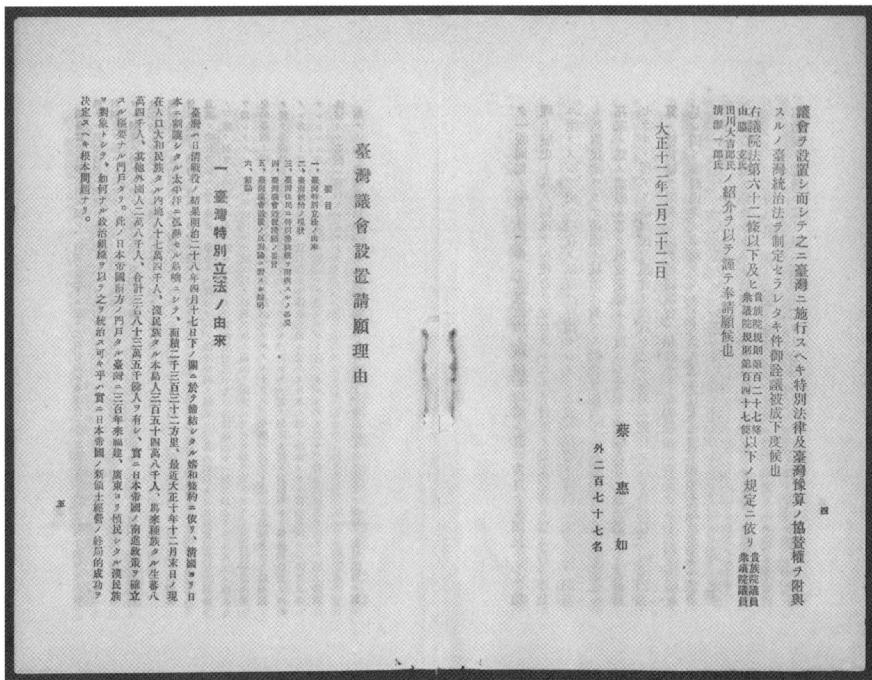

台湾议会期成同盟会于 1923 年 2 月 22 日印刷、2 月 25 日所发行的《台湾议会设置请愿理由书》。《台湾议会设置请愿理由书》整体来讲分成《台湾议会设置请愿书》和《台湾议会设置请愿理由》两大部分。作为第三次台湾议会设置运动的请愿书，由蔡惠如等人带头总计有 278 人于这次请愿活动中连署，在经日本贵族院议员山胁玄、参议院议员田川大吉郎、清濑一郎作为介绍人的帮助下，于 1923 年 2 月 23 日第四十六届日本帝国议会中正式提出。而这本《台湾议会设置请愿理由书》的文稿便是为配合第三次请愿活动而印制，并分送给贵族院和参议院两议院的议员以及当时各大新闻社的记者①

此后请愿活动继续进行，并在 1931 年 2 月台湾民众党被禁、1931 年 8 月蒋渭水去世后陷入低潮。"九·一八"事变发生，日本军国主义势力日益猖獗，岛内民族主义力量统统都被压制下去。在第十四次请愿时，日本众议院就有人认为请愿运动的动机是出于"民族自决"、"希望台湾独立"，不但极力反对，更要求总督府压制取缔。林献堂等人在第十五次请愿后，鉴于时局动向和日本当局对请愿运动的漠视，对请愿运动的前途大感失

---

① 台湾清华大学藏书，《台湾议会设置请愿理由书》。

望。1931 年 9 月 2 日，在台中召开会议。会中无异议通过中止请愿，并登报正式宣告中止这项运动。

台湾议会请愿团抵达东京车站时，与前来欢迎的当地台湾留学生共同合影，摄于 1924 年[①]

　　虽然台湾议会期成同盟会的议会设置请愿运动谋求以日本殖民体系内的"合法合宪"的方式进行体制内抗争，具有一定的局限性，甚至被其他进步人士批评为给台湾解放造成障碍。但不可否认，议会设置请愿运动激起台湾民众的民族意识，肯定台湾的特殊性，有助于台湾同胞拒斥日本的同化主义政策，使得台湾民众的民族意识、反抗情绪更加昂扬，使得更多的人了解了台湾当局的虐政，使得台湾民众在艰难的条件下争取回一些权利，其历史功绩不可抹灭。

---

　　① 林政光：《台湾史 100 件大事》，玉山社，1999 年。

附录：历次请愿时间表 ①

次数	请愿书提出日期	连署人数	议会会期	介绍议员	委员会上呈日期	备注
1	1921年1月30日	林献堂等187人	第44次	江原素六	2月18日	田总督说明/不采择
				田川大吉郎	3月21日	不采择
2	1922年2月16日	林献堂等512人	第45次	江原素六	2月13日	贺来总务长官说明/不采择
				田川大吉郎清濑一郎	3月27日	田川介绍议员说明/不采择
3	1923年2月22日	蔡惠如等278人	第46次	山脇玄	2月12日	马场法政局长说明/不采择
				田川大吉郎清濑一郎	3月12日3月19日	田川介绍议员说明/不采择
4	1924年1月30日	林呈禄等71人	第48次	山脇玄		1月31日众议院解散、贵族院停会，故未能提出
				田川大吉郎清濑一郎		
5	1924年7月5日	蔡培火等233人	第49次	山脇玄		未列入议程
				清濑一郎神田正雄	7月14日7月17日	两介绍议员说明/审议未了
6	1925年2月17日	林献堂等782人	第50次	山脇玄渡边畅		未列入议程
				清濑一郎神田正雄	3月9日3月16日3月18日3月20日3月23日	两介绍议员说明/审议未了
7	1926年2月9日	林献堂等1990人	第51次	渡边畅		未列入议程
				清濑一郎神田正雄中野寅吉	3月1日3月10日3月17日3月19日	清濑、神田两介绍议员及黑金拓务局长说明/不采择

---

① 林惠琇：《"六三问题"与日治时期台湾知识菁英自治主张之研究》。

续　表

次数	请愿书提出日期	连署人数	议会会期	介绍议员	委员会上呈日期	备注
8	1927年1月20日	林献堂等2470人	第52次	渡边畅		未列入议程
	1927年1月19日			清濑一郎神田正雄	1月31日 2月21日 2月28日 3月7日 3月14日 3月18日 3月23日	两介绍议员说明/审议未了
9	1928年4月25日	林献堂等929人	第55次	渡边畅		未列入议程
		林献堂等2050人		清濑一郎神田正雄	5月4日 5月6日	两介绍议员说明/审议未了
10	1929年2月16日	林献堂等1932人	第56次	渡边畅	3月22日	不采择
				神田正雄土井椎太	3月4日 3月11日 3月20日	两介绍议员说明/审议未了
11	1930年5月2日	林献堂等1314人	第58次	渡边畅		
	1930年4月28日			田川大吉郎清濑一郎	4月28日 5月6日 5月12日	5月12日由武富参与官说明/不采择
12	1931年2月12日	蔡培火等1381人	第59次	渡边畅	3月9日 3月13日	3月9日武富政府委员说明/不采择
				田川大吉郎清濑一郎	2月18日 2月25日 3月4日 3月24日	审议未了
13	1932年6月3日	林献堂等2684人	第62次	渡边畅	6月7日	堤政府委员说明/不采择
				清濑一郎清水留三郎	6月6日 6月10日	6月6日堤政府委员说明/审议未了
14	1933年1月31日	林献堂等1491人	第64次	渡边畅	2月20日 3月6日	不采择
	1933年2月6日	林献堂等1859人		清濑一郎清水留三郎	3月6日 3月7日 3月10日	清濑介绍议员说明/不采择
15	1934年2月6日	林献堂等1170人		渡边畅	2月15日	生驹管理局长说明/不采择
				清濑一郎清水留三郎	3月23日	不采择

台湾民报

从 1920 年发行月刊杂志《台湾青年》起，先后经历了《台湾青年》、《台湾》、《台湾民报》、《台湾新民报》，直至 1944 年以《兴南新闻》的名义与其它报纸合并，《台湾民报》是日治时期台湾人唯一的言论机关，是日治时期台湾各种社会运动的机关报，也是当时影响力最大的报纸。在 25 年里，她呼吁民众疾苦，指责总督府的邪恶政治，宣传新文化运动等民主革命思想，为保存中华文化摇旗呐喊，表现出强烈的民族认同感。她鼓舞着广大台湾同胞在异族统治下，坚持求生存、争自由，对台湾同胞的思想文化启蒙有着重大作用，对促进两岸文化交流和反对日本殖民统治作出了突出的贡献。

《台湾民报》的起源

第一次世界大战后，民族主义与民本主义兴起，内外情势迫使日本不得不调整对殖民地的方针。1919 年 1 月，台湾总督明石元二郎公布"台湾教育令"，要借由教育来培养台湾人具备帝国臣民之资质，即同化主义。同年 10 月，首任文官总督田健治郎上任，发表了渐进式的内地延长主义的同化方针。1915 年前后，台湾的工人阶级、民族资产阶级等新的社会力量逐渐兴起，加之全球民族解放运动的国际声浪，台湾民众的反日斗争进入民族解放运动时期。1919 年至 1927 年，以地主和民族资产阶级为主导，留学生等新型知识分子积极参与的台湾民族民主运动广泛发生和兴起。

1913 年，日本自由民权运动领袖板垣退助提出同化主义的主张，倡立"台湾同化会"。次年 7 月，板垣发表《就首倡台湾同化会而言》，指出：

"此间殖民地统治者，往往急功近利又习于苟安，愚民以逞，阻塞一切智识开发之机会，欲借法律压迫，是皆贻误统治之大计，缘此而不留百年之祸根者鲜矣。……唯有施行精神教育以开启智识，除非只顾施善政，使民无不平之声外，别无他策。"① 他认为，台湾统治的根本手段就是同化主义。同化会本部设在台北，台中和台南各设支部，受到台湾人的热烈欢迎，会员共有 3178 人（其中日本人 44 人）。1914 年 12 月 10 日，同化会在台北铁路饭店正式成立。林献堂利用"同化"之名争取与日本人"平起平坐"的"同等权利待遇"，借由"同化会"启蒙和促成台湾人的自觉意识，再组织行动以追求政治目的。然而，在台日本人却颇不以为然，该会成立 1 个月零 7 天，即被台湾总督府以"妨碍公务"为理由下令解散。

1919 年，轰轰烈烈的五四运动的爆发使得在日留学的台湾知识分子深受鼓舞，为急于寻求民族解放道路的台湾同胞指出了明确的方向。在东京学习的台湾青年蔡惠如、林呈禄、蔡培火等人联络在日留学的大陆青年马伯援、吴有容等，成立"应声会"，取"同声相应"之意。1920 年 1 月 11 日，在蔡惠如的号召组织下成立了"新民会"，取代了组织涣散的"应声会"。彭华英等人认为，言论机关是近代民族运动的有力武器，提议发刊《台湾青年》杂志以作为机关刊物，经全场一致赞成通过，与大陆陈独秀的《新青年》遥相呼应。《台湾青年》于 1920 年 7 月 16 日创刊，以蔡培火为编辑主任，以致力于台湾的思想启蒙为目的。《台湾青年》创刊号的发行，是近代台湾启蒙运动的第一步，标志着台湾人民反日本殖民文化"同化"运动的开始，成为第一批台湾非武装反抗日本殖民统治运动的先声。林献堂在《台湾青年》创刊号上写了一篇祝词，提出了他对保存祖国文化的心意，并警告不可"自轻其文化"，他说："吾人之幸而不为禽兽，赖有先圣之教化存焉，而先圣人之道，又赖文化载之以传。故曰汉学者，吾人文化之基础也。今有一二研究汉学之人，众莫不以守旧迂阔目之，是诚可悲。夫岂有舍基础而能建楼阁者乎？今欲求新学若是之不易，而旧学又

---

① 叶荣钟：《台湾民族运动史》，自立晚报，1971 年，第 17—19 页。

自塞其渊源，如是欲求进步，其可得乎。"《台湾青年》创刊号《发刊之旨趣》里说，"国民之荣辱，不在乎国力之强弱，而在乎文化程度之高低"。作为综合性的文化刊物，她涉及的范围十分广泛，包括对新文艺的宣传，对新知识新思想的介绍和大陆政情的介绍，等等。刊物输入台湾后，颇受欢迎。居住在祖国及南洋各地的台湾同胞也大力支持，捐款不断。

《台湾民报》的历史变迁

《台湾青年》共发行了 18 期，计第一卷 5 期、第二卷 5 期、第三卷 6 期、第四卷 2 期。该刊在台湾虽受欢迎，但为官方所仇视，日本人透过严苛的新闻检查制度来钳制其发展。由于提倡台湾议会设置运动，批评日本治台政策较为激烈等原因，很多期都遭禁止发行。

台湾民报

《台湾青年》特别注重介绍大陆的五四新文化运动，组织文化问题的讨论并发表文学艺术创作。《台湾青年》创刊后，以主要篇幅推出几篇提倡新文化的重要文章，提倡汉文白话文，与大陆新文化运动保持同步。如陈炘的《文学与职务》，陈端明的《日用文鼓吹论》。同时，日本方面的名士政要对《台湾青年》颇为声援。当时第一次世界大战刚刚结束，和平运动方兴未艾。以男爵板谷芳郎为首脑的日本和平协会会员，经常为《台湾青年》撰稿。另外，由日本基督教界权威者植村正久介绍而来田川大吉郎、岛田三郎等也不断地为该刊撰稿，使《台湾青年》不仅内容日渐充实，而且深受日本朝野重视。

1922年4月1日，《台湾青年》改名《台湾》，同《台湾青年》一样，《台湾》也是以月刊形式发行。内容中日文各半，提倡祖国白话文改革的思想更为激进，提倡与祖国新文化运动同步的意见也更为具体，更有不少日本大学教授为其撰文。在此期间，由于发行资金一向由台湾父老捐款，经常会因为资金不足而面临停刊危险，发行很难上正轨。经过讨论，决定推选蔡培火回台募集资金，组织股份公司。蔡培火以台湾分社主任的名义回台后，协同叶荣钟到全岛各地作文化演讲兼募股，公司的登记手续则由叶荣钟负责。报社于1923年6月24日，在台中举行成立大会，选出董、监事及顾问。由于警察的干涉和压迫，在募股过程中，有的人以他人名义认股，有的干脆出钱不记名。新成立的"台湾杂志社股份公司"，资本25000元，分1250股，每股票面金额20元。

民族运动的有志之士有感于台湾人需要一个属于自己的机关报用于报道时事。1923年4月15日，《台湾》杂志社决定增刊《台湾民报》半月刊，创刊号开始发行。《台湾》第4卷第3期预告说，《台湾民报》"目的是要普遍，使男女老少均知。所以用平易的汉文，或是通俗白话，介绍世界的事情，批评时事，报道学界的动态，内外的经济，株式（股票）糖米的行情，提倡文艺，指导社会，联络家庭与学校等"。1923年9月1日，因东京大震灾，印刷工厂被烧毁，不得不停刊，10月15日复刊。复刊后的《台湾民报》改半月刊为旬刊，并将《台湾》杂志的日文版移入《台湾民报》发行,《台湾民报》于是成为中日文并刊的报纸。由于改为旬刊后分量增多,撰稿的人也增多,《台湾民报》开始渐具规模,发展势头良好。

12月16日,台湾议会期成同盟会发生所谓"治警事件",警察以违反"治安警察法",扰乱社会治安为由,对与《台湾民报》和台湾文化协会有联系的骨干分子进行逮捕。截至1923年末,共有99人被捕,18人被起诉。《台湾民报》同仁一齐被拘押,其中包括台湾殖民统治时期非暴力反抗"圣雄甘地"蒋渭水。在法庭上,蒋渭水拒不承认自己是日本人,最后被判监禁4个月后出狱。由于此次事件,《台湾民报》1月号发行后又不得不停刊,2月11日再度复刊。其后,《台湾民报》同仁创设"白话文研究会",凡该报读者,有志研究白话文者,皆可入会,得到大量知识分子的欢迎和响应。此外,该报另辟"应接室"一栏,由黄朝琴主持,对读者的质询予以解答。1924年5月12日,《台湾》杂志停刊,原工作人员开始专心编辑《台湾民报》,使其内容更加充实。

由于报刊一直在东京发行,检阅投递十分费时费力。在《台湾民报》发刊前,报社就有将发行地迁入台湾的想法。由于台湾总督府的仇恨和打击,该想法一直未能实现。直到第三任文官总督伊泽多喜男上任后,迁台之事始有转机。几经交涉,终于1926年7月16日,获得台湾总督府的准许。1927年8月1日,《台湾民报》以增加日文版的条件下迁入台湾,在台湾发行第1号,纸面改为8开大型,仍以周刊形式出现。随后,《台湾民报》发行份数日渐增加,内容日渐充实,执笔者阵容日渐壮大,对日本人经营的《台湾日日新报》、《台南新报》、《台湾新闻》等构成很大威胁,同时也增加了作为统治者的总督府当局的不快。总督府的刁难挑剔日甚一日,报纸经常被涂销剪掉,满目疮痍。最恶毒的刁难是扣留报纸,既不指出应予涂销部分,也不予放行,最久的一次达44天。

《台湾民报》移入台湾后,以发刊日报作为最大目标,但困难重重。在内有资金不足、人才短缺、业务发展等问题,对外则有在台日本人的歧视、在台日本同行业的嫉妒,以及总督府的刁难钳制等限制。1929年1月13日,《台湾民报》当局为发行日报预先准备,在台中成立"株式会社台湾新民报社"，合并旧民报。1930 年 3 月 29 日，《台湾民报》改称《台湾新民报》。至此，发行日报的准备工作已经完成，报社开始积极向总督府交涉，并派人到东京向日本中央政界活动，请求日本民政党和政友会等政团的决策人士向台湾总督疏通。经过 3 年的奔走，1932 年 1 月 9 日，《台湾新民报》发行日报的要求终于获得总督府的批准。4 月 15 日，发行日刊第 1 号。此后，业务蒸蒸日上，到 1937 年该报发行满 5 年，报份已突破50000 大关，同日本人办的《台湾日日新报》不相上下。

1936 年 9 月，日本第十七任台湾总督小林跻造上台，开始全面推行"皇民化运动"，意图把台湾人迅速改造成为日本的皇民，以适应战需和其永久统治。1937 年 6 月 1 日，《台湾新民报》等中文报刊或中文栏目均遭停刊。7 月，日本全面的侵华战争爆发，《台湾新民报》社长林献堂与各股东没有沉默，更没有屈服，商定要"代表四百万台湾人言论立场"，发出了许多与日本当局的报纸和电台不同的声音。台湾总督府和日本军部为让这"喉咙"失声，对《台湾新民报》采取了一系列的压迫政策，报社举步维艰。

1941 年 2 月，由于时局的变化，《台湾新民报》为避免遭受合并的危机，在常务董事兼总经理罗万俥及主笔兼编辑局长林呈禄的让步下，改名《兴南新闻》，各方面失去了其本来面目，言论风格也大不如前。到 1944 年4 月，在总督府的强令下，将台湾岛上颇具规模的 6 家报纸《兴南新闻》、《台湾日日新报》、《台湾新闻》、《台湾日报》、《东台湾新闻》、《高雄新报》合并为《台湾新报》，委托大阪每日新闻社派员经营。1945 年 10 月 25 日，《台湾新报》由台湾省行政长官公署接收，改名为《台湾新生报》。至此，《台湾民报》作为台湾人民喉舌的历史到此结束。

《台湾民报》与祖国大陆深厚的孺慕之情

《台湾民报》与维护日本殖民统治的《台湾日日新报》、《台南新报》和《台湾新闻》是明显对立的两大阵营。她大量报道祖国大陆的新闻，宣传新文化运动，倡导白话文写作，发表多种形式的言论支持大陆的国民革命运动和抗日战争，用中国文化认同来反抗日本的同化政策和内地延长主义方针政策，深刻的体现了台湾与祖国大陆一衣带水、血脉相连的孺慕之情。

在《台湾民报》创刊之初，由于留学生中，能写日文的颇多，能写中文的却较少，能用白话文写作的就更少。所以，初期《台湾民报》的撰稿人，在东京是林呈禄、黄呈聪等，在台湾是蔡惠如、林幼春等。人数虽少，但有一种新气象，那就是介绍祖国大陆的新文化运动及其文学作品。如创刊号刊载胡适的戏曲《终身大事》、黄朝琴《二十一条日华协约历史》、罗素的《中华之将来》，第3期有王钟麟的《实业同志会成立的批评》，第4期有秀湖的《中国新文学运动的过去和将来》和神田正雄的《中日关系的现在及将来》，第5期有社论《对中国威胁利诱的政策》和南投子婴的《强迫黎总统退位》，第7期转载陈独秀《敬告青年》，等等。

《台湾民报》反抗日本的殖民同化，提倡用白话文启迪民智，旗帜鲜明地表示"中国是我们的祖国"。报社主要执笔人黄呈聪曾说，"'中国'就是我们的祖国，我们未受日本之前就构成'中国'的一部分……若就文化而论，'中国'是母我们是子，母子生活的关系情浓不待我多说"。"我们台湾不是一个独立的国家，背后没有一个大势力的文字来帮助保存我们的文字，不久便就受他方面有势力的文字打消我们的文字了，如像我们的社会文化不高，少数人的社会更容易受多数人的社会推倒了"。[1] 在抵抗日本文化同化中，黄朝琴发出"可爱的兄弟，快起运动，快起运动！"[2] 迫切心情溢于言表。1923年，《台湾民报》在台南成立了"白话文研究会"，用以推动日本殖民统治下台湾民众对祖国大陆文化的认同感。

1936年3月，《台湾新民报》报社组织考察团回祖国大陆进行考察。

---

① 李南衡：《日据下台湾新文学文献资料选集》，台北：明潭出版社，1979年，第11—16页。
② 《台湾》四年1、2号，1923年1月。

考察团在上海接受华侨团体欢迎时，林献堂深情的说，"林某终于归来祖国"。① 这使得日本人极其不满，后引发了"祖国事件"，即日本浪人趁林献堂在台中公园参加集会之时，上前打了林献堂一巴掌，借以打击台湾的民族运动。"祖国事件"直接地表现了林献堂对祖国的赤子之情，表现了台湾民众对祖国大陆深深的依恋。

参考文献

1. 安然：《台湾民众抗日史》，台海出版社，第 211—240 页。

2. 王积龙、蒋晓丽：《刀光菊影里的中国根情——日本殖民统治下的台湾中文报刊＜台湾民报＞》，《社会科学战线》2006 年第 6 期。

---

① 冯作民：《台湾历史百讲》，台北：青文出版社，1974 年，第 238 页。

厦门台湾尚志社

1895 年《马关条约》后日本占领台湾，推行奴化教育，爱国的台湾同胞纷纷回到厦门求学。据 1923 年 7 月的调查统计，当时台湾在厦学生的总数已达 195 人。因台湾与厦门地理位置接近、语言相同，日本对厦门特别防备，厦门日本领事馆内设有庞大的"领事警察署"，配置警察及密探多人。

1923 年 6 月 20 日，在厦门大学读书的台湾嘉义县人李思祯创立"台湾尚志社"，会员 200 多人。该社以"切磋学术"、"促进文化"为掩护，目的在于唤醒台胞民族思想，实行民族自决主义，争取脱离日本的殖民统治。8 月 15 日，台湾尚志社创办机关报《尚志厦门号》，批判日本帝国主义的暴政，唤醒台湾人民的民族意识，实行民族自决，脱离日本的统治。

1924 年 1 月 30 日，台湾尚志社召开"厦门台湾人学生大会"，反对台湾总督府镇压台湾议会请愿运动的暴行，反对台湾总督府毫无理由逮捕"台湾议会期成同盟"之会员，发表反日之宣言书寄送于台湾、东京及祖国各地，以唤醒台湾人抗日。事后，日本驻厦门总领事馆下令取缔尚志社。

参考文献

1. 詹冠群：《试述日据时期台湾同胞在福建的抗日活动——兼驳吕秀莲的"大幸"谬论》，《台湾研究》2000 年第 02 期。

2. 林仁川：《台湾光复前后福建对台湾的支援与帮助》，《台湾研究》2006 年第 04 期。

厦门中国台湾同志会

福建与台湾隔海相望，唇齿相依，在反抗日本殖民者的侵略斗争中，相互支援，用鲜血和生命谱写了一曲曲光荣的历史篇章，体现了中华民族反侵略反压迫的优良传统。1921年前后，受国内五四爱国运动及台湾岛内文化协会民族主义启蒙运动的影响，到祖国大陆求学的台湾青年学生人数急剧增加，仅是厦门一地的台湾学生就达195名。[①]

1923年6月20日，由台湾文化协会台南支部、在厦门大学读书的嘉义人李思祯等人发起组织的"台湾尚志社"宣告成立，这是台湾爱国青年在祖国大陆最早成立的革命团体，旨在揭露日本在台湾的殖民统治，唤醒台湾人民的爱国主义民族意识。

1924年，以尚志社为骨干，台籍青年郭丙辛招募大陆与台籍学生，共同组织成立厦门中国台湾同志会。该会发表宣言书和决议书，寄送台湾、大陆各地和日本东京，针对日本帝国主义分化瓦解台湾民众与大陆民众感情的图谋进行揭露和批判，号召两岸人民团结一致，抗击外敌。

1925年4月18日，厦门中国台湾同志会发表宣言：

> 中国的同胞们！我们台湾人也是汉民族。我们的祖先，是福建、漳州、泉州、广东、潮州的出身者，为脱离满清虐政，图谋发展汉民族，而移往台湾。光绪二十一年，清日战役之结果：清朝把台湾割让予日本，使东洋第一宝库，竟归于倭人之手。……厦门的中国同胞啊！我们该牢记国耻，永勿忘国耻日。要团结、

---

① 王诗琅译：《台湾社会运动史·文化运动篇》，台湾稻乡出版社，1988年，第332页。

要奋发、回收国土、撤废不平等条约；脱离外国羁绊，建设独立自主的民治国。①

针对台籍浪人的所作所为，厦门中国台湾同志会指出，这完全是日本帝国主义离间两岸人民感情的阴谋：

日本自领有台湾以来，限制台湾人回祖国；连亲戚间也不得往来，妨害同胞间的相爱互助。更有侵略福建的恶劣手段：即利用台湾人中的败类，于厦门开娼寮、设赌场、卖阿片、紊乱社会，无恶不作。②

他们强烈呼吁："在厦台湾人同胞啊！我们台湾人并不是日本人。日本人是我们的仇敌。应该排斥，不该亲近。""在厦须求正业，岂可受日本人恶用。"③

李友邦领导的台湾义勇队也揭露日本帝国主义"强迫利诱得一部分无知识的浪人、刑事犯、杀人犯，这些民族败类到汕头、厦门、福州来，做他们的工具、傀儡，来实施挑拨离间中台间感情的诡计"，④并且一针见血地指出"日本人的目的在消灭祖国对于台湾的心"。⑤

在这些台湾抗日团体的影响下，大陆民众对台湾人的观感有了一定积极的变化，从大声呼唤"勿以台胞多为坏人，而忽略台湾革命者在抗战中所起的作用"，发展到"勿以台胞多好人，而忽略台籍浪民之破坏行动"。⑥显然，大陆民众已经逐渐将台籍浪人与台湾抗日人士区隔开来，并对台胞抗日斗争给予了积极的正面评价。

厦门中国台湾同志会的第二次宣言，除继续揭露日本在台湾的殖民统治和经济掠夺外，再次呼吁：台湾同胞啊！倭奴的凶焰，有进无退，在对

① 《厦门中国台湾同志会宣言（一）》，《台籍志士在祖国的复台努力》，第6—7页。
② 魏永竹主编：《抗战与台湾光复史料辑要》，台北：台湾省文献委员会，1995年，第155页。
③ 《台胞抗日文献选新编》，第296—297页。
④ 恒作：《日寇对待汕厦台胞之今昔》，《台湾先锋》第9期，1941年8月5日。
⑤ 李自修：《漫然写到台湾复省运动》，《台湾先锋》第10期，1942年12月25日。
⑥ 王坪：《闽台之间》，《台湾先锋》第6期，1941年1月15日。

岸厦门的台湾同胞，也要受暴日的压迫，我们已被迫到无容身之地了，应该快和中国同胞协力，来雪恨报仇。

《宣言》在厦门市区街头巷尾的墙壁上、电杆上广为张贴，吸引了市民驻足观看。这两次宣言都讲到了台湾人也是汉民族，自甲午战争之后台湾割给日本而沦为野蛮人统治之下，号召国人"切勿忘记'二十一条'这国耻日，要奋斗到底，与那非人道的东边狐狸（指日本人——原注）绝交。同胞们，自重吧，自觉吧，醒醒吧，团结起来，进行富于理性的运动吧！"[1]

在宣言的鼓励下，在厦门的台湾学生，如李思祯、王庆勋、翁泽生、洪朝宗等，经过数次协商，决定组织闽南台湾学生联合会。之后，厦门中国台湾同志会由1925年4月下旬新成立的闽南台湾学生联合会所取代。

---

[1] 王诗琅译：《台湾社会运动史·文化运动篇》，台湾：稻乡出版社，1988年，第174—175页。

台湾独立革命党

自台湾被日本占领后，台湾的民族解放运动就从未停止过。台湾人民反日情绪的高涨以及蒋渭水等人创立的文化协会的影响力与日剧增。台湾的民族解放运动，是以反抗日本殖民主义统治、激发民族意识，争取民族解放为中心。20 年代以后，台胞在大陆的抗日团体逐渐增多。"七七"事变之前，多是以学生为主；抗战以后，大陆涌现了众多的台胞抗日团体。有些组织不但有学生，还有各界人士参加，甚至少年也积极投入这些组织参加抗日。这些抗日团体广泛分布在沿海，特别是华南和大后方重庆两地。

在台胞抗日组织尚未联合组成"台湾革命同盟会"以前，在诸多台胞抗日团体中，最为活跃，也最有组织性的就是"台湾独立革命党"。台湾独立革命党的创始人是李友邦。

李友邦，字肇基，祖籍福建省泉州府同安县兑山村（今属厦门集美区兑山村），1906 年生于台北县芦洲乡。小学毕业后，考入台北师范学校，因不满日本的殖民统治，民族意识随着年龄增长日益强烈。就读期间，他激于义愤，参加了进步团体台湾文化协会，积极从事反日宣传。

1924 年 4 月，18 岁的李友邦与后来成了台湾共产党领导人的林木顺等进步同学，夜袭台北新起街派出所（今台北市长沙派出所），轰动台湾，被校方开除。为逃避殖民当局的逮捕，他与林木顺等热血青年连夜越墙逃离台湾，渡海前往祖国大陆，在广州黄埔军校第二期就读。据李友邦的夫人严秀峰回忆说："因李友邦是台湾革命志士，承蒙总理爱顾有加，要友

194

邦每日到革命先辈党国元老廖仲恺先生府中，学习国语，探讨革命问题。"① 李友邦秉质优秀，又出身台湾，受到孙中山的注目，曾派遣他秘密携巨款北上。受孙中山革命精神和革命理念的感召，1924 年李友邦在广州组织成立了"台湾独立革命党"。

台湾独立革命党开宗明义地提出了"统一台湾一切革命力量，推翻日本帝国主义在台湾之统治，归返祖国"，将推翻日本在殖民的统治与台湾回归祖国紧密地联系在一起。并指出："第一，必须以台湾作为帝国主义者的殖民地而向他争取独立；第二，又必须作为中国的一部分而且适应着全民的要求归返祖国。"②

1925 年 9 月，李友邦从黄埔军校二期毕业后，被派去主持由国民党两广省委领导的"台湾地区工作委员会"。秉着先从日帝对台湾的殖民地统治争取"民族独立"，然后"返归祖国"的革命理念，李友邦派出一批党员在台湾本部和大陆做反日工作。1926 年，他冒死潜回台湾，亲自宣传大陆革命形势，激励台湾同胞抗日斗志，还动员了王万得等一批热血青年回大陆参加革命。

国共合作破裂，"台湾地区工作委员会"遭解散，逃脱日本警察追捕返回大陆不久的李友邦，不满国民党反动派背叛孙中山倡导的联俄联共扶助农工三大政策，在杭州进行革命活动，而于 1932 年被国民党当局逮捕。他在狱中与骆耕漠等共产党员朝夕相处，接受了马列主义的理论教育，增强了为台湾革命和中国革命奋斗终身的决心和意志。第二次国共合作、全面抗战开始后，经黄埔同学保释，李友邦带着一身伤病出狱。

"七七事变"前夕，日本当局迫令在华台民回台，这些从日本人统治下逃到大陆的台民多数表示誓不撤返，除非遭中国政府驱逐出境。晋江、石狮等地的台民不仅坚持留在祖国，还在当地成立"抗日复土同盟会"，积极购买救国公债，踊跃参加献金运动。腐败的国民政府对这些爱国台民

---

① 严秀峰：《抗战时期的台湾义勇队》（上），载《中外杂志》1982 年第 6 期。
② 薛军力：《台湾人民抗日斗争史》，北京：燕山出版社，第 244 页。

却提防着，害怕他们是日本特务，在沿海做间谍工作，但又毫无根据，不便抓不便杀，也不好驱逐出境，乃变相限制台民活动。在台湾他们受日本人不平等的高压统治，逃到大陆却被怀疑是日本人的帮手而接受集中管理。宁死不走的台民面临着生命里最尴尬的日子，他们不甘"坐享太平"，乃向当局提出抗议。

在这种情况下，李友邦在出狱后立即投入组织在大陆台胞的抗日工作。在抗日斗争工作中，李友邦受到中国共产党抗日民族统一战线政策的指导与政治上的帮助，中共浙江省委还专门派遣省委统战委员会委员、与李友邦曾是同室狱友的骆耕漠等党员在其内部工作，协助他在金华筹建台湾义勇队。李友邦也始终拥护中国共产党的抗日民族统一战线政策和接受中国共产党的帮助，使得中国共产党与台湾独立革命党建立了密切的联系。

为了帮助李友邦继续抗日，中共浙江省委统战委员会专门派党员张一之（后改名张毕来）同他一起去，并在今后协助他做具体工作。李友邦向张毕来解释了独立革命党的宗旨："为什么要'独立'？因为台湾在日本帝国主义手里，台湾革命首先要闹独立，独立了，要返归祖国。为什么要'革命'，因为中国在封建军阀统治之下，是个旧的中国，必须革命，建立一个新的中国。"李友邦从事台湾独立革命运动已有十五六年，对国民党反动派背叛孙中山的三大政策又一向不满，现在号召台胞参加抗战，张毕来赞同他仍用台湾独立革命党的名义。他在中共党员张毕来的具体协作下，首先恢复了大革命时期建立的台湾独立革命党。李友邦成立了台湾义勇队筹备委员会，并订立《台湾义勇队组织计划草案》，其宗旨是：甲：参加祖国抗战，驱逐日本帝国主义在华势力，以求中华民族之自由解放。乙：发展台湾革命运动，争取台湾之独立与自由，俾得重返祖国，共同建立三民主义之新中国。丙：联合远东被压迫民族，打倒日本法西斯强盗，保障东亚永久和平。[①]并根据抗战以来的形势，确定了台湾独立革命党的两大工

---

① 李友邦：《台湾义勇队组织及其工作》，载《东南战线》第1卷第4期，1939年3月5日。

作任务：一是组织台胞"直接参加祖国抗战"；二是"在台湾本部发生各种暴动"。① 两人商议认为，台湾独立革命党目前的任务就是组织义勇队参加祖国抗战，随即拟订了《台湾独立革命党最近行动大纲》《台湾独立革命党告台湾同胞书》的文件，以向台湾同胞发出呼吁。纲领共十条：一、抗拒缴纳赋税；二、反对抽征壮丁来华作战和开垦；三、已被诱迫来华的台胞组织哗变；四、破坏台湾生产和交通；五、扩大阿里山的反日游击队；六、组织义勇队来华参加抗战；七、发动台湾罢工、罢市；八、扩大反战反法西斯宣传；九、组织日韩台反法西斯大同盟；十、统一台湾革命组织。②

1938 年，他重订台湾独立革命党党章，第一条明文规定："本党宗旨团结台湾各民族，驱除日帝在台湾一切势力，在国家关系上脱离其统治，而返归祖国，共同建立三民主义的新中国。"李友邦衡量了国际与国内的情势后，认为欲救台湾应先救中国，欲求取台湾民族革命运动的成功，须先争取抗战的胜利，乃明确提出三个基本口号和两件具体工作，以号召全国各地的台湾同胞，共同参加中华民族抗日战争的救亡运动。

张毕来在《东南日报》上发表了一篇题为《台湾留闽同胞组织义勇队》的文章，介绍了台湾义勇队筹组情况，同时讲述了台湾独立革命党的行动纲领及告台胞书的内容。他如实地告诉读者：台胞们由李友邦领导着奋斗，即将以实际行动参加祖国的抗战。

1939 年年初，国民党军事委员会政治部同意台湾独立革命党组织台湾义勇队。李友邦再赴福建，把第一批台民队员带到金华，其中有 6 个是小孩子。经集中训练后，于 2 月 22 日在金华县九坊巷 18 号成立台湾义勇队与少年团。李友邦在总队部所在地九坊巷开设了抗战期间的第一间台湾医院，把队员中的医生组成一个巡回医疗队；另一些人就做政治宣传工作。

李友邦很看重台湾少年团的成立，认为孩子是中国也是台湾未来的希

---

① 李友邦：《台湾义勇队组织及其工作》，载《东南战线》第 1 卷第 4 期，1939 年 3 月 5 日。
② 李友邦：《台湾义勇队组织及其工作》，载《东南战线》第 1 卷第 4 期，1939 年 3 月 5 日。

望，在抗战胜利之后，他们必将担负起重建中国、重建台湾的重大责任，所以把训练他们成为国家栋梁当成义勇队最重要的任务之一。根据李友邦的设想，张毕来拟就了《台湾义勇队队歌》，由贺绿汀谱曲，很快就唱响起来。词曰："我们是抗日的义勇军，是台湾民族解放的先锋队，要把日寇驱出祖国，要把他在台湾的镣锁打碎。为正义抗战，保卫祖国，解放台湾，把日本帝国主义整个摧毁。我们是抗日的义勇军，是台湾民族解放的先锋队。"

1939 年 3 月，占领了杭州的日军继续南进。台湾义勇队开始募捐慰劳伤兵，办抗战壁报，参加当地政府主持的抗战宣传，并帮助制军需品。

设于金华的台湾医院最为抗战军民称道。在这栋面积不大、设备简陋的房子里，台湾医生们展现了他们精良的医术，挽救了许多军人和百姓的生命。台湾义勇队陆续又在浙江衢州、南溪和福建建阳成立了另外三家台湾医院。这些医院救治了众多的抗日军民。

当中国军队在浙江富阳与日军展开激战（东洲保卫战）时，义勇队紧急派出医生到战地前线服务，或参加当地野战医院的工作，或在最前线战斗单位担任医疗工作，他们精良的医术是抗战期间东南战区最宝贵的医疗资源。这些"台湾医生"到抗战前线后，除了为将士们治病，还教士兵用日语喊话，瓦解日军士气，抓住日本俘虏后，他们又马上当起了翻译。此外，他们还对抗日官兵讲台湾情况，激励斗志。这样既当医生，又当教员、宣传员，颇受国民党前线官兵的欢迎。台湾义勇队还曾给新四军送去一批医疗器械和药品。

1940 年年初，国民党军事委员会政治部搬往重庆，一些台湾革命同志也纷纷来到重庆，从事抗战工作，并组织了个"台湾民族革命总同盟"，许多人还加入了国民党。李友邦乃决定到重庆活动，以期统一台湾革命组织。3 月，蒋介石令朱家骅、陈立夫等"负责约同日韩台在渝之革命首领会商"，筹划推动"日本台湾朝鲜的各项革命运动"。李友邦等抓住时机，加紧开展工作。1940 年，台湾义勇队、台湾独立革命党和台湾革命总同盟组成"台湾革命团体联合会"。至此，台湾独立革命党汇入了抗日的大浪潮中，而李友邦也继续以台湾义勇队的名义抗日。1943 年 9 月 25 日，蒋介石批准"台调会"委员名额增为 11 人，并准派李友邦等台籍人士为委员。在此前后，台湾义勇队正式隶属于国民政府中央军事委员会政治部，并扩大编制为台湾义勇总队，李友邦升任为中将总队长。下设 4 个支队，工作层面遍及前线、后方、敌后（伪组织）与沦陷区（台湾）4 大领域。台湾义勇总队的声势强大茁壮，已成为中国抗战力量的一股巨流。

1951 年 11 月 18 日，身为国民党台湾省党部副主任委员和台湾省政府委员的李友邦，以"参加中共组织、在台掩护中共地下人员、意图颠覆政府着手实施"的罪名再度被捕入狱。次年 4 月 22 日，这位抗日民族英雄被国民党当局以"匪谍叛乱罪"，处以极刑。

虽然李友邦领导的台湾独立革命党和台湾义勇队最后被解散，但抗日事迹却永远留在了中华民族抗日战争的风云画卷中。正如曾经帮助李友邦建立台湾义勇队的骆耕漠所说，"国民党诋毁李友邦终生献身祖国民族民主革命大业的崇高形象，丝毫无损于烈士的光辉"。也正如严秀峰所说，"李友邦将军毕生为台湾为祖国的民族民主革命运动奋斗而牺牲，是一位赤诚的民族爱国主义者，其史实在台湾光复史、台湾近现代史，乃至中国近现代史，都有其历史的定位与奉献"。

如李友邦这样参加抗战的台胞，其意义不仅仅体现在台胞和台湾省，同时，对整个抗日战争的胜利甚至中华民族意识的强化都有着积极的意义。中华民族的抗战是台湾光复的契机，大陆抗战的胜利是台湾回归祖国的前提。台湾独立革命党、台湾义勇队为大陆抗日带去的不仅仅是抗日战士所需要的治疗伤员的优秀技术等物质层面的援助，同时因为台湾同胞来自被日本同化的宝岛，更是对抗日战士的精神鼓励。这一点对抗日是非常有积极意义的。台湾人民以实际行动支持了祖国的抗日战争，他们的斗争是中国人民抗日战争及世界人民反法西斯战争的重要组成部分。

台湾自治协会

1925年5月31日，蔡孝乾、张深切、谢雪红、林维金、洪熙洽等人在上海联合创建政治色彩浓厚"台湾自治协会"。该会对外发表成立宣言，发出呼吁："愿我台湾人坚持根本的民族自觉；愿我亲爱之中国同胞，帮助我等之自治运动。"指出日本侵略中国的野心，呼吁中国同胞同情台湾人，收复失地，抵抗日本。自治协会设在上海台湾青年会内，成员几乎都是上海青年会员，还有平社的旅沪台籍人士。

6月17日，台湾自治协会在上海务本英文专科学校举办反对台湾"始政纪念日"演讲会，参加者有台湾学生10多名，中国人和外国人各数名，蔡孝乾、谢雪红、张深切、林维金和洪熙洽等人竞相登台，声讨台湾总督政治，对在其统治下悲剧的台湾民众表示深切同情，并诅咒日台当局在台湾的"始政纪念日"。协会还印制不少反对"始政纪念日"的传单，在上海散发，甚而分发到东京、北京、南京、厦门等地，以及岛内各同志的手中。谢雪红在发言时主张"妇女也得参加革命，支援男人的运动，才容易成功"，激起了全场的喝彩。

6月25日，台湾自治协会发表"告中国青年书"，沉痛言道：

我等台湾人原属亡国奴隶，并无发言机会；然从旁观之，中国青年子弟，倘昏昏沉睡于彼等（指日本人）恶行之前，而不自觉，我等不禁为握一把冷汗。诸君快醒！快醒！诸君须从有名无实之经济绝交梦中清醒！快以实力，开始爱国运动。同时来帮忙我等亡国台胞之自主独立运动。诸君如再不醒，将不免陷入与我等同为亡国奴隶之命运。

8月21日，台湾自治协会派遣会员数名，参加上海各反日团体共同主办的市民外交大会，向800余名听众诉说台湾人的悲惨境遇，分发题为《警告中华商界诸公》的宣传单，内容大体为"继续与日本作永久性的经济绝交，借以导致日本势力的败亡"，否则，中国"亦将陷人和台湾相同的命运"。

1925年五卅运动发生后，中国的学生运动更趋活跃，台湾学生深受影响，活动也更为积极。1925年12月20日，蔡孝乾、彭华英、许乃昌、何景寮、王庆勋等人联络上海大学、暨南大学、大夏大学、南洋医科大学等学校的台湾留学生，按照中国的"全国学生联合会"的模式，在法租界南光中学创建"上海台湾学生联合会"。参加会议的有100多名台湾学生，10多名中国人和朝鲜人，由蔡孝乾、何景寮两人担任司仪。从此以后，这个学生组织取代了上海的其他台湾人组织，吸引上海的左翼台湾人纷纷加入进来。

参考文献

1. 杜继东：《留学上海——蔡孝乾红白人生研究之一》，中国社会科学院近代史研究所，http：//jds. cass. cn/Item/8058. aspx。

南盟会

1920年台湾民族运动发轫以来，在台湾，尤其是台北的各中等学生的思想也有所变化。向来台北各校，例如医专、台北师范、农民专门学校等学校，学生间不但没有联系，甚至形成对立，这种对立关系因11月台湾首位飞行士谢文达的乡土访问飞行而解消，进而促成团结合作的机会。此后，各校学生的思想有激进变化，民族意识大为提升，一向风平浪静的教育界因而波澜迭起，罢学、罢课或骚扰的风潮更渐次发生。1920年至1928年间共发生7次重大学潮，这些学生运动配合4个重要的学生结社，其中一个即为南盟会。

1925年4月，台南师范学校发生学潮，23名学生被开除，他们中的大多数人乃相率赴东京留学。同年11月，他们在东京组织"南盟会"，主张普及教育、启发文化、反对日本官方的压迫与资本家的剥削，图谋增进台湾人之幸福为目的。

该会在宣传品中指出："现在我们观察我们美丽宝岛的现状，上受横暴官宪的压迫与奴役，形同奴隶，下受银行、会社、大资本家的剜肉削骨，甚至连骨髓都要吸尽。我们的生命时刻频于危殆，我祖先用骨肉所堆成的台湾，我祖先血泪所结晶的美丽宝岛，沦为如此状况，岂非我们不肖所使然的！我们当此危机一刻也不能迟缓，应以决死的努力，非挽回势力不可。"[1] 其政治倾向由此可见一斑。

此外，文运革新会、东宁学会、东京台湾青年会等，也都是留日台湾

---

[1] 蔡培火等：《台湾民族运动史》，台北：台北自立晚报社，1983年，第95页。

学生的重要社团。有意思的是，文运革新会和南盟会分别由台北师范学校和台南师范学校留学日本的校友组成，颇有点同学会的意味。东宁学会则主要以客家籍台湾留学生为主。经几年的活动，这些爱国组织思想倾向于主张"台湾非台湾人的台湾不可"，这成为反抗外来殖民统治最有力之利器。

文运革新会

"文运革新会"是留日台湾学生的重要社团，由台北师范学校留学日本的校友组成。

自1922年2月"第一次台北师范事件"（《台湾省通志稿》称此事件为"拔刀事件"）发生以来，台北师范学校学生的反日意识乃更加激昂，与校当局的小冲突也时常发生，终于在1924年11月再度引发更大的"第二次台北师范事件"。

事件发生的导因起于"敬礼问题"，台湾学生以"对日本学生敬礼"为发端，向校当局提出强烈抗议的要求书，却未获改善。11月，学校发表"宜兰修学旅行"的计划，日本学生表示赞成，而台湾学生则表示不满，要求到南部地方旅行，导致学生间的分派对立。结果，校当局因偏袒日本学生，引起台湾学生强烈不满。11月18日123名学生以不参加杯葛旅行，校当局不得不宣布临时停课一周。校当局态度强硬，以学生行为不良之名目，处置退学30人，停学64人。学生家长12月2日在彰化县文化协会支部召开父兄大会向当局陈情。最终，仍有学生不愿复学，被处分退学者36人。至于学生之所以迟迟不返校的原因，《警察沿革志》认为是："蒋渭水等文化协会干部的煽动、指挥。"

台北师范学校被开除的台籍学生并未气馁，几乎全部转赴东京留学。这群曾遭失学之痛的年轻学子于1925年11月19日，聚集志同道合同学40人，在东京组织"文运革新会"。12月，发表宣言书如下：

当今之世，虽有强权蔑视公理，但对殖民地的观念已经不同，蹂躏他民族以资自己民族的幸福，在战前是为强国的光荣，但战后则驯至以促进未开化民族的文明为文明国的义务了。……

政治家"不求则不与"，吾文运革新会有鉴于此，为图台湾民众

之觉醒……乃集愤慨时弊的同志组织本会。

"文运革新会"成员大都是被逐出校门，离开家园的热血青年，因此要求革新的手段，显得十分激烈，1926年1月，该会发行的会报，有一篇《由破坏到新社会》，措辞充满革命气氛：

破坏！破坏！奴隶养成所的一切学校，为喂肥压迫民族而建设的制糖会社、铁道、工厂等，一切的阻碍物应予破坏。现在是着手破坏的好时机，破坏，破坏啊！由破坏才能够实现自由平等的新社会。亲爱纯洁的年轻人！仗剑站起来吧！站在解救三十年来被鞭打、被烧毁、被虐待的同胞的最前线，向万恶的总督刺出你的剑，并将余力破坏全部的障碍物……

"文运革新会"反对"台湾议会设置请愿运动"，曾决议"台湾议会请愿，本会会员不予签署，请愿代表来东京亦不表欢迎"。日本政府当局以违反新闻纸法罪嫌，迫令其会报停刊，并且拘捕、羁留这批学生，致使该会哑然息鼓。

参考文献：

1. 庄永明：《台湾纪事（上）（下）》，台湾：时报出版社。

中台同志会

中台同志会（南京中台同志会），由在南京读书的部分祖国意识较为强烈的台湾留学生和大陆学生共同组织的反日爱国团体。1926 年 3 月 21 日成立于南京新街口中山中学。成员有吴丽水、兰焕呈、李振芳、杨如山、陈绍松、黄天海等 40 余人。该会以摆脱日本殖民统治为明确目标，活动极为积极，经常发表宣言，呼吁祖国人民和台胞共同觉醒团结。

中台同志会的成立宣言中明确阐明：

"考之历史上之事实，台湾灭亡之日，亦即是中国民众被帝国主义者所控制之日；中国完全屈服于日本之时，即为台湾民众被日本帝国主义压榨之时。故中台两地的民众，实有共生共死的密切关系。""日本帝国主义乃是两地人民的公敌。""两地民众应相联合，立于同一战线上，对共同之敌，作一大进攻。"

中台同志会的主要公开活动为对两个中国近现代史的重要日子进行纪念，一是袁世凯卖国"二十一条"的"国耻纪念日"，二是 6 月 17 日所谓台湾始政纪念日的"台耻纪念日"，中台同志会的参加者将这两大活动视为纪念、时刻不可忘却国恨家仇。1926 年 6 月 17 日，中台同志会举行集会，发表《中台同志会六一七纪念告民众书》，控诉日本帝国主义在台湾的暴虐统治，号召台湾人民团结起来，实行武装反抗。

另一方面，台湾被吞并于日本帝国主义以后，台湾人民饱尝人类间不平等待遇和贪欲无厌的剥削。于此时期，台湾人唯一愿望就是奔走脱离日本帝国主义羁绊，是很自然的现象。显然，脱离日本殖民统治是台湾民众的迫切要求，但脱离之后的台湾应该往何处去？在中台同志会的人们看来，台湾被割让虽是缘于清王朝的腐败无能，但也给了台湾人被抛弃的感觉，这种弃民之痛是一种历史的伤痕。又由于左翼青年对军阀混战，加上贫弱腐败的政局下政府认为台湾民众有其犹豫和选择的空间，于是有了所谓"自决"问题的提出，这在大陆台胞抗日团体中是较为独特的。

台湾学生在大陆的爱国活动，受到了台湾总督府的警察机构和日本驻当地使领馆的严密监视和残酷迫害。1926 年 7 月，中台同志会的成员吴丽水、李振芳、蓝焕呈等人回到台湾后，即遭到日本警察的逮捕。次年 5 月，吴丽水、李振芳被判刑 3 年，蓝焕呈被判刑 2 年。

作为反日的爱国进步组织，中台同志会加入了祖国人民的反帝斗争行列，积极开展宣传活动，在揭露日本殖民统治罪行、声援岛内人民斗争、促进祖国同胞与台胞的团结等方面，做了大量的工作，是中华民族反抗外来侵略的重要组成部分，具有深远的历史意义。

参考文献：

1. 王晓波：《台湾光复的历史意义——中国是台湾人民用生命捍卫的祖国》，《海峡时评》。

2. 王晓波：《台胞抗日文献选新编》，台北：海峡学术出版社，1998 年。

3. 蓝博洲：《日据时期台湾学生运动》，台北：台湾时报文化出版企业有限公司，1993 年。

台湾黑色青年联盟

随着共产主义和无政府主义影响在岛内的逐渐扩大，到 20 世纪 20 年代，台湾岛内已经成立了一些无产者组织，他们积极开展活动，订阅《前进》、《无产者新闻》杂志，举办列宁追悼会、开展反对台湾议会设置请愿运动和反对台湾"始政纪念日"活动等，同时积极与分散在全岛各地的无政府主义者联络，在岛内产生了一定的影响。

在此形势下，1926 年 11 月 27 日，小泽一、周和成、吴沧洲等共组台湾黑色青年联盟。12 月 1 日印刷宣言书、规约，以及题为《和平岛》有关无政府主义内容的小册子，分发给台北、彰化及各地的同志。宣言曰："自由不是被给予的东西，而是应该强夺的东西！我们以直接行动为获得人类自由的手段：暴力可行，暗杀、暴行、恐怖行动最好。我们誓言死在黑旗之下"。在台北有洪朝宗、高尔贵、王万得、黄白成枝、王诗琅等人参加，在彰化有陈崁、陈金戆、潘炉、谢有丁、杜有德、郭克明、郭炳荣、庄加恩、蔡祯祥、林朝辉、黄朝东、杨松茂等人加入。

台湾黑色青年联盟成立后，台北的洪朝宗、高尔贵、王万得，彰化的陈崁、陈金戆、潘炉、谢有丁、郭炳荣、蔡祯祥、林朝辉、黄朝东、杨松茂等人结合王敏川、连温卿等，接受连温卿的意见加入台湾文化协会，倡议台湾文化协会废止总理制改采委员制并积极加以支持，在台湾文化协会的发展中扮演了重要角色。

1926 年 12 月，王万得、周和成、黄白成枝 3 人为宣传联盟并与全岛无政府主义者加强联络，进一步扩大联盟的影响，在全岛进行了巡回演讲，并分发《告青年》、《革命的研究》等小册子。1927 年 1 月 2 日，王万得、高尔贵、周天启、蔡孝乾、陈崁、陈金懋等商议，联系台湾各地无产青年在联盟领导下进行宣传并致力于实践运动，并推举台北（高尔贵）、彰化（黄朝宗、陈崁、周天启、蔡孝乾）、嘉义（张栋）等各地方负责人，其公开名称为台湾无产青年会。

1927 年 2 月，日本殖民当局对台湾黑色青年联盟进行了全面搜查，逮捕 44 人，王诗琅、吴沧州、吴松谷、小泽一等被判处 1 至 2 年有期徒刑。虽然台湾黑色联盟的活动失败，但是台湾民众继续积极开展抗日活动。不久之后，1927 年 7 月底，周合源、林斐芳、张乞食、杨德发、杨清标、蒋德卿等另组孤魂联盟，张乞食在说明孤魂联盟的宣言时表示："孤魂即为生前孤独死后仍无依靠的可怜灵魂之谓。其悲哀恰如吾人无产阶级农民现代的生活，吾人于兹组织孤魂联盟，将为我等的光明参加无产阶级解放运动。"孤魂联盟成立后，积极与祖国大陆和日本的无政府主义团体联络，输入《自由联合新闻》等报刊并予以分发，并与岛内的劳动组合自由联合会、劳动运动社，及其他无政府主义团体加强联络，不断扩大影响，1928 年 7 月，遭到日本殖民当局的搜查和训戒，此后活动逐渐归于沉寂。

广东台湾革命青年团（广东台湾学生联合会）

在日本殖民者侵占台湾时期，虽然有着台湾海峡的阻隔及日本人政治上的严密监控和阻挠，但是，有着光荣爱国爱乡传统的台湾同胞，仍然不顾艰难险阻，破除万难到祖国大陆，与大陆同胞一起，参加抗日斗争。彼时到大陆定居的台湾同胞，1905 年约 8200 人，1936 年时多达 59000 人左右。第二次世界大战结束前，在祖国大陆的台湾同胞有约 10 万人，其中约八九万人散居在广州、香港、九龙、汕头和厦门。

这之中，有许多返回内地求学的台湾青年，1920 年年底在祖国大陆求学的台湾青年仅为 19 人，1923 年 10 月猛增至 270 余人（与之相比，同年留日台籍学生包括小学生共约 860 人），其中许多热血青年，不顾当时日本殖民者的严厉整治控制，组织许多社团，毅然投入到浩浩荡荡的反日行列之中。

当时，在广州的台湾学生，没有加入党派者很少，其中又以加入国民党者居多。1926 年 12 月，在中山大学校长戴传贤（字季陶，号天仇）等人策划下，洪绍潭、张月澄、郭德金、张深切、吴文身、卢炳钦、林文腾、简锦铭、林仲节等 20 余人，于中山大学集合，黄埔军校政治部主任孙炳文、广东省市党部各主任、戴传贤等列席，举行"广东台湾学生联合会"成立大会。

会议之中，洪绍潭说明此会成立的目的。

台湾是中国的土地，台湾人是中国人。然则，这个台湾和这些中国人为何要受日本帝国主义的压迫，而在水深火热中煎熬呢？我们为了要解救受苦的台湾人，需要研究革命。而为了革命的完成，我们认为最佳而且必须的条件是：台湾人的同心协力。故而，在此组织学生联合会，用以联合各地的学生，以便燃起革命的烽火。希望各位学生诸君，为达成此一目的而努力不懈，自许为革命的先锋，务必一致协力奋斗。

林文腾则说明该联合会的组织经过，郭德全则解释会章草案的要项。

最后，大会决定了监察部、交际部、文牍部、财政部及总务部的掌管事项，选出洪绍潭、张深切、郭德全、张月澄、林文腾等人为委员，并决定暂时每月一次在中山大学内举办研究会、演说会、讨论会等事项。

广东台湾学生联合会——广东台湾革命青年团

该会以学生为主体，成立后不久，会内即分裂为学生和非学生。1927年3月13日，在中山大学召开的学生联合会例会中，林文胜提议：为使会员的革命意识更加明确，应该明示该会的主张，同时应广泛吸收学生以外的人士，把学生联合会往前推进一步，表现为革命团体。大会决议筹划成立一个新团体——广东台湾革命青年团。同时经由洽商，选出林文胜、郭德金、张深切3人为纲领和会章的起草委员，筹备期定为两星期。

两周之后，3月7日，林文胜、郭德金、张深切、洪绍潭、张月澄、林洋中、陈辰同、杨春锦、陈思奇等20多人，在中山大学集会。会上，林文胜等10多人先后站起来高喊：打到日本帝国主义，实行台湾革命等口号。会议在听取起草委员会的纲领、会章草案的报告后，予以决议通过。大会决定，表面上仍然以学生联合会为名称，台湾革命青年团则作为秘密组织，展开活动。

据《台湾总督府警察沿革志》^① 的记载，当时青年团的组织系统如下：

总务部长：谢文达

---

① 《台湾社会运动史》第一册《文化运动》（原警察沿革志出版委员会编《台湾总督府警察沿革志》第二篇），台湾：创造出版社，1989年，第160—161页。

宣传部部长：张深切

部员：李肇基（即李友邦）、陈凤珠、林剑亭（即林文胜）、黄怀生、
　　　蒋明生、吴文身、简金木

外交部部长：张月澄

部员：郭德钦、郭英才、林万振

财政部部长：洪绍潭

部员：郑汉臣、张逸霞

庶务部部长：陈辰同

部员：陈旺丛、张文进、李清文、林先汉

调查部部长：廖启甫

部员：郭金印、林仲节

广东台湾革命青年团成立后，会员常把台湾学生介绍到广东，并代为斡旋，进入中山大学，或黄埔军校就读，以谋求增加同志。青年团与台湾文化协会及各地的台湾学生团体均有联系，成立后积极进行宣传活动。

发表宣言，反对日本侵占台湾

1927 年 3 月，广东台湾革命青年团发表《为孙中山先生逝世二周年纪念日敬告中国同胞书》："祖国现在已进入革命发展的时期，我台胞应认清时潮，急起直追，来参加祖国的革命，我们每想念及台湾，便会联想到我们的总理，他虽然已经逝世了，但是他的伟大精神仍继续在指导东方弱小民族的革命运动。我们知道孙先生逝世的日子，就是我们失去了伟大领导者的日子，同时也是叫我们应肩起一切革命责任的日子。"① 并呼吁，"中国民众团结起来援助台湾革命！毋忘台湾！台湾的民族是中国的民族！台湾的土地是中国的土地！"

---

① 《广东台湾青年革命团敬告中国同胞书》，张瑞成编：《台籍志士在祖国的复台努力》，台北：近代中国出版社，1990 年，第 10—11 页。

5月，青年团在广州市德路明星影片公司三楼设立办事处，联络大陆各地台籍学生团体及台湾岛内的文化协会等，进行反日宣传活动。5月9日"国耻纪念日"，参加广州市东较场的示威游行，散发《台湾革命青年团国耻纪念日宣言》数千份。5月12日，制定并散发台湾留沪同志会、台湾反日同盟会、台湾革命青年团等对济南事件的共同宣言书。

6月13日，以《台湾学生联合会的呼吁》为题，投书广东《民国日报》，抨击台中第一中学的骚动事件。6月17日，"台湾始政纪念日"（这是日本侵略者纪念其在台湾执政的日子），即日本侵占台湾32年，台湾革命青年团为"六·一七"台湾耻辱纪念日发表《致中国民众书》：

> 最亲爱的中国民众、革命的同志们：我们要告诉你们知道，今天"六一七"的纪念，就是三十二年前一八九五年六月十七日，即今月今日，中国的土地，我们的台湾，被日本帝国主义者，以武力威吓，施行炮舰政策，进攻夺取台湾，而公然正式施行帝国主义政策第一方式政治侵略，开始恶政于我台湾四百万民族身上的最大耻辱的纪念日子。……最近我们要向中国国民党表示十分的敬意，并且希望中国全国的民众，尤其是国民政府更加注意，中国的土地，台湾的问题，更加爱护台湾的民众，援助台湾的革命。

7月12日，向广东《民国日报》投寄以《告同胞》为题的记事，号召台湾人民进行革命，对抗日本帝国主义。

1928年5月12日，台湾留沪同志会、台湾反日同盟会、台湾革命青年团共同发表《台湾同志会为济案宣言》：

> 中国革命的成功与全世界被压迫民族的革命有密切的关系；所以中国革命不成功，同时处在日本帝国主义铁蹄下的台湾民众的解放也绝对没有希望。所以本会全体同志愿誓死领导台湾民众彻底拥护中国的革命。……本会全体同志同情祖国的反日运动与国难。我们渴望参加中国革命，并愿领导台湾的民众，猛烈进攻日本帝国主义。

发行机关刊物《台湾先锋》，控诉日本的压迫与摧残

1927年4月1日，广东台湾革命青年团发行机关刊物《台湾先锋》，主要负责人为林文胜，在创刊号中除了有中国国民党李济深的题字之外，在卷首刊登孙文的肖像和遗嘱，并收入了戴季陶2月5日的讲演稿。戴在讲演中明确指出，"台湾民族是属于我们中国的民族，台湾的领土本来也是中国的领土，日本以强权和武力，夺了我们的土地，把我们的台湾同胞当作奴隶"，因此，包括台湾人民在内的中国人民、朝鲜人民及所有东方被压迫民族要"打成一片，联合起来，以反抗压迫我们的帝国主义者"。

《台湾先锋》并提出"台湾是台湾人的台湾！台湾的民众团结起来！台湾的农、工、商、学联合起来！打倒日本帝国主义！打倒日本殖民政策打倒日本同化政策！打到日本愚民政策！援助台湾革命！援助中国国民党革命！"等口号，充分体现了台湾人民心向祖国的家国情怀和爱国爱乡的光荣传统。

创刊号共印刷2000份左右，主要是向祖国大陆的大陆和台湾同胞、东京的台湾留学生寄发，另外一部分则通过书店对外销售。针对台湾岛内，总共设立了22处联络点，其中主要的联络人有：台北二中学生，刘盛列；基隆，吴金发；台中，李应章等11人；新竹，吴石麟等6人；台南，新巷信用组合，以及监水的陈秋逢等。

当时，台湾革命青年团外交部长张月澄曾予1926年6月在广东《民国日报》投寄《台湾痛史，一个台湾人告诉中国同胞书》一稿，控诉日本在台湾的蹂躏压迫和摧残，宣扬台民解放运动。是年6月16日至18日，广东《民国日报》连续3天予以刊发。其文曰："亲爱的同胞们，台湾四百万同胞，正遭受日本的压迫。台湾四百万同胞之遭受压迫，正是中国人的遭受压迫。我们要反抗日本帝国主义，让鲜红的热血直流。这将成为中国民族解放的革命运动。直到革命获得成功为止，我们台湾民众将不惜生命，不怕牺牲，发扬革命精神，循着'压迫愈大，反抗亦将愈大'的原理，进

行战斗，争取自由、平等到底。我们的运动能够早一日壮大，中国民族解放的完成，亦可早一天来临。"文中还呼吁"中国同胞们，请诸位尽其力量解放在帝国主义者重重压迫下，孤立无援的四百万同胞吧"。并强调"诸位若能协力一致，支援我们的'台湾议会'，我们将有夺回政权的一日，台湾内政的独立便可实现。内政的独立如能实现，便能摧毁日本帝国主义的机关。换句话说：台湾议会成立之日，便是日本帝国主义失败之日，同时也就是我们中国民族解放运动成功之日矣"。

日方因此对张月澄及旅居广东的台湾人严加监视。1927 年 7 月 24 日，张月澄在上海被日本领事馆扣留，随即押往台湾。台湾的警察机构在岛内逮捕了 23 名与张月澄有来往的人士，并于 1928 年 12 月判处其中的 11 人有期徒刑。

广东台湾革命青年团的其他领导人也未能幸免于难。1927 年 4 月中旬，台中一中发生学潮。当时在台中工作的张深切，先被以"妨害公务执行"罪被捕。张月澄被押解回台后，平常和他保持联系的简锦铭也被拘捕。随后，台湾日本当局在同年 8 月初下令全面检举与青年团有关系的人，青年团的主要干部郭德全、张深切、林文腾等均被捕，经审判决张月澄、张深切、林文腾、郭德金、林仲节、林万振、林如全、吴文身、温幸义、简锦铭、卢炳钦等 11 人惩役 1 年至 4 年不等。

1929 年 10 月 10 日，李友邦在上海也遭到日本政府逮捕，根据《台湾总督府警察沿革志》的记载，李友邦此次系因广东台湾革命青年团而被捕，但证据不足，判决无罪。

台湾革命青年团的发展还受到当时国内复杂政治形势的影响，1927 年 4 月 15 日，国民党广东当局开始"清党"，台湾革命青年团暂未受到影响，然而到了 6 月中旬，广东当局认为台湾革命青年团为左倾团体，下令解散该团，且严厉取缔，台湾革命青年团因此于 6 月中旬结束了团务活动。这样，在国民党及日警的双重压力下，广东台湾革命青年团这个爱国进步组织被迫解散了。

应当看到的是，尽管遭受残酷的压制，但台湾学生的爱国活动仍然得到了一些社会知名人士的极大的理解和同情。台湾殖民当局认为,在上海、闽南与广东的台湾学生联合会,是台湾学生联系中国共产党指导下的全国学生联合会及其他团体而组成的进行反帝国主义运动的团体。现今的一些台湾学者也指出:"这些反日的爱国进步组织都加入了祖国人民的反帝斗争,积极开展宣传活动,在揭露日本殖民统治罪行,声援岛内人民斗争,促进祖国同胞与台胞的团结,联合东方被压迫民族开展民族解放运动等方面,做了大量的工作。"显然,日据时期在大陆的台湾学生开展的爱国活动,是中华民族反抗外来侵略的重要组成部分,具有深远的历史意义。

(感谢台盟厦门市委原主委曾雄同志为本文提供的重要参考资料)

参考文献

1. 《台湾社会运动史》第一册《文化运动》(原警察沿革志出版委员会编:《台湾总督府警察沿革志》第二篇),台湾:创造出版社,1989 年,第 155—186 页。

2. 蓝博洲编著:《民族纯血的脉动——日据时期台湾学生运动》,台湾:海峡学术出版社,2006 年,第 346—350 页。

台湾民众党

20 世纪 20 年代初，第一次世界大战后的台湾社会经济发生了一系列变动，台湾留学日本东京与中国大陆各地的学生普遍受到当地无政府主义或共产主义思想影响，台湾文化协会的知识分子精英也受到感染，对统治者的反抗理念和方法产生了改变，逐步形成了三大派别：一是以连温卿、王敏川为首的激进派，奉行民族自决无政府主义或共产主义；二是以蒋渭水为领导的祖国派，受中国革命影响而有强烈民族主义倾向，厉行全民族的解放运动；三是以蔡培火为代表的保守派，以知识教化为路线，致力于改良统治的合法民族运动。1927 年 1 月 3 日，台湾文化协会临时大会上，激进派的连温卿、王敏川夺权成功，一些干部、士绅纷纷退出。台湾民众党也于此时开始萌芽。

台湾民众党的创立

1927 年 2 月 10 日，台湾文化协会的旧干部聚集雾峰与林献堂商议结社事宜，以便与新文化协会分开行动。在此期间，蒋渭水提出"台湾自治会"的具体组织案，纲领为："1. 吾人对台湾的统治，主张自治主义；2. 吾人在台湾经济上主张全体台湾人的利益，尤其以合法手段拥护无产阶级之利益。"由于"自治主义"与日本总督府的"内地延长主义方针"相违背，被警务局通知解散。不久，蒋渭水又改称"台湾自治会"为"台湾同盟会"，但是保留了原来的纲领和政策。当局事先知晓后，先发制人，警告蒋渭水并禁止其活动。

　　1927 年 3 月，林呈禄、蒋渭水、蔡培火等人邀请东京大学经济学院教授、殖民地自治论者矢内原忠雄到台湾访问。在巡回全岛演讲时，矢内原教授与台湾文化协会旧干部聚会，交换了对殖民地政策的意见，增强了蒋渭水、蔡培火等人继续组织政治结社的信心，并掀起了一股政治热潮。同年 5 月，蒋渭水、谢春木和蔡培火聚会协议，在蒋渭水旧提案的基础上，把名称改为"解放协会"，在纲领中删除"促进台湾自治的实现"部分，修正为"期望实现台湾人全体的政治上、经济上和社会上的解放"。5 月 8 日，有 44 人参加组织筹备会，经叶荣钟提议投票决定，把"解放协会"改名为"台政革新会"，并将办事处设于台湾民报社内，以蔡培火为主干申请结社。但台湾总督府仍以纲领上表露自治主义，滥用"台湾人全体"、"解放"等字眼，并主张"废除保甲制度"、"公立学校教授用语日台语并用"等不妥当为由警告蔡培火。29 日，旧干部 68 人在台中市召开结党大会，对王钟麟提出的改会名为"台湾民党"的提案表决通过。至此，"台湾民党"正式成立，有 186 人参加入党。会后，"台湾民党"发表《台湾民党宣言书》，声明其目的在于"从事台湾人全体的政治、经济、社会的解放运动"，并于 31 日，再次向当局提出结社申请。6 月 3 日，台湾当局以纲领中"台湾人全体""解放"等用语有"偏狭的民族主义色彩，形同民族自决主义"，有悖于日本政府"内台融合"和"内地延长主义"等治台方针为由驳回，禁止结社。于是，3 个月来历经千辛万苦成立的"台湾民党"仅仅 3 天就夭折了。

　　6 月 17 日，蒋渭水、蔡培火、谢春木、彭华英等人在台中磋商继续进行结社，由蔡培火报告台湾民党被禁经过及与蒋渭水的关系。当时，警方要求为：1. 纲领中"台湾人全体"与"解放"等字句不能用；2. 政策中"保甲制度"的"撤废"易为"改善"，"日台语"修改为"内台语"；3. 蒋渭水不得参加，如要参加，则必须声明"民众党不以民族斗争为目的"，否则不予批准结社。最终，会议决定，蒋渭水以普通党员参加，选任谢春木、彭华英等 5 人为创立委员。修改纲领为：1. 确立民本政治，主张台湾人应有自主参政权；2. 建设合理的经济组织，要求改革税利，节约冗费，设立农工金融机关，改革专卖制度，缩小贫富差距；3. 革除社会制度缺陷，扶助农工团体，确立男女平等原则。同时，宣言的内容亦经妥协修改，最大让步的部分为"本党的目的……不但无任何民族斗争的目的……"但也表示"如有人阻碍我们提高政治地位、威胁经济生活、阻止社会生活的进步，我们将不辞以合法手段抗争到底"。1927 年 7 月 10 日下午 3 点，台湾民众党在台中市聚英楼原址召开成立大会，参加者 63 人，由蒋式谷司仪，谢春木报告筹备经过，并推举洪元煌为主席，选举彭华英、黄周、谢春木、陈逢源、陈旺成为委员，蔡培火与林献堂等 4 人被聘为顾问。

台湾民众党与其领导的工人运动

台湾民众党成立后，发展迅速。半年后，在全岛已有 15 个支部，党员遍布全岛。台湾民众党主张实行"以农工阶级为基础的民族运动"，在实践中，对工农运动积极进行参与和支持，并在各地召开演讲会或政谈演说会宣传党纲政策，1927 年间，演出 94 次，参观者越 3 万 5 千人。演讲会达 211 次，辩士 934 人，听众约 8 万 6 千人。政谈演说会 50 次，辩士 288 人，听众约 3 万人。此外，民众党还不定期的进行反对运动，如，1927 年 9 月 28 日，对总督府的评议会发表反对声明。同年 12 月 10 日，向总督府提出实行地方自治的建议书，建议将议员由官派改为民选，同时，咨询机构改为议决机关。

鉴于当时农民组合已为文化协会所控制，1928 年 2 月，工友总联盟成立，由蒋渭水、谢春木等任顾问，其宗旨在于谋工人、店员的利益幸福及改善生活，其任务为促进与支持其他工人、店员团体的发达，统一全岛劳动运动，并集中领导全岛的劳动运动。这是台湾第一个全岛性的、最大的工人组织。在民众党的指导下，工友总联盟与文化协会主导下的农民运动相呼应，促成了工农运动的广泛开展和工农大众民族意识的觉醒。"台湾工友总联盟"成立以来，先后组织了一系列工人运动，如基隆的砂碳、西服、木工罢工，台中的木工罢工，台南的机工、理发师罢工，尤其是高雄浅野水泥厂大罢工。1927年11月，因为经济不景气，浅野水泥厂准备在不付遣散费的条件下解雇一批工人，于是暗中策动纠纷，借故开除工人。1928年3月，工人吴定石因伤害罪被关3个月，厂方把他开除。出狱后，黄赐支持他争取复职，并发动41名职工联名支持，厂方将这41名工人也开除。4月13日，黄赐领导700多人举行罢工。得知消息后，民众党的蒋渭水、张火山等人立即赶赴高雄，并成立"浅野水泥罢工职工总指挥部"，下设宣传、救济、罢工、监视各部门，准备进行持久战。在发动全岛性的同情演讲大会的同时，在高雄市内组成纠察队，不断与厂方冲突。双方僵持20多天后，蒋渭水把罢工指挥权移交给"工友总联盟"，成立"台湾工友总联盟浅野争议本部"，由黄赐、卢丙丁指挥。随后，浅野水泥厂又开除178人，日本警方开始搜索"争议本部"，检举黄赐等31人。5月13日，这场声势颇大的罢工被镇压下去，但此次罢工极大的推动了台湾工人运动的发展。至同年底，共有56个团体，近1万人参加，发动了18次争议，极大的增强了蒋渭水在民众党的影响力。

1928年7月15日，第二次民众党大会在台南市召开。大会宣言提出：

全民运动为台湾解放运动的必经过程，不但是先人的遗教，更是极其合理的途径。回顾过去历次解放运动的失败，实因参与者局限于知识阶级所致。因此，今后我们的运动要扩大范围，促使全民参加，尤其以农工民众为解放运动的主力，把重点放在农村及工厂的宣传上，使农工大众组织化为当务之急。

从此，"援助农工及各种团体组织之政策"成为民众党的基本工作。1929年10月，民众党在新竹市召开了第三次大会。蒋渭水在大会上强调，今后台湾革命的主力为农工阶级。此后，蒋渭水代表民众党和"台湾工友总联盟"先后领导了反对六·一七始政纪念日、"日月潭工程"、"甘蔗搬运土地使用规则"、"盗犯防止法"和抗议雾社事件等活动。这些工人运动，既有民族主义的性质，又有阶级斗争的意识，在一定程度上引起了以林献堂、蔡培火为代表的地主、资产阶级的戒心和不满。

"鸦片吸食新特许"反对运动

"鸦片吸食新特许"反对运动,是民众党对总督府一系列抗争中最激烈的一次运动,也是唯一最具成果的一次运动。

1895年7月6日,《台湾人民军事犯处分令》第1条第8项规定:将鸦片烟或其吸食器具交给大日本国军人、军属及其他从军人员者,或供与吸食场所者皆处死刑。11月17日,台湾总督在此令基础上扩大颁布了《台湾住民刑罚令》,第24条规定:将鸦片烟或其吸食器具交给大日本国军人、军属或其他渡来之帝国臣民者处死刑,知情而供与房屋者亦同。次年9月,台湾总督再次颁布《告谕》,强调鸦片害人亡国的可怕可恨。随后,1897年1月,又颁布《台湾鸦片令》,采用渐禁主义政策,"特许"鸦片瘾者吸毒。1898年至1908年,共有17万人被"特许"。至1928年12月28日,总督府又公布《台湾新鸦片令》,其中第2条规定:鸦片不准吸食,但在本令施行前之鸦片瘾者而由总督特许吸食者,吸食政府销售的鸦片烟膏者不在此限。总督府发布的律令,是对帝国军人与臣民的保护,而非台湾民众。1929年,新取得吸食执照者达到25000人,可见30多年来在台湾施行的鸦片渐禁政策并无成效。

1929年1月9日,日内瓦"万国鸦片协定"生效,包括日本在内的很多国家签约严禁吸食鸦片。但是,由于台湾鸦片专卖收入很可观,同年12月18日,总督府警务局长就鸦片新特许方针发表声明,称"基于'人道'理由,对于法令施行前的鸦片瘾者因不得已而吸食者,予以特许"。此声明引起了各界的关注和责难,民众党开始组织开展反对鸦片特许的斗争。22日,民众党发表了措辞强烈的抗议书,要求警务局长取消声明,并致电日本首相,命令总督府停止发给吸食者新执照。民众党强调,不应视过去享有特许的鸦片瘾者为一种特权,应该加以矫正治疗。据民众党测算,台湾每名医师可承担23人的矫正工作,在治疗上毫无问题。

民众党在全岛举办反鸦片特许演讲会的同时,也向东京的日本政府抗议，要求全面禁止鸦片吸食，但日本政府对此悍然拒绝，并采取高压政策。于是，民众党计划开展国际运动，向国际联盟直接控诉，争取国际舆论的支持。经过精心策划，1930 年 1 月 2 日，民众党以"代表四百万台湾人的台湾民众党"的名义直接向日内瓦的国际联盟发出一封电报，控诉日本政府违背国际条约，违反人道。消息传出后，日本政府大为震惊继而提出内阁讨论。日本国际联盟协会亦表示反对新特许。3 月 1 日，国际联盟派出 3 名代表抵台与蒋渭水、林献堂等人会见，进行访问调查。蒋渭水等人在日本政府的高压下坚持陈述真相，使得日本政府丢尽脸面。最后，台湾总督府迫于舆论压力，公布了新的鸦片令，编定预算，在各地设立戒毒中心，认真推行矫正治疗。然而，此次运动也使民众党成为台湾总督府的眼中钉，为 1 年后民众党被警方"报复"解散埋下了种子。

民众党的分裂与解散

民众党在成立时，蔡培火与蒋渭水就已形成对立之势。在讨论宣言书的让步部分时，以蔡培火为代表的"玉碎"派率先反对宣言，主张蒋渭水应该退出党外协助党，但当时认为逼蒋渭水退出即等同于容忍排除民族主义者，且如果蒋渭水退出另外行动以致形成对立则大为不利这一观点的"瓦全"派占大多数。最后，以蔡培火退出党务被聘为顾问告一段落。当时，蔡培火、蒋渭水二人都与左倾化的新文化协会对立，同时考虑到形象和力量问题，加之林献堂权威和声望的影响，蔡、蒋二人勉强保持着统一。

但是，随着民众党工作的开展，党内民族资产阶级、地主日渐分离。蒋渭水派深受中国国民党革命运动的影响，不断积极推动农工运动的发展，尤其是"台湾工友总联盟"成立后，开展了一系列的斗争，组织迅速扩大，后来反而可以指导民众党的行动和思想，加之蒋渭水对工农运动的鼓励和支持，使得蒋派声势日渐增大。然而，蔡培火派审视内外形势演变，不敢标榜脱离日本统治，仅借合法政治运动以期缓慢达成殖民地自主的目的。于是，民众党的权利逐渐移向蒋派手中。1928年6月，党的主干保守派彭华英与蒋渭水对立，并在第二次民众党大会后辞职。而林献堂、蔡培火等几乎不参加民众党的实际活动。从此，蒋渭水大权独揽。

1930年年初，党内右派蔡培火等筹组"台湾地方自治联盟"，用以推动地方自治改革渐行具体化，进一步加深了民众党分裂的危机。为阻止"台湾地方自治联盟"成立，避免民众党事实分裂，蒋渭水一面指挥民众党及"台湾工友总联盟"进行反对运动，一面在3月份决议举行大规模的自治促进运动，举办全岛巡回演讲会，获得1万多人签名。但是，"地方自治联盟"的组织却逐步推行，终于在1930年8月17日正式成立。民众党员加入者不少，党中央于是决议：党员不能拥有其他政治结社的党籍，否则予以除名。但是仍然无法阻止党员加入"联盟"。12月初，党中央遂采取强硬措施，将蔡培火、陈逢源、洪元煌等16名地方自治联盟干部予以开除党籍，而民众党顾问林献堂也愤而脱党。至此，民众党正式分裂。

随着地方自治联盟开展活动日益活跃，中产阶级以上的有力人士都奔向她的势力下，使民众党的存在理由被质疑。于是，1930年12月末，蒋渭水、谢春木、陈其昌等人秘密修改民众党的纲领、政策，形成修正案，修改党章为："1. 解除政治、经济、社会的束缚；2. 拥护、伸张民众的日常利益；3. 反对总督专制，努力获得政权。"将奋斗目标明确为"劳动者、农民、无产市民及一切被压迫的民众"。经中常委审议通过后寄送支部党员大会议决。

1931年2月2日，在召集中执委会议的通知函内附记规定党的本质为：农工阶级为中心的民族运动。2月8日，在中执委会议时，倾向蔡培火派的黄旺成责难纲领和政策修改案作业程序违法，且修改案内涵与日本国内无产党之纲领毫无二致，违反建党精神的"全民运动"。双方争辩后进行表决，结果为：赞成修改16人，反对12人，弃权11人。反对派有10人退席，审议结果几乎照案通过，唯独对关于民众党本质的规定部分暂作保留，俟党员大会时再由蒋渭水提案。

2月8日，民众党召开第四次党员大会，出席代表172名。在审议纲领、政策修改案并表决通过后，民众党已经违反日本人在台统治的根本方针和"内台融合"政策，变成日本所不能容忍的非法团体。台北警察署长莅临现场，将结社禁止命令交给主干陈其昌，理由之一是反对鸦片新特许制度，诬诬日本政府，当场宣布：总督府决不允许民族自决，台湾民众党已被命令禁止结社，本集会应立即解散。同时，蒋渭水、陈其昌、廖进平、张晴川等16名民众党员被扣押，于翌日释放。1931年8月5日，蒋渭水因伤寒症逝世，年仅40岁。

台湾民众党从1927年7月成立，至1931年2月被台湾总督府强制解散，前后存在的时间不足4年。但是，她是台湾历史上第一个具有现代资产阶级性质的政党，也是日据时期台湾人唯一的政党，在当时台湾的抗日民族运动中发挥了重要的作用，极大的唤醒了台湾民众的民族意识，为夺取台湾政权，实现台湾的民族解放做出了重要贡献！

参考文献

1. 安然：《台湾民众抗日史》，台海出版社，第253—260页。

2. 许极燉：《台湾近代发展史》，前卫出版社，第330—339页。

3. 戚嘉林：《台湾史》，海南出版社，第271—275页。

台湾众友会

1927 年，受到中国国民党北伐成功、租界回收运动等发展的影响，台湾民众认为中国国民党统一中国只是时间问题。祖国统一之后，国力将日渐强大，成为世界强国为时不远，收复台湾只是早晚的问题。在此形势下，台湾岛内的抗日活动再次勃兴，希望在祖国大陆的援助下，推翻在台湾的日本殖民统治，以使台湾复归祖国版图。

台湾众友会的成立

众友会的主要组织者一为曾宗，是组织内部的行动派；一为蔡淑悔，是组织内部的理论派，双方一文一武，相互呼应，各司其责，积极推动众友会抗日活动的开展。

曾宗，早年曾在台湾台中清水街紫云寺内卖卜为生。自青年时代以来，曾宗就对日本对台湾的殖民统治怀着强烈的反感，因此时常与密切接触的朋友密谋，准备择机策划发动革命运动，使台湾复归祖国版图。1927年11月，曾宗与同在紫云寺内雕刻佛像的陈发森、陈宗魁表明排斥日本统治台湾、要台湾回归祖国领土的意图与抱负，深得二人共鸣，誓言共同努力。他们说祖国国民革命的成功、国内统一运动的发展、外交上撤废不平等条约等，在不久的将来一定会成为与世界列强比肩的国家，到时恢复台湾则毫无疑问。大家进而表示必须与祖国方面的计划相呼应，集合志同道合的同志进行准备。

为共同图谋运动的发展，经数次商议，大家决定仿效辛亥革命时期祖国大陆革命党人利用民间秘密结社哥老会等的例子，在台湾预先设置此种团体，把革命的工农民众组织起来，其表面的名称使用原来台湾民间互助组织父母会之名等具体举措，并决定该会的名称为众友会。

台湾众友会的发展

众友会成立后，曾宗即以台中大甲郡清水街为中心，利用周易的知识吸引台湾民众参与，并派得力干将到各个地方，大力宣传该会的主旨，积极争取同志，不断扩大组织。经过努力，至1928年6月，众友会在台中清水、竹林、鹿寮、沙鹿及高雄等地组织起九展拱福志团的父母会，并争取台湾民间武技团的加入。

台湾父母会主要是由贫农组合而成，会员中有人父母死亡时，其他会员则各自捐出定额金钱，提供葬仪一切的费用及劳力为主旨的一种互助团体。众友会后来的活动都采取父母会的会合形式，并以父母会的名称来组织行动队，以免引人注目。

在竹林父母会成立式上，曾宗说："自从台湾被日本武力强夺之后，吾等台湾人受着何等的不自由，没有许可任何事都不能做，税金及其他公务过重，台湾人在日本的统治下，绝无希望过安乐的生活。支那最近实现全国统一的完成，正在努力收复被强夺的地域。台湾当然也是其中之一，为收复台湾正准备派兵与日本战斗。吾人必须与之协力，夺回台湾归还支那而摆脱日本人的暴虐统治。"曾宗明确表示："今天为组织父母会，请诸位来此集合，但此父母会实在与一般的父母会不同，以夺台湾归还支那为目的，其实际的名称为众友会。"

台湾武技团体"台湾拳门"，其团员一般是结拜为兄弟、誓约共生死的义兄弟，其团结非常巩固。曾宗通过大力宣传日本殖民统治对台湾人的歧视待遇和残酷压榨，激起团员的民族意识，再宣传祖国大陆的发展与台湾收回运动的消息，主张以暴力打倒日本殖民统治而使台湾回归祖国版图，逐渐吸收台湾拳门加入众友会，从事反对日本殖民统治的事业。

在曾宗及其同仁的努力下，到 1934 年 3 月，众友会已经发展到拥有父母会 8 个团体、武技团体 8 个，其他合计 20 个的团体组织，所属人员达到 300 余名。

蔡淑悔，台湾台中大甲郡清水街人，原本就读于台中高等普通学校，1922 年退学，转往上海清心中学和北京大学预科求学，并加入中国国民党。为了实行台湾恢复祖国的壮志，1925 年考入广东黄埔军校，但因身体不合格再去考北京大学，1927 年毕业，6 月出任中国国民党福建省党部干事。蔡淑悔积极与中国国民党福建省党部张贞等探讨台湾现状及台湾民族解放运动的未来，张贞表示，"台湾原来是中国领土的一部分，住民的大部分也是汉民族，所以中国国民党对于汉土的光复运动必定作指导援助"，对蔡悔淑的影响很大。

这一时期，蔡淑悔在北京、上海、华南各地策划台湾革命运动的同时，还与在台湾岛内奔走于台湾议会设置请愿运动的蔡惠如等互通信息，共同策划革命运动，互为因应。

1929 年 10 月，蔡淑悔回到台湾，遇见同乡之友曾宗，并听取了正在计划抗日运动的事实，曾宗并请蔡淑悔担任该运动指导者。两人誓言共生死，并结成共同推动台湾革命的誓约。同年 12 月，蔡淑悔在台中大甲郡沙鹿庄及其他数个地方集合同志，讲述祖国大陆革命发展的情况，促进台湾民众民族意识的觉醒与奋起，并积极推动组织的进一步扩大。此后，曾宗依据既定的方针继续扩大组织，蔡淑悔则与中国国民党干部等谋取联络，指导众友会抗日工作的发展。

之前，陈发森、陈宗魁自 1929 年至 1931 年，多次返回祖国大陆，对当时的国民党要人述说台湾革命运动的状况，请求并计划接受指导援助、资金补助、兵器弹药供给等。蔡悔淑参加众友会后，就主动担任这项工作，使曾宗等专心扩大组织。1930 年 4 月，蔡悔淑到福州，拜访当时驻扎在漳州的国民革命军第 4 独立师师长张贞，讲述台湾岛内革命运动的情形，得到援助的承诺，并受到张贞的鼓励。同年 6 月返台，把主要经过向众友会报告。1931 年 4 月，时值中国国民党全会召开，为使出席的国民党要人进一步了解众友会抗日运动发展形势并请求援助，蔡淑悔前往南京，得到福建省党部代表陈联芬、刘澄母的介绍而参加会议，并在大会上作了演讲。会议结束后，蔡悔淑拜访了蔡元培、何玉春、熊式辉、朱培德、何应钦等，诉说台湾人在日本殖民统治下被压迫榨取的情形，同时报告台湾革命运动准备的进展情况，希望给沉沦在此悲惨命运的台湾人以光明之道，并请求精神、物质的援助。这些国民党要人皆赞赏蔡淑悔的理想和抱负，并表示一旦革命时机成熟将尽全力予以援助，这对蔡淑敏有很大激励。

1930 年 3 月初，曾宗与许乃翁、黄世练、曾宜等商议，认为"台湾革命的遂行只靠少数同志的奋起终究没有成功的希望，最重要的是岛民大众的赞同"，为动员台湾民众，准备以清水、竹林父母会为主体实行袭击西屯、南屯各警察官吏派出所的计划，后因故未能实行。

1931 年"九·一八"事变爆发，众友会认为中日之间因满洲问题矛盾极端尖锐化，中日即将开战，台湾革命的好机会即将到来。1933 年 10 月，众友会高雄地方的领导人黄渴将预先募集的军资 700 余元送给曾宗，两人一起商谈到祖国大陆获得武器弹药，后黄渴于 1934 年 7 月 21 日来到厦门南普陀寺，拜访吕清池，邀请吕参加革命活动。吕清池是曾经因台湾西来庵事件被判死刑，但遇到日本大赦，服了 10 年徒刑的抗日志士，所以即刻慷慨答应，两人为获取武器弹药奔走各方，但没有获得预期的效果。

为因应时局的发展，1933 年 8 月，曾宗、许乃翁、黄世练等选定台中能高郡国姓庄水长流字三双寮的深山里，设置枪械弹药制造工厂。后 1934 年 3 月蔡淑悔回台，与曾宗、李培、许乃翁一起入山调查制造枪械的性能，结果是制造出来的枪械不具实用性，制造枪械计划遂告终止。众友会还积极制造炸药、毒药"响马丹"，开展募捐，并试图开采金矿，筹备革命所需物资。

蔡淑悔认为革命所需资金还是要请祖国大陆提供，并准备到祖国大陆拜访蔡元培、何玉书、熊式辉、朱培德、丁超五等国民党要人，以争取获得资助。1934 年 8 月末，蔡淑悔从台中清水街出发，顺路拜访台北中国总领事馆，为恳请援助事宜面会领事，但因领事不在而宿于旅馆，9 月 23 日被日方逮捕。

1933年，曾宗拟定"军务委员自愿书"的誓约，制定"武军七条规则"作为革命军军规，制作令旗、号旗，起草起义后告知民众的"安民布告文"等。5月，曾宗向台北中华总领事馆郑领事寄送求援信，信中曰："（我们）企图召集岛内群雄起义，赶杀日人，夺还故里。当此乱使日人不能前后兼顾，如此，起义则是援助热河之战，也就是收回热河、台湾之战。"其殷殷报国之情溢于言表。

随着日本殖民当局对父母会的取缔加强，众友会维持原来的组织变得危险，行动上也大为不便。所以，1933年10月，曾宗、许乃翁、黄世练、李培等商议改组，改组后众友会表面上利用龙华佛教会的名称，改为中央集权的组织，进一步招募同志，扩大组织。

然而，曾宗等人的活动已为日本殖民当局所侦知，1934年9月22日，日本殖民当局对众友会进行了大逮捕，先后逮捕427人，众友会主要领导人曾宗、蔡加、杨马、吕清池等在残酷的审讯中死亡。

虽然众友会的抗日活动最后失败了，但是它充分反映了虽有日本数十年的殖民同化政策，"内地延长主义"等，但是台湾同胞有着爱国爱家的强烈情感，爱国复土之心始终不移，一旦看到光复家园的时机和希望，他们毫不犹豫、立刻投身抗日革命活动，充分反映了台湾同胞爱国爱乡的光荣传统，可歌可泣，可敬可佩。

台湾机械工会联合会

台湾机械工会联合会是台湾近代产业工人的第一个组织，于 1928 年 1 月在台北市港町文化讲座成立，主要领导人有连温卿、洪朝宗、周天启等。

成立背景

日据之后，台湾开始出现近代产业工人队伍，随着日本资本和一战后台湾本土资本的发展，制造业、运输业、矿业及食品加工业中的产业工人队伍逐渐发展和壮大起来。同时，工人们深受日本资本、台湾本土资本的双重压迫，饱受日本企业家的虐待，劳工争议显著增加。在此背景下，1919 年，台北印刷工人组成了台北印刷从业员组合，这种具有近代工会性质的组织成为台湾近代组织工会的开端。之后，在台湾民众党、文化协会等组织的领导下，工会运动的形势逐步高涨。

1927 年 1 月，文化协会分裂，连温卿、王敏川等社会主义派取得了文化协会后期的领导权，宣言"台湾文化协会永为台湾民众即农、工、商人及小资产阶级的后盾"，以组织农民、工人为首要任务，并积极对台湾劳动人民进行政治宣传，激发劳动争议，组织劳动工会。在连温卿的奔走和努力下，1927 年 3 月，台北机械工会成立，成为台湾第一个工会组织，后来又陆续在各地建立了一些工会组织。

成立情况

1928 年 1 月 1 日，连温卿领导下的后期文化协会干部与全岛的机械工会代表在台北召开了台湾机械工会联合会全岛大会，各地工会共 78 名代表参加了会议，以日本律师古屋贞雄为代表的 14 名文化协会会员作为来宾出席，150 多人参加了旁听。选举台北机械工会常务委员杨添杏为议长，黄麒麟、曹仁和、王江崑为书记，通过了 12 项议案及该联合会纲领、规约、口号。

发展情况

台湾机械工会联合会成立后，文化协会利用其领导劳工争议。1928 年间，其领导的劳工争议共达 23 件，最有影响力的有高雄台湾铁工所、嘉义营林所、日华纺织台北工厂的罢工。联合会成立后，连温卿等人谋求组织全岛性的台湾总工会，并于 1928 年 6 月 3 日，以台湾机械工会联合会、台湾涂工工会、台湾工友协助会、台北印刷工会、台湾自由劳动者联盟等五个团体的名义，在台北蓬莱阁召开会议，参加会议的 25 名代表聚在一起，讨论组织成立统一性的新团体。会中推举连温卿任议长，洪朝宗、周天启担任书记。但北部和南部的代表对于是否要成立工会的全岛联合组织产生分歧。中南部的代表认为"已经有了台湾工友总联盟的统一团体，进而再组织总工会，则徒将分散工会的势力，反而阻碍劳工的幸福。因此，应以敦促工友总联盟反省，并与其合作为宜"。但是北部的工会代表则认为"工友总联盟并不是为了解放无产阶级以及将之导致幸福之路的统一组织，只不过是民众党的傀儡而已"。最后以"台湾劳工运动统一联盟筹备委员会"之名成立，选出连温卿、薛玉虎、洪朝宗等 9 人为常务委员。虽然选出了委员，但内部意见十分混乱，并逐渐发展成王敏川与连温卿两派的对立。1928 年 7 月 20 日在台北召开了第一次筹备会，但由于该年 8 月台南墓地事件，连温卿、王敏川等人被拘捕调查，劳工运动不得不偃旗息鼓。1929 年 11 月，在文协第三次全岛大会上，连温卿一派被视为左派社会民主主义，被开除会籍。台湾机械工会联合会的活动也趋于停止。

东京台湾学术研究会

1928 年 3 月 15 日，日本政府对强迫解散日人所设立的左翼团体：社会科学联盟、东京无产青年同盟、日本共产党，即"三·一五事件"。上述 3 个左翼团体与台湾青年会之社会科学研究部有深厚关系。许乃昌为延续其组织，在 3 月 28 日发表了《台湾青年会社会科学研究部独立声明书》，先将科学研究部脱离台湾青年会，再改为独立机关名称为"台湾学术研究会"。实际上仍以原班人马继续进行台湾留学生间的共产主义运动。

4 月底，陈来旺（新竹梧栖人）从上海的"台湾共产党"建党大会回到东京，并就地成立了"日本共产党台湾民族支部东京特别支部"台共的分支机构。于是原以许乃昌为首的"台湾学术研究会"改由陈来旺领导。陈来旺马不停蹄开展工作，召集了重要干部，于东京府下中野町多次召开"台湾学术研究会委员会"会议，确定了方针与工作：找出各校负责人；把旗下的"东京台湾青年会"改成为日本政府能接受的大众团体；扩大分发《无产者新闻》；成立"台湾解放运动牺牲者救援会"，任命苏新为负责人，何火炎、陈铨生为委员；向"台湾农民组合全岛大会"发出支持的声明等。

1929 年"台湾学术研究会"的组织急速膨胀。"东京台湾学术研究会"在组织系统上受到"日本共产党台湾民族支部东京特别支部"的幕后领导。而"台湾民族支部东京特别支部"又受"第三国际"及"日本共产党"的支持及指导。其目的是宣传共产主义革命，扩展在日的台湾人革命组织，主张解放殖民地台湾，在台湾有需要时派遣干部返台协助。如林兑等返台支持岛内的"台湾农民组合"，又如 1929 年 2 月台湾岛内农民组合干部被大逮捕时，立即派苏新、萧来福、庄守等返台协助重建工作等。

1929 年 4 月，日本政府下令拘捕"日本共产党台湾民族支部东京特别支部"及"台湾学术研究会"的干部 43 人（其中，共产党员 3 人）。连带"东京台湾青年会"的干部也被捕。因此，在东京的台湾留学生共产主义者，即以"东京台湾学术研究会"及"东京台湾青年会"的名义发出宣言："被抑压的台湾民众当在此时，我们所能选择的道路只有二条，一条就是违背正义，甘当统治阶级的忠仆及奴隶而归灭亡，再一条就是决然起来向社会的虚伪挑战并给予一番痛击而来解放自己。……我们愿以全部的被抑压大众的腕与拳来向统治阶级示威，并誓必再建学术研究会与青年会而跟他们进行再一次的大决战！台湾共产党万岁！台湾独立万岁！全台湾学生联盟万岁！"至此，"东京台湾学术研究会"从成立到遭受日本帝国主义的摧毁，仅一年时光。

在一年之中比较重要的工作有：

一、成立了"台湾共产党东京特别支部"。

二、派林兑返台，与谢雪红打通连络线，并协助了农民组合及文化协会进行共产主义运动。

三、派遣干部返台从事工会组织运动。

参考文献：

1. 郭弘斌编著：《台湾人的台湾史》，台湾海外网，www. taiwanus. net/history/4/53. htm。

台湾总工会

　　1895 年 4 月 17 日，李鸿章与日本全权代表伊藤博文签订了《讲和条约》，既《马关条约》。自此，台湾人民陷入了日本侵略者残酷的殖民统治长达半个世纪之久，遭受的苦难尤其深重。1895 年 6 月 17 日，日本首任驻台湾总督桦山资纪在台北主持始政仪式，日本殖民者在台湾建立了专制独裁的总督统治，在最初统治台湾的几年里，殖民当局最主要的事务就是镇压人民武装反抗，付出了庞大的军事费用，使得经济萎缩不前。为谋求财政的独立，维持殖民的统治，第四人总督儿玉源太郎（任期 1898－1906 年）提出了以"殖产兴业"为中心的 20 年财政计划。通过发行公债，筹集资金，兴办铁路、邮电、港口等官营企业，以及其他民间企业来发展经济。为实现以上目标，实现开展了土地调查，林野调查，币值改革和建立金融体制，建立交通体系等"基础工程"，即为殖民地经济奠定基础的工作。

　　这些殖民经济的建立，离不开殖民地农业和经济的发展，即提供农产品和工业原料。日剧时期台湾对于日本的作用，很重要的就是它向日本提供了粗糖和稻米。殖民地当局通过推广农业技术，发展水利灌溉等措施，提高而来甘蔗、稻米的产量，并进而促进了农业生产的增长。在工业方面，则奖励、扶持日资发展新式制糖厂，以制糖厂为中心，发展了一定规模的现代制造业。以米糖为主的农业经济是当时台湾经济的主体。台湾作为日本资本的重要输出地，也是日本的重要原料产地。30 年代中期以前，台湾工农业的增长都是为了适应宗主国对初级产品的需求。由于工作的发展，形成了一个不大的劳工基层。30 年代中期以后，职工人数增加较快，显然是战时"工业化"所引起的，工人的一个来源即农业部门。日本殖民者对土地的兼并和掠夺，激起了农民和工人的强烈反抗。农民运动如火如荼的开展起来，农民与日本资本及殖民政府的矛盾斗争是农民运动的主要内容，这就赋予了运动鲜明的民族斗争色彩。工人运动也开始发展起来。据不完全资料统计，1930 年全台工人数为 572775 人，其中制造业 87351 人，占 15.1％；矿工 19562 人，占 3.3％；运输业 48862 人，占 8.4％；短期雇工 421976 人；占 73.3％。从民族分类来看，日本人占 3％，台湾人占 93％，其余为大陆、土著居民及外国人。[①] 工人阶级深受日本资本、民族资本的双重压迫，处境十分困难。台湾工人的劳动力比机械力还要便宜，被为所欲为地压榨。[②]

在此情形下，形成了不同规模的工人组织，工人运动也在日本殖民压迫下开展。台湾工人组织形成于 1919 年，当时台北印刷工人结成具有近代工会性质的台北印刷从业员组合。当时台湾工业不发达，工人人数少，工厂规模也较小，所以工运一直到 20 年代后期，由于受到文协和台湾民众党的指导才得以逐渐兴起。20 年代，在祖国工人运动的影响下，在台大陆工人于 1923 年成立台北华侨洋服工友会等多个工会组织，并带动和影响了台湾近代工人运动的兴起。伴随着农民民族运动高潮的到来，在文化协会和民众党的指导下，工人运动蓬勃开展起来。据统计，1921 年至 1931 年间，劳资争议 513 件，卷入人数 36280 人，工人运动的矛头集中指向了日本资本家。按民族类别划分的劳动争议，针对日本人的约占 60％以上。[③] 从 1921 年台湾印刷工人成立第一个工会之后，各地工人也相继组织起来。如台北机器工会、基隆机器工会、高雄机器工友会、台湾船炭工会，等等，但这些工会都处于分散状态。

---

① 向山宽夫：《日本统治下的台湾民族运动史》，东京：中央经济研究所，1987 年，第 832、833 页。

② 王乃信等译著：《台湾社会运动史》第二册《政治运动》，台北：创造出版社，1989 年，第 219 页。

③ 向山宽夫：《日本统治下的台湾民族运动史》，东京：中央经济研究所，1987 年，第 835 页。

1927 年 1 月连温卿、王敏川等社会主义者取得了台湾文化协会的领导权后，文化协会分裂，左派文化协会发表宣言："台湾文化协会永远为台湾民众，即农、工、商及小资产阶级的后盾"，并以组织农民、工人为当务之急。连温卿、王敏川等于 1927 年 4 月参与组建台湾机械工友会，会员300 余人。高雄铁工所罢工即是新文协指导下最具规模的抗争活动，这次罢工还得到了台湾农民组合的支持。其他较有影响的工人运动还有日华纺织会社台北办事处罢工、嘉义营林所和阿里山出张所罢工，等等。仅 1928年就发生工人抗争事件 23 起。不过由于文化协会内部在有关工会组织、名称及工人运动纲领诸问题上意见不一，无法形成有力的领导力量。加上新文协不久后就因新竹事件、台湾墓地事件遭到打击，工人运动的领导权逐渐转移到民众党手中。

1927 年台湾民众党成立以后，左派干部蒋渭水等人，亲自巡回全岛各地，举办演讲及座谈会，促进劳动团体的成立，组织劳工运动。台北各地纷纷出现以"工友会"为名的劳动团体，大多是以城市中小雇业工及为店员为中心的团体。蒋渭水领导的工人运动，在民族主义的基础上，又加上阶级斗争的意识，与林献堂、蔡培火等地主、资产阶级代表的阶级意识相冲突。蒋渭水为了团结各种小团体成为大势力，统一训练成为支持民众党的主力，参考中国及日本的劳工运动组织与纲领，提倡一个跨越全岛的工会，终于在 1928 年 3 月，在台北市召开"台湾工友总联盟"成立大会。当时加盟的共有 29 个团体，其宗旨在于谋工人、店员的利益幸福及改善生活，其任务是促进与支持其他工人、店员团体的发达，统一全岛劳动运动，并集中领导全岛的劳动运动。在蒋渭水领导下的"台湾工友总联盟"，一年内就发动了 19 次罢工。1928 年年底，已有 65 个团体加盟，会员达到7816 人。并领导了台北木工工友会罢工、台湾制盐会社罢工，等等，在当时抗日的工人运动中起到了主导的地位。然而，思想的不同、阶级的分化使得工人组织内部矛盾重重，加上日本的殖民统治，工人运动面临着内外困境。

提到早起的台湾工人运动，连温卿和蒋渭水是台湾工人运动的先导者。连温卿（1894 年 5 月—1957 年 11 月），台湾的社会运动参与者与政治人物。出生于台北府（今台北市）。连温卿毕业于公学校，之后透过自修，1913 年有鉴于人种、语言不同导致造成纠纷，便响应世界语运动，希望人工的世界语能够超越民族信仰，并促使人类和平。之后日本人儿玉四郎来台创立日本世界语协会（ESP）台湾支部（后为台湾世界语协会），连温卿并且出任协会刊物《绿荫》（La Verda Ombro）主编。连温卿参与世界语运动时便对社会主义等社会科学理论有所研究，1923 年 7 月与蒋渭水等人筹组社会问题研究会，却遭日本官方取缔；此会前身为马克斯研究会。此外，连温卿也与蒋渭水等组成台北青年会，这是台湾岛内第一个青年组织（台湾第一个青年组织乃是在日本东京成立的新民会）。连温卿曾主张在台湾组织台湾总工会以对抗蒋渭水台湾民众党系统的台湾工友总联盟。但台共建党之初的《一九二八年纲领》并没有特别突出台湾总工会路线。因为台共企图将“台湾总工会”路线同台共的亲密战友王敏川所主导的另一条路线相调和，这条路线就是全岛劳动运动统一同盟路线。台湾总工会路线与全岛劳动运动统一同盟路线的差别在于，前者主张由上而下首先实现左派工会之间的内部统一，后者则主张由下而上逐渐实现左右派工会之间的统一。

连温卿和蒋渭水路线的不同，致使在工人运动的路线上也存在着差距，连温卿时而与民众党左派的蒋渭水合作，时而互相竞争。在民众当组织工友总联盟之际，文协在连温卿的领导下，也积极从事工会的组织。民众党和文协之间的分歧，双方都各自指导和组织一批工会。1927 年 3 月，连温卿组织了“台北机械工友会”，并迅速成立基隆、台南、高雄各地分会。积极支持和指导当时工人的罢工斗争，如 1927 年 4 月日华纺织台北办事处的罢工、总督府嘉义营林所的罢工、1928 年 4 月高雄台湾铁工所的罢工。

1928 年 1 月他召集全岛机械工友会 78 人，成立“台湾机械工友联合会”。1929 年年底，连温卿被极左派排挤出文化协会，台湾机械工友联合会逐渐被台湾共产党所控制。

连温卿在组织"台湾机械工友联合会"后，继续准备成立台湾总工会。1928 年 6 月，在连温卿的主持下，25 个工会团体的代表在台北开会，讨论有关组织一个统一性的新团体问题。大会决定组织统一的新工会。并制定了纲领：改善劳动条件，提高生活，安定生活，使工人阶级脱离资本主义制度的支配，以阶级学说为根据，集中群众的意识及行动，发挥最大的斗争力量，巩固组织，进行斗争，以对抗资本剥削及其拥护的阶级，解放工人阶级。但是，在会上也有人提出，既然已有了工友总联盟，就不必再搞一个工会组织，免得力量分散。对新工会的名称，连温卿主张用"台湾总工会"，被中南部的王敏川派所提的"台湾劳动运动统一联盟"所击败，会议决定成立筹备委员会。然而，连温卿和王敏川的思想对立日益尖锐化，筹备工作不了了之，最终仍没有成立正式的组织。1927 至 1928 年间，文化协会发动高雄铁工厂、嘉义营林所、日华纺织厂台北厂等各处的罢工，使台湾的工人运动进入高潮。然而文化协会发动的新竹事件、台南墓地事件，使领袖们纷纷被捕，劳工运动也就被蒋渭水取代了。连温卿既然不满"台湾劳动统一联盟"，就另起炉灶，1928 年 7 月，召集"台湾工会临时评议会"，出席的胡柳生、薛玉虎等代表。

台湾共产党在 1928 年《上海纲领》中指出："党派往劳动运动前线去的党员要克服左派工会的谬误，暴露右派工会的欺瞒；使工会左倾化，促进左、右两派共同战线的台湾总工会，再组织各种产业及地方性的细胞，通过日常斗争而吸取工人中的优秀分子成为党员，并使所有斗争转由无产阶级领导方向，加入国际无产阶级工会，完成无产阶级的国际任务。"

1930 年，工友总联盟第三次会员大会后，左倾激进倾向十分明显，这就引起日本殖民者的高度警觉和强力镇压。随着民众党于 1931 年被禁，工友总联盟的作用也日渐衰退。

在台湾产业工人队伍不断壮大，农民运动蓬勃兴起的情况下，工农运动的发展迫切需要代表其利益的无产阶级政党的领导。同时，一部分知识分子在民族运动的洗礼和岛内外社会主义思潮的激励下，思想觉悟有所提高。伴随国际共产主义运动的开展，共产国际对殖民地无产阶级政党组织的建立，给予重视与支持。比起台湾农民运动来，台湾的工人运动在规模、声势、持续时间等方面都稍显逊色。这不仅是由于当时台湾工人人数少、分布分散等原因，而且由于文协的分裂，工运从刚一开始，就成为不能很好的配合、相互支持的两个部分。这就使本来力量就小的工运一开始就和力量强大的资本家和殖民当局无法抗衡。台共因组织过早的被破坏，对于工运也无法给予更多的支持和帮助。在当时台湾各个阶层反抗日本殖民统治斗争中，台湾工运的抗争，可以说是岛内新兴起的反抗日本殖民统治的社会力量。

因此，台湾总工会成立的失败，究其原因不仅是当时工人运动迫切需要无产阶级政党来统治的阶段，也是当时工人运动困境的一个反映，工人组织内部阶级矛盾、派系斗争严重的体现。但，不可否认的是，当时的工人运动不仅给了日本帝国主义的殖民统治有了一个强有力的反击，更是台湾民族运动的重要组成部分。

台湾工友总联盟

　　1920 年代后期，台湾工矿业发展仍较迟缓，大规模的矿厂还很少，季节性流动劳动人口占劳工的多数，劳工阶级意识并未成熟，劳资纠纷进入僵局后，罢工人员往往回到农村①。1919 年，台北印刷从业员组合成为台湾第一个具有现代工会性质的组织，1927 年 1 月 3 日，台湾文化协会临时代表大会，以连温卿为首的左派取得台湾文化协会的领导权，开始调整文协的策略，朝向社会主义阶级斗争路线。7 月 10 日，台湾民众党举行创立大会，台湾第一个现代政党终于正式诞生。当时，民众党举行"民众讲座"，发行《台湾民报》，新文协举办"文化讲座"，发行《台湾大众时报》，争取各阶层民众的支持。在文化协会及台湾民众党的指导下，工人运动开始蓬勃发展，仅 1921 年至 1931 年间，台湾劳资争议就达到 500 多件，涉及人数 36000 多人，其中 1927 年 4 月成立的台湾机械工友会成员即有 300 多人。

　　1928 年，台湾工友总联盟成立，由于在组织维权运动中具有组织性和斗争艺术，逐渐成为全台工人运动的领导组织。在总联盟成立的 1928 年 2 月 19 日，台北市蓬莱阁会场大门还题有蒋渭水的"同胞须团结，团结真有力"标语。成立当天，全台各地 29 个工会组织代表 130 人分乘 59 辆车游行台北市街。并在蒋渭水的领导下，积极介入劳资争议，并以工友会名义组织劳动团体。其宗旨在于统一全岛工人运动，为工人谋福利及改善店员生活。在蒋渭水指导下，至 1928 年年底，全岛工友会已扩展至 69 个团体，

---

　　① 高明士主编：《台湾史》，五图图书出版有限公司，2013 年，第 202 页。

1928 年 2 月 19 日，台湾工友总联盟成立。图为参加大会的台湾
各地代表在蒋渭水题写的"同胞须团结，团结真有力"标语牌前合影

人数 10000 多人。

由于台湾工友总联盟主要在文化协会和民众党的指导下运作，文
化协会和民众党的相关动态，也影响到了台湾工友总联盟的发展。
1929 年 2 月，"台湾农民组合"遭到总督府大逮捕，"新文协"亦受到
波及，而趋向沉寂，民众党成为抵抗总督府最有力量的政治团体。蒋
渭水积极吸收左翼菁英加入民众党，同时着手进行修改党纲，进一步
关心工农权益。1929 年 10 月 17 日，民众党召开第三届党员大会，蒋
渭水提出了"以农工阶级做为全民运动的中心，来进行民族运动与阶
级斗争"的主张。

台湾工友总联盟曾发动 10 余次罢工，掌握了台湾工运主导权。包括：

桃园土木工友会要求升价，罢工 7 日调停成功，升价 5 分。

新竹土木工友会争议事件，罢工 10 日妥协成功，升工价 10 分。

台北土木工友会左官部罢工事件，罢工 30 日失败。

台北土木工友会建筑指物部同盟，罢工 10 日获胜。

台北印刷从业员组合要求御大典公休日给业工资，抗争 3 日获胜。

安平劳工会同盟罢工事件，罢工 30 日，局部胜利。

高雄机械工友会关于浅野水泥工厂罢工事件，受当局镇压，37 人被捕，年底获释。

台湾民众党领导建立的全岛性工会组织——台湾工友总联盟举行示威游行

台中木工工友会对曾博安工厂争议，妥协息事。

台南机械工友会对中川铁工厂要求解雇间谍，罢工获胜。

基隆土木工友会建具部要求升工资，罢工 14 日获胜。

台北砂利船友会要求劳动条件改善，罢工 40 日获胜。

台北木工工友会要求升工资，罢工 50 日，妥协遗息事。

台北金银细工工友会要求加工资，罢工 20 日获胜。

台南理发工友会要求待遇条件改善，罢工 20 日失败。

基金砂炭船友会要求加工资，罢工 30 日，局部获胜。[①]

1930 年代，日本政府开始大规模镇压左派运动，民众党遭解散。1931 年 8 月 5 日，蒋渭水病逝，并留有临终遗言："台湾社会运动已进入第三期。无产阶级胜利迫在眉睫，凡我青年同志务须极力奋斗，旧同志亦应倍加团结，积极援助青年同志，切望为同胞解放而努力，实所至望。"

随后，工友总联盟的势力才日渐衰退。

台湾民众党第一次党务磋商会（1927 年）

台湾民众党的领导人蒋渭水

台湾民众党第二届党员大会（1928 年 7 月）

---

① 李筱峰：《台湾史 100 件大事（上）》，台北：玉山社，1999 年。简炯仁：《台湾民众党》，台北板桥：稻乡出版社，1991 年。杨碧川：《日据时代台湾人反抗史》，台北板桥：稻乡出版社，1988 年。锦绣出版事业公司编辑部：《台湾全记录》，台北：锦绣出版事业公司，1990 年。《台湾社会运动史》第 5 册（原《台湾总督府警察沿革志》第二篇《领台以后的治安状况》中卷），台北：创造出版社，1989 年。

台湾民众党遭解散处分，干部出狱于党本部最后留影纪念（1931.02.21）。（左起）白成枝、陈其昌、蒋渭水、（姓名待查）、李友三、许胡、张晴川、林火木

"台湾工友总联盟"第二次代表大会

台湾民众党党旗

上海台湾青年团

随着祖国大陆反帝抗日斗争的发展，越来越多的台湾爱国青年成为反日斗争的有生力量。特别是在当时最具有国际性的上海，台湾青年的反日斗争，为争取国际社会的同情，打击日本帝国主义对中国的侵略和对台湾的殖民统治，发挥了不可替代的作用。台籍中共党员翁泽生最具代表性，他所组织成立的上海台湾青年团，更是在中国共产党影响和指导下成立起来的台湾学生抗日组织。①

1925 年 3 月，翁泽生到上海大学学习，翁泽生在上大与同学一起，聆听瞿秋白、陈望道等理论家的指导，很快就成长为一名革命志士，并在校期间参加了五卅运动，并在运动中加入中国共产党。同一时期进入上海大学学习、同样经受五卅运动洗礼的台湾爱国青年，还包括台北人洪朝宗、台中人谢雪红、林木顺，彰化人蔡孝乾，嘉义人庄泗川、李晓峰等。

受党中央委托，团结来沪学习的台湾学生，组建在沪台湾学生团体，让他们在上海的反帝运动中锻炼成长，以期为即将成立的台湾党组织输送人才。1927 年 11 月底，翁泽生组织台湾的进步青年，在闸北天庵源源里宣告成立上海台湾青年读书会。12 月底，读书会迁至宝山路协兴里 107 号，并在青云路天授里 20 号设联络点，还出版读书会报纸《屋内刊》，发表了不少会员学习革命理论的体会文章，宣传台湾革命运动发展情况，并向在沪学习的台籍青年散发。1928 年 3 月 12 日，日本领事馆警察发现台湾青年的反日活动，便会同国民党军警，冲进宝山路协兴里读书会会址，

---

① 《日本魔爪伸到上海 台湾学生在沪组建团体抗战》，《新民晚报》，2005 年 08 月 14 日。

抓走了正在里面的江得水、黄和气、陈氏美玉。读书会再次搬迁至辣斐得路389号东升里。4月25日，读书会新址又被发现，谢雪红、张茂良、杨金泉、林松水、刘守鸿等5位主要组织者被捕，他们与前次被抓的3人一起被遣送回台湾羁押。

1928年年初，谢雪红、林木顺带着共产国际关于创建台湾共产党的指令回到了上海，与中共中央取得联系。4月15日，台共一大在霞飞路（今淮海中路）831号金神父照相馆楼上召开，会议开了两天，中共中央派出彭荣出席并指导大会全过程。在中共中央和台共的指导下，翁泽生等人于1928年6月成立上海台湾青年团。1928年6月17日，翁泽生等人领导台湾青年团在法租界基督教堂集会反对"始政纪念日"，这是祖国大陆首次开展对日本占领台湾的斗争。1929年和1930年，翁泽生又连续两次发起反对"始政纪念日"。

1930年10月，台湾少数民族同胞发起反抗日本法西斯统治的"雾社起义"，遭到日本当局残酷镇压。正在上海的翁泽生当即召开台湾青年团紧急会议，随后通过多种途径，将日本这一罪行向海内外广泛揭露，并举行各种声援活动。

上海的台湾青年革命活动，不仅扩大了上海反日斗争的影响，而且也为厦门等地的反日斗争提供了帮助。青年团成立后，因翁泽生与八一反战斗争有关被检举，活动暂时陷入停顿。翁泽生出狱后，致力于挽回颓势，为了不使得此种组织仅仅局限于上海，而派遣侯朝宗、郑连捷等人探清厦门、漳州的状况，指导厦门的学生运动[1]。1931年4月，上海台湾青年团改组成为上海反帝同盟，引起厦门团体的仿效。

从日本殖民当局所公布的上海台湾青年团相关活动资料也可以得到佐证。在日本殖民当局所公布的《上海、厦门反帝运动关系者处刑始末表》中，上海台湾青年团、上海台湾反帝同盟、厦门反帝同盟台湾分盟的人员有高度关联性，其中上海台湾青年团成员包括邓连捷、陈丽水、苏红松、

---

[1] 《厦台关系史料选编》，九州出版社，2013年，第414页。

黄天鉴、周宗河、陈炳誉、廖兴顺、廖兴如、陈炳楠、陈老石、王溪森、李清奇、王天强、高水森、翁泽生、杨春松、姜文来、李能茂、刘家垅、廖德勤、蔡启献、张德明、林新木等，其中陈炳誉、廖兴顺、廖兴如、陈炳楠、陈老石、王天强、董文霖、高水森、翁泽生、杨春松、姜文来、廖德勤、蔡启献、林新木同时为上海台湾反帝同盟成员。

漳州台湾解放运动牺牲者救援会

自 1895 年日本侵占台湾以来，台湾同胞抗日运动风起云涌，先是 1895 年至 1902 年的大规模武装抗日，后是 1915 年至 1936 年间的非武装抗日，体现了台湾同胞誓死不当亡国奴的民族自尊品格和不畏强暴、敢于同敌人斗争到底的民族英雄气概。

时至 20 世纪 20 年代，许多或受台湾文化协会①民族启蒙运动的影响，或不满日本人殖民统治台湾，或仇视日本人虐待台湾人民，或思慕中国为民族祖国，且以中华五千年文化传统为傲，毅然返回祖国大陆求学。当时，这些台湾青年均曾经历日本殖民当局对其赴祖国大陆求学的百般阻挠和严厉刁难。日警将欲赴祖国大陆求学的台湾青年召至警察局训斥，或以其赴大陆非为专心求学，或以其赴大陆想也不会用功等荒唐的理由，拒发赴大陆旅券，以阻其赴中国大陆求学。

当时，台湾学子甚至因无法获发台民赴大陆旅券，而取道日本再转赴中国大陆求学。这些台湾青年中，许多人到了祖国大陆以后，立即组织各种团体，积极投入反日运动，以使台湾早日回到祖国怀抱。这之中，就有漳州台湾解放运动牺牲者救援会的努力与贡献。

1929 年，台湾青年蒋文来因具有共产党员的嫌疑而在漳州被捕，经国民党漳州当局军法会议审判，遭到拘禁的处分。当时，住在漳州的台湾青

---

① 1921 年 10 月 17 日，台湾文化协会在台北成立，推举林献堂为总理，蒋渭水任专务理事。协会宗旨为"助长台湾文化之发达"，通过发行会报、设置读报所、举办讲习会、开办学校、举办巡回讲演等开展启蒙运动，促进台湾岛民的民族自决与争取其地位。许多台湾文化协会会员直言"我们的祖国是中国"，充分体现了台湾同胞对祖国深切的孺慕情怀。台湾总督府称台湾文化协会"怀慕中国之情甚高，与中国人日益亲善，期待国权回复"。

年李山火、蔡孝乾（蔡乾）、张炳煌等人，立即展开救援蒋文来的行动。借着救援的机会，召集了数 10 名在漳州的台湾留学生，于 1929 年 10 月 5 日，成立台湾解放运动牺牲者救援会。

救援会成立后，随机加紧进行宣传运动。1930 年 2 月，为了声援岛内台湾农民组合"二·一二"事件①被拘捕的台湾农民组合同志的行动，同时也为了扩大宣传救援会的运动与募集活动基金，在上海台湾青年团②的支援、指导下，救援会的主要干部李山火、蔡孝乾、张炳煌等人，主持了一场游艺大会的救援活动。大会在李山火的主持下进行。陈志辉陈述了台湾革命运动的经过与救援牺牲者的必要，然后进行奏乐、演剧、歌舞等节目。经过两日的表演，第 1 天有 350 名观众，第 2 天有 200 余名观众，门票收入约得 500 元。

会上，发表了《台湾解放运动牺牲者救援会宣言》，宣言称：

国际帝国主义的根本已经动摇。

现在，全世界弱小民族的革命运动已日渐炽热。各帝国主义国家对弱小民族殖民地的弹压也日益加重。因此，帝国主义国家与弱小民族间的斗争也日渐尖锐化。

最近，世界弱小民族革命运动有印度的抗英、朝鲜的抗日、土耳其与摩洛哥的战争，这些战争都震惊了全地球的人类。我台湾可说是个孤岛，但在日本帝国主义铁蹄的重压下，民众的革命斗争力尚且不落人后。除了极少数的走狗、土豪、劣绅及反动分子外，四百万台湾民众都是勇往迈进的斗士。

过去的三十年间，我台湾民众反抗日本政府，因此遭到血淋

---

① 1925 年 11 月，台湾凤山农民组合成立，简吉任组合长。随后大甲、曾文、嘉义等地陆续成立农民组合。1926 年，各地农民组合联盟成立"台湾农民组合"，简吉任中央委员长。台湾农民组合成立后，广大台湾蔗农与日本人有关地租与反对总督府将土地售予日本人等的冲突剧增。1927 年 11 月，台湾农民组合已有支部 23 处，会员多达 21300 余人，1928 年年底再增至 25000 人。面对此一形势的发展，日本当局认为不能听任台湾农民组合的存在，于 1929 年 2 月 12 日拂晓，对全岛各地台湾农民组合的本部、支部事务所、关系团体及主要干部住宅共 300 余处，展开全面搜索，拘捕 59 人。是为台湾农民组合"二·一二"事件。

② 1926 年，由翁泽生、林木顺、李能茂等人在上海成立。

淋的屠杀。如北埔事件、林杞埔、苗栗、西来庵事件等，其间的消息就无庸赘言。最近三四年来，台湾民众英雄的战斗正如火如荼地进行。可是日本帝国主义更加肆无忌惮地凶暴镇压。台湾革命民众自 1927 年以来爆发的检举事件接连不断……

随着解放运动牺牲者的增加，日本帝国主义对吾等牺牲者就越发施以惨无人道的殴打与拷问。另一方面又使入狱者的家族饥寒交迫、流离失守，其惨状真是莫可名状。

漳厦的台湾同胞组成救援台湾解放运动牺牲者游艺会，将募得的钱赠给入狱的同志及其家族。一方面借以抚慰入狱的同志及其家族，另一方面则激励解放战线上的斗士，进而巩固革命势力，为将来的革命斗争而努力。

宣言最后呼吁"革命的同胞们，同志们，第二次世界大战将爆发，我等应团结起来打倒帝国主义，打倒日本帝国主义"。

2 月三四日，救援会向厦门同文台湾留学生会，留集台湾学生会，其他附近县的留学学生及台湾青年、漳州县国民党党部等各个机构发出介绍信，并在漳州市内张贴传单进行募捐，后募得百余元。

救援会还编辑《台湾解放运动牺牲者救援会特刊》，并于 2 月 9 日在漳州市内、上海、东京及岛内各地分发约 2000 份，内容主要有《日本最近对台湾的暴压政策》、《暴压政策下的各阶级民众》、《岛内各团体的斗争情势》等，为推动台胞抗日运动的发展做出了贡献。当时，日本列为机密的《台湾总督府警察沿革志》称那些从事抗日的台湾志士对中国未来寄予莫大瞩望，认为中国不久将重新振兴而雄飞世界，必定能收复台湾。故日本侵占台湾时期，台湾人民一波接一波的抗日运动，实际上延续着台湾人的民族传承与对祖国的强烈认同，在中华民族波澜壮阔的反侵略斗争史上写下了浓重而感人肺腑的诗篇。

（感谢台盟厦门市委原主委曾雄同志为本文提供了重要参考资料）

参考文献：

1.《台湾社会运动史》第三册《共产主义运动》（原警察沿革志出版委员会编：《台湾总督府警察沿革志》第二篇），台湾：创造出版社，1989年，第354—359页。

2. 蓝博洲编著：《民族纯血的脉动——日据时期台湾学生运动》，台湾：海峡学术出版社，2006年，第279—282页。

台湾赤色总工会

赤色总工会的组建

共产国际和中共的推动

在台共诞生之初，共产国际就主张台湾建立赤色总工会，积极领导工人开展抗日斗争，中共中央赞同这个意见。1930 年 10 月，瞿秋白以中共中央代表身份，对台湾工会运动提出这样的建议：

> 为发展工会组织并在重要的产业部门建立工会，最近的主要工作应该集中在成立赤色总工会筹备委员会……领导即将兴起的各种罢工也是党的一项迫切任务，党与赤色工会应该以自己的名义出面领导这些罢工，并在斗争中发展组织并扩大影响。

1930 年末，共产国际远东局致台湾共产主义者的信指出，台共的主要缺点是缺乏积极性，组织台湾工人运动和农民运动方面显得消极被动，要求台共组建赤色工会，发展工会运动，使右翼工会的工人参加赤色工会的抗日斗争，巩固党对台湾工人运动的领导作用。

王万得等人在《确立总工会组织准备会》一文中写道：

> 1930 年以来，我们看见了劳工罢工斗争的高潮。那种从自然发生性进展为最近印刷罢工的有计划斗争。虽然台湾的劳工运动以坚定的步调抬头，但这也证明了共产国际的正确分析……如何将参与革命运动的大众组织为有意识性、组织性、计划性，扩大

发展成更高阶段乃是我们的问题，亦是我们的任务。对我们来说，台湾红色总工会的确立是当前的急务。

1930年5月，台共中央委员林日高在上海撰写致共产国际的报告，其中谈及岛内台共的工会统一战线工作：

党曾经基于团结工会运动的统一战线观点，以及担心造成左右两大工会阵营分裂加深，延迟了赤色总工会的组织工作，而且还宣称组织赤色总工会，只能在工会运动统一战线维持一段相当时间后才能进行。党的这些行动显示它忽略了赤色总工会的重要性与必要性。进一步而言，实际组织赤色总工会并不会伤害工会运动的统一团结，相反的，由于认识到赤色工会的革命性行动，原本受到右派工会影响的工人将起而反抗他们既有的工会领导，并转而支持、加入赤色工会。现在，党已认知到组织台湾总工会的必要性，但还不是完全了解赤色工会的任务，以及赤色工会与工会统一运动的关系。

首先，林日高说明岛内台共中央延缓组织台湾赤色总工会，是基于避免左右翼工会组织分裂而削弱岛内抗日力量的考虑。然后，林日高指出，岛内台共中央的这个顾虑没有必要，组建台湾赤色总工会十分重要。

继林日高报告之后，翁泽生致共产国际的《关于台湾共产党活动的报告》写道：

（台共建党）大会通过有关工会运动的决议，犯了一个严重的错误。大会认为工人阶级是一个整体，没有左翼右翼的区分，需团结在一起……创党大会决定由下到上联合左、右翼，接着再组织全台的总工会。在这里所犯的最严重错误如下：1. 未对黄色工会展开战斗。2. 忘记需先组织左翼（赤色）工会，以便集中力量来与帝国主义、白色恐怖与国民党以及黄色工会战斗。创党大会之后，共产国际已经指出了这些错误，但多数同志还没有注意到这些。

翁泽生在《关于台湾共产党活动的报告》中明确指出，中共和共产国际的政治路线，对台共党员的抗日思想和斗争策略产生了重要影响。据翁泽生回忆，在台共建党初期，共产国际远东局针对台湾工会统一战线策略问题，透过中共中央提醒台共中央应该成立台湾赤色总工会，领导台湾的工人运动。1930年12月末，共产国际发出致台湾共产主义者书，要求台共建立赤色工会组织，积极发展工会运动。

可见，在台湾工会运动的问题上，林木顺、翁泽生等人的观点执行了中共中央和共产国际的政治路线。

制订相关文件

台共党员王万得、苏新等人以抗日斗争和阶级斗争为出发点，拟制了一系列有关工会组织的文件。其中，《台湾交通运输工会组织方针》认为，工会组织必须从以下三方面进行建构：

第一，台湾交通运输工会必须为全岛性产业别单一组合组织体。

理由：台湾的交通运输产业中有重要性者，全部在严密的统制下形成独占性最强的产业。故只有一工场或一地方展开斗争，对支配阶级来说一点都不可怕，他们可以把各地方发生的反抗一个一个消灭。因此，我们的交通运输工会要和他们对抗，就必须以工场为基础，尽量为产业别全岛性单一组合的结成而努力。

第二，组织单位及运动中心必须是劳工被榨取的工场。

理由：所谓的工场即战场，一方面存在有企求增加榨取与渴望其永续性的资本家；他方有希望改善生活，撤销榨取的劳工。所以，工场与工作场所是资本与劳动不断纠纷的最激烈的战场。离开这个战场就没有经济斗争，不以这个为基础就没有阶级斗争。因而，工场、工作场所的活动将会决定胜负。所以，为了彻底解放交通运输劳工，代表我们日常利害关系的工会必须把所有努力集中于工场和工作场所。

第三，工会必须立脚于最完全的民主主义之中央集权组织体。

理由：为推进日益激烈的阶级斗争，又由于遭到激烈的镇压必须进行非法的活动，所以要把其指导迅速彻底普及到工场、工作场所的每一个角落。当斗争动员时，为使全部一齐进攻，无论如何需要一种中央集权的组织。

《台湾交通运输工会组织方针》还指出，共产国际开展工人运动所积累的经验教训——按照统一的组织方针强化扩大工会组织——是适合于台湾的，所以，台共领导的赤色工会组织要与台湾民众党领导的台湾工友总联盟、薛玉龙领导的台湾工友协助会展开斗争，并使受他们影响的工人加入赤色工会组织；并确立以下斗争目标："为救援解放运动的牺牲者及其家族而斗争""为支持农民运动而斗争""为支持泛太平洋劳动组合会议而活动""为确立全岛性单一产业别交通运输组合而斗争""为确立全岛性产业别组合之全岛性组织——台湾总工会——而斗争"等。上述斗争目标将台湾工农的抗日斗争融为一体，有利于团结台湾工农大众共同参加台共领导的抗日斗争，并将台湾工会组织与国际工会组织联系起来，对台湾无产阶级具有极强的吸引力和号召力，激发了他们的抗日革命斗志。

苏新撰《台湾赤色工会的组织与战术》一文，拟由新台湾战线社出版，然而，日警搜查新台湾战线社，并扣押了这份文件。

台湾赤色总工会组织准备委员会

1930年12月28日，在台共"松山会议"上被任命担任临时工会运动指导部工作的王万得、苏新、萧来福共同商议工运工作，拟成立台湾赤色总工会组织准备委员会。他们作出以下决定：

一、关于临时工会运动指导部的设置，先要召集全岛各地的工会运动从事者组织台湾红色总工会组织准备委员会，以此作为总工会成立前的全岛性指导部。至于工会组织，则从上部以意识性组织产业别工会，并导向为建设总工会。

二、该组织准备委员会成立时，矿山工会、出版工会、交通运输工会的组织方针、运动方针、会章、行动纲领等等须各个作成。

随后，王万得等人向台共领导人谢雪红汇报，谢雪红则认为："现在产业别工会尚未具有巩固的组织，竟而组织总工会组织准备委员会，此乃本末颠倒。应全力以赴建设产业别工会，总工会应该在这个基础上发展。"虽然王万得等人的计划没有得到谢雪红的认可，他们仍然积极准备，并"逐次起草总工会组织准备委员会、矿山工会、交通运输工会、出版工会的组织方针与运动方针，以谋求促进准备委员会的组织"。

1931 年 2 月，王万得、苏新、萧来福等人正式组建台湾赤色总工会筹备委员会，并透过秘密渠道将这个消息传递给远在上海的台共联络员翁泽生，翁泽生对此给予肯定，并向共产国际远东局报告。1931 年 3 月 8 日，翁泽生致远东局的报告写道：

全台总工会筹备委员会终于在印刷工人、矿工与运输工人等赤色工会筹备委员会支持下组织起来。不过，赤色工会的组织与影响力，无疑仍然是极端微弱的。不只其组织成员少，许多罢工也都与它们无关……高雄的罢工与胶版印刷公司工人罢工，是在我们的同志与赤色工会领导下进行。

在目前情况下，我们同志主要的工会运动任务是确实掌握工人的急迫性需求：反对解雇工人、反对减薪、反对减少工作日数、反对增加工作强度、同工同酬、反对干预罢工、自由组织赤色工会、以及发展并领导新的罢工行动。同时也应该在斗争中全力组织赤色工会，要熟练运用自下而上建立统一战线的策略，还应该派遣同志到黄色工会（指台湾民众党领导的台湾工友总联盟，笔者注）争取受其影响的群众。

……

成立全台总工会筹备委员会是正确的做法，不过它必须全力在工厂与矿场建立基本的赤色工会，并防止这些工会成为空壳组织。同时，它也应该影响那些相对偏向左翼的工会，设法说服它们加入筹备委员会，并设法改组这些工会，使它们成为有力量、有纪律与有系统的工会。赤色工会组织一定要进入大型工厂与重要产业，我们应该与那些只想在小商店与手工工人间组织工会的思想战斗；应该全力设法打进政府经营的产业。为抵抗敌人的强

力压迫，赤色工会应该根据红色工会国际的指令，根据产业分支
结构来组织工会。

翁泽生认为台共领导成立台湾赤色总工会筹备委员会是正确的，并承
认相对于客观情势的发展，台湾赤色工会的组织与影响力比较薄弱，因
而，积极发展台湾赤色工会应该是台共当前工作的重点之一。

松山会议与台湾赤色总工会的成立

台共于 1930 年 10 月 27 日至 10 月 29 日在台北市郊松山召开中央扩大
会议，史称"松山会议"，这是台共重建后首次召开较具规模的会议。会
议讨论了党内关于革命的路线及策略，主要是如何对待文化协会、工人运
动等问题。王万得、苏新等在一线工作的党员认为，具有联合战线性质的
文化协会，已经对党的发展形成阻碍，应予解散；应以左翼工会为中心、
以建立台湾总工会为目标，由上而下地将产业工会组织起来。同时他们还
对党的发展缓慢、部分中央委员活动不积极等状况感到不满。这与以谢雪
红为首的台共中央的路线，即与其他政治团体合作，借助合法组织开展党
的活动，农民、工人与中产阶级组成联合阵线的路线显然不同。会议对党
缺乏工会组织的方针而造成工运停滞不前提出批评。会议决定，由王万
得、苏新为临时工会运动的指导。谢雪红的领导权被削弱。

在此次会议上，台共决定成立台湾赤色总工会。

台湾赤色总工会的相关活动

台湾赤色总工会成立前后，台共领导工人开展了几次罢工斗争，虽然
均以失败告终，但罢工斗争对工人抗日斗志的鼓舞作用不可忽视。

高雄草袋工厂女工罢工斗争

1930 年 12 月，在台湾南部的台共党员庄守和简娥的领导下，高雄草
袋厂女工孙玉兰组织近 200 名女工进行抗议减薪、要求改善工作条件的罢

工斗争。后来，孙玉兰加入了台共组织。

王万得回忆道：

> 1930年冬，高雄草袋工厂的女工不满资方的残酷剥削（劳动条件差，工资低）要起来罢工。当时，工厂的一名年轻女工孙玉兰很积极、很活跃，她的哥哥孙古平是机械工人，受过庄守的影响。通过这层关系，庄守就指导这次女工的罢工，庄守通过简娥指导孙玉兰进行罢工斗争。这个罢工后来没有取得胜利。

由于庄守和简娥分别任职于文协和农组，所以翁泽生称女工罢工斗争是在文化协会和农民组合的领导下进行的，并给予较高评价。

翁泽生这样描述农村女工的罢工斗争：

> 南台湾草袋纺织工厂超过190位的女工，于1930年12月11日宣布进行一项团结罢工，抗议雇主准备将她们每编织一个草袋的工资由0.03圆降低为0.025圆。

> 根据雇主的说法，降低工资是因草袋的市场价格下跌而不得不采行的措施；但事实上编织草袋的原料草价格也变得更为低廉，而工人的生活条件已经非常的辛苦。因此，这些女工遂在文化协会与农民组合（这两个组织都有我们的同志）领导下，展开以下各项诉求为条件的斗争：

> 1. 反对降低工资。
> 2. 故障的机器应在纠纷期间立即修复。
> 3. 反对资方假借工作品质不佳为由克扣工资。
> 4. 要求支付拖欠的薪资。
> 5. 工资应该每半个月支付一次。
> 6. 雇主应负担员工的医疗费用。
> 7. 工厂内应兴建厕所。

> 新年前夕，女工们派遣10位代表和雇主谈判，不过后者拒绝做出任何的让步。同一时间，警察出面帮助雇主，有几名代表被逮捕。

到了新年那天，女工们与文化协会及农民组合共同举办了公共演说会，有超过500人出席演说会。她们在演说会上提出了以下的新诉求口号：

1. 反对政府干预罢工。
2. 罢工绝对自由。
3. 反对产业合理化。

多数社会民众同情这次罢工，社会大众向她们提供了白米等支持物资。警察则全力压制罢工，多次前往女工家进行突袭搜查。同一时间，高雄的警察当局为了瓦解这次罢工，还派代表出面斡旋这场劳资纠纷。

石底碳坑矿工开展罢工斗争

1931年4月1日，在台共党员苏新和谢祈年的组织和领导下，石底碳坑矿工开展罢工斗争，然而罢工斗争仅坚持5天即告失败。1931年五六月间，根据苏新了解的罗东甘蔗渣工业试验所工作环境和待遇等情况，台共决定领导试验所工人开展罢工斗争，指示台共党员卢新发负责组织这次斗争。6月上旬，卢新发组织召开甘蔗工人代表大会，向试验所提出提高薪资、改善工作条件及解决职工医疗问题等要求，试验所不仅拒绝工人代表的所有要求，并解雇了罢工工人。

台北橡胶板印刷工人罢工斗争

台北橡胶板印刷工人举行的罢工，是台共领导的几次罢工斗争中，持续时间较长，影响较大的一次，台共党员王万得在其中发挥了十分重要的作用。1930年，王万得开始与橡胶板印刷工人接触，组织印刷工人开展反抗资方的斗争，以维护工人的权益，并油印宣传资料《工厂新闻》，宣传工人的斗争活动，鼓舞工人的抗争意识和斗志。1931年2月，台共党员王万得、苏新、赵港、萧来福等人领导台北胶板印刷工人开展罢工斗争。2月5日，根据王万得的指示，台北胶板印刷公司职工陈两家、张烟、黎水等5人组成斗争委员会，召开职工大会，鼓动工人斗争情绪，提出反对资本家缩短作业期，维护工人权益的要求书，罢工斗争由此拉开序幕。2月7日，王万得、赵港、苏新于台北市上奎府町赵港住所召开会议，商议领导台北印刷工人罢工有关事宜，决定由萧来福具体负责这次罢工斗争，并作出如下安排：

1. 本争议要引导为持久战。

2. 让罢工职工结成斗争委员会并派党革命分子支援。

3. 要引发台北市内出版劳工及其他劳工之同情罢工。

4. 发行争议新闻以谋求扩大影响。

5. 发起救援运动争取大众的同情。

6. 以争议为机会谋求确立出版工会组织准备会。

1931年2月10日，罢工工人与日警发生冲突，工人被逮捕。2月11日，在台北御成町新台湾战线社，台共党员王万得、杨克培、谢祈年及工会代表等16人，商议对策，决定组织救援团，发表抗日檄文，呼吁岛内各抗日团体给予支持。

这篇以台湾出版工会准备会名义发表的檄文写道：

胶版印刷公司的资本家借口不景气将工人的劳动日数缩短为22日。然而，我们不工作则难以饱食。资本家嘴里说赚钱少，其实却正在增建大工场、购买新机械。6日，我们终于一致团结向他们资本家宣战，全体从业员提出如下要求条件：

1. 即时撤销操业缩短案。

2. 实施八小时劳动制。

3. 即时提高工资三成。

4. 撤销折扣制度。

5. 节日、星期日公休支薪。

6. 提高女工及童工薪资五成。

7. 金粉作业不论男女增加津贴十钱（一角）。

8. 设备更衣室、餐厅、浴室，并发给肥皂。

9. 争议中发给全额日薪。

10. 此争议不得有牺牲者。

11. 争议的费用由公司负担。

如此最低限度的要求虽是最合理的要求，但资本家仍旧顽固不化。出版工人弟兄！这一次的罢工不仅是胶版印刷公司工人兄弟姊妹的问题，更是全出版资本家对出版工人的问题。际此重要时期，工人兄弟姊妹必须致力于整顿阵营，积极援助胶版印刷公司的罢工。

在罢工斗争中，陈两家等8名罢工工人被日警逮捕，一部分罢工工人遭印刷公司开除。自2月25日起，罢工斗争中断，除被逮捕和被开除者，其余工人重新恢复上班。3月9日，在台共和左翼工会——台湾出版工会——的共同领导下，台北印刷工人开展第二次罢工斗争，提出三项要求：

1. 一个月上工26天。

2. 释放前次罢工被捕的工人领袖。

3. 恢复前次罢工遭开除工人职位。

谢祈年和郭德金根据台共党员萧来福的指示，到现场鼓励工人坚持罢工。此外，罢工工人还收到台共印刷的抗日宣传资料《赤旗》。最终，印刷公司从日本雇佣了一批印刷工人，30余名台湾工人遭解雇，罢工斗争以失败告终。

翁泽生向远东局报告这次罢工斗争时指出："由于日本帝国主义者知道罢工是由我们的同志与左派工会领导，因此他们以极度高压的方式来破坏这次罢工。"在这次罢工斗争中，台共党员王万得和吴拱照被日警逮捕。王万得被拘禁29天后获释，吴拱照则一直被囚狱中，直至"台共事件"发生后一并被判刑。

劳动节斗争活动

1931年4月下旬，谢雪红、杨克培等人组织文化协会台北支部、农民组合台北出张所、台湾工友协助会、台湾工友总联盟台北区、台北机械工会、台湾涂工会、台北维新会等团体联合组成五一斗争委员会，计划共同开展劳动节斗争活动，举行罢工和示威游行等，并提出确立七小时劳动制、反对帝国主义战争、拥护苏联、拥护中国革命、促进抗日统一战线、纪念雾社起义等宣传大纲。4月29日，日警侦知这次斗争计划，逮捕活动的主要人物17名，计划流产。

台共与赤色工会国际会议

获赤色工会国际会议入场券

1930年5月，蒋重鼎（嘉义人）携驻沪台共领导人翁泽生的秘密指令返台，按照翁泽生提供的地址找到台共在岛内的大本营——国际书局，并与台共党员王万得取得联络。王万得回忆道：

> 1930年5月初左右，有一个姓魏的（即蒋重鼎，笔者注）从上海回到台北，说是翁泽生叫他回来，去国际书局找谢雪红说要找王万得。谢雪红就派人让我到国际书局和这个人见面……我当时也没有比较安全秘密的地方可以谈话，就带这个人到我家里去谈话。他对我说，翁泽生派他来找我，说第二次太平洋劳动会议（应为1930年8月在莫斯科召开的第五届赤色工会国际会议）将要在海参崴召开，让我选拔2位工人代表和我本人一道去出席这个会议。工人代表的条件是在工人群众中有威信，活动积极，回来以后还能继续做工作的人，去的旅费由上海方面负担。我回台湾以后没有和翁泽生通信联系，当时我不知道翁泽生在上海担任什么工作，魏到了以后我才知道翁泽生在上海参加中华全国总工会的工作……因为我刚刚回台湾不久，和工人接触、了解不多，所以选不出合适的人选。我和魏说选不出像条件那样适当的人选，魏就回上海去报告了。

1930年5月12日，翁泽生致函共产国际远东局：

> 至于台湾工会运动与泛太平洋会议间的关系，以及台湾赤色

救援会的问题，如果可能的话，我们也期待能同时加以解决。

1930 年 5 月 18 日，共产国际远东局致函莫斯科：

> 我们还向台湾派去了一个同志，两三个星期之后，他将回来，并带回一个被推选出来参加代表大会的代表。这个同志还将向我们介绍当地的党小组、各个工会的活动，等等。

刘缵周出席赤色工会国际会议

由于种种原因，台共党员最终错过了赤色工会国际会议，但是台湾代表并没有缺席，台籍日共党员刘缵周以日本海员工会代表和临时台湾代表的双重身份出席了这次会议。

刘缵周，台湾新竹人，祖籍广东。1919 年至 1924 年，先后在台湾制糖会社做苦力、甘蔗园工人、店员等。1925 年，担任日本汽船水手。1927 年参加日本海员工会，组织罢工活动，加入日共。1930 年 8 月，参加在莫斯科召开的第五届赤色工会国际会议。同年 12 月 5 日，在海参崴与赤色工会国际代表会面，接受了一项特殊任务——向上海的雷恩（斯托利亚尔，由俄罗斯到上海，任职于泛太平洋工会秘书处上海局）同志转告赤色工会国际的指示。随后，刘缵周化名"陈元"经厦门抵上海。1931 年 3 月前后，刘缵周与雷恩会面，并将详情告知翁泽生。

1931 年 2 月 20 日，翁泽生致信共产国际远东局，介绍刘缵周的情况：

> 他（刘缵周）曾在日本担任长达 7 年的水手工作，去年他还曾代表日本革命的海员工会，参加第五届红色工会国际（RILU）组织的世界会议。现在他已经回到上海，我是在中国共产党的介绍下认识他的。在莫斯科期间，他并曾以临时台湾代表的资格，出席那次红色工会国际的世界大会，因为当时并没有任何台湾代表与会。不过他并不是我们党的党员。

1930 年年底，以临时台湾代表身份在大会上亮相的刘缵周返祖国大陆，在厦门、上海联络中共，经中共安排与台共领导人翁泽生会面。1931 年 3 月，刘缵周离沪，经日本东京返台，参加台共在岛内开展的抗日斗争，支持台共领导人谢雪红的抗日斗争策略。1932 年春，因"台共事件"被捕，在狱中牺牲。

相关人物

1. 苏新（1907 年 11 月 14 日－1981 年 11 月 13 日），台南厅萧垅堡（今台南县佳里镇）人。台湾共产党党员、中国共产党党员。台湾民主自治同盟创盟成员、全国政协委员。

苏新于 1924 年被台南师范学校（现国立台南大学）退学后，进入日本东京私立大成中学就读，之后转入东京外语学校，1927 年加入东京"台湾青年会"附设之"社会科学研究部"、"台湾学术研究会"，并且于 1928 年加入日本共产党。苏新参与东京《台湾大众时报》编辑 3 个月，之后将党籍转移至台湾共产党东京特别支部，并且于 1929 年 2 月回到台湾，在宜兰太平山当伐木工人。他曾在罗东郡太平山、基隆矿区鼓动工人运动，编有《矿山工人》。1930 年 10 月在台湾共产党的松山会议上成立台湾赤色工会，1931 年成立改革同盟，并且出任台湾共产党宣传部长而成为台湾共产党的领导人之一。"二·二八"事件爆发后，苏新前赴香港，与谢雪红、杨克煌等人在当地共同创立台湾民主自治同盟，并主编创盟刊物《新台湾》丛刊。1949 年 3 月，苏新从香港启程前往北京，先后在中共中央统战部、中共中央华东局、中央人民广播电台工作。

1981 年苏新在北京病逝。苏新曾经以笔名"庄嘉农"写作《愤怒的台湾》一书，内容描写"二·二八"事件中台湾人民的反抗。

2. 王万得（1903－1985 年 7 月 26 日），台湾台北市人，原台湾共产党书记。

王万得于 1918 年毕业于台北大稻埕公学校，后又入台湾总督府交通局递信部通信练习所甲科进修，1919 年毕业。其后，先后在新营、淡水、台北等地邮政局工作。1922 年时加入台湾文化协会。1927 年时曾来到大陆，加入中国共产党。次年转籍加入台湾共产党，1929 年返台，1931 年在台共第二次大会中被选为常务委员兼书记长。是年，台共遭日本警察镇压，于 7 月被捕，入狱 12 年。台湾光复后，于 1946 年任台湾省政治建设协会常委理事、台湾革命先烈遗属救济委员会常委。"二·二八"事件后逃往大陆，加入台湾民主自治同盟，并任台盟华东总支部委员。中华人民共和国成立后，历任台盟总部理事、顾问。1983 年，当选第六届全国政协委员。

3. 翁泽生（1903 — 1939 年），台湾台北人，祖籍福建同安。1921 年 10 月，在台北实业学校读书时加入台湾文化协会，并积极参加抗日爱国运动。后到厦门集美中学读书，接受马克思主义和社会主义，成为台湾最早的社会主义宣传者之一。

在集美中学读书期间，曾回台北组织反对日本殖民统治的台北青年会。1924 年夏入上海大学读书。1925 年参加五卅运动。同年加入中国共产党。1926 年年底回厦门从事革命活动。1927 年 2 月，出任漳州农民运动讲习所教务主任。同年"四·一二"反革命政变后，前往上海从事地下工作。1928 年 4 月 14 日，参与联络台籍中共党员成立中共台湾地方组织。1932 年后，任中华全国总工会党团秘书长。1933 年 3 月 4 日在上海被捕，并移交给日本政府，被囚禁于日本监狱。狱中，受尽酷刑，始终坚贞不屈。1939 年 3 月 1 日，因长期受折磨，生命危在旦夕，监狱当局即通知其在台亲属将其"保外就医"。不久病逝。时年 36 岁。

厦门反帝同盟台湾分盟

　　抗战时期，在厦台湾学生为摆脱日本殖民统治，成立了6个抗日组织，分别是台湾尚志社、厦门中国台湾同志会、闽南台湾学生联合会、漳州台湾解放运动牺牲者救援会、闽南学生联合会、厦门反帝同盟台湾分盟，当时每个组织都办有刊物。[①]

　　厦门的反帝同盟斗争，得到了中国大陆其他省市反日斗争的影响和帮助，也受到中国共产党的领导和支持，在厦台湾同胞的参与，更加壮大了反帝斗争的力量。早在1926年，受中共中央派遣，日后台湾共产党创始人之一的翁泽生（翁振华），即回厦门从事革命活动，并积极联络在厦台民。1927年2月，翁泽生出任漳州农民运动讲习所教务主任，任中共闽南特委常委兼宣传部部长，主持特委工作，并负责漳州地区的党组织发展。1928年，刚刚成立一年之久的中共福建省临时省委迁至厦门，陶铸、曾志等同志也曾先后参与福建省委的工作，1930年2月福建省委第二次代表大会时，恽代英还作为中共中央代表到鼓浪屿参加。[②] 1930年3月18日，经过中共地下党员的安排，中共福建省委在厦门召开反帝大同盟大会，后大会顺利进行，但国民党却借机对参与大会的数十人中共骨干进行逮捕，后来被福建省委破监救人，发生了轰动一时的"破狱"事件。

　　中共福建省委的革命活动，特别是翁泽生等台籍中共干部的工作，给在厦台湾学生的反日活动以重要支持，也使在厦门的台湾青年逐渐接受了

---

　　① 石计生：《忠烈祠里的文化资产：十九世纪以来影响世界的重要思潮》。
　　② 罗明：《早期厦门党组织的情况》，《厦门革命回忆录》，厦门大学出版社，1991年，第27页。

共产主义和民族解放思想的影响，意识到革命救亡的道理。1931 年 6 月左右，在厦门市白鹿洞，在上海台湾反帝同盟派遣来厦门的侯朝宗指导下，闽南学生联合会的活跃分子王灯财、康续、陈耀林、陈启仁、戴遥、陈兴宇等，决定组织厦门反帝同盟台湾分盟，推举王灯财为负责人，由侯朝宗负责与上海台湾反帝同盟与中国共产主义青年团厦门支部的组织联络，王灯财、陈耀林、陈启仁等人还经过侯朝宗的介绍，加入中国共产主义青年团。①

厦门反帝同盟台湾分盟成立后，在厦门进行了一系列重要的反日活动。1931 年 6 月，侯朝宗、王灯财、康续、陈兴宇、郑明德等在厦门竹子河、许氏家族自治乡团聚会，协议在所谓"台湾六·一七始政日"开展反对斗争，印刷了 3000 份以"打倒日本帝国主义，谋求台湾独立"为主旨的《纪念六·一七台湾亡国宣言特刊》，分发到岛内及厦、漳台湾学生。宣言反对"无耻的台湾民族资产阶级竟然想日本帝国主义投降"明确提出"吾等积极地参加中国革命就是为了不愿变成日本帝国主义的俘虏"，更喊出"将日本帝国主义驱出台湾"、"拥护中国共产党! 拥护台湾共产党!"② 的口号。需要指出的是，宣言中有关台湾独立的主张，是台湾为了脱离日本帝国主义殖民统治的主张，其独立的诉求，并未针对作为"祖国"的中国。

1932 年 3 月，在中国共产党青年团厦门支部指导下的学生、青年团体内的团员召开活动分子联谊会一，王灯财、陈耀林、陈启仁等人参加。会议决定，以中国共产党新方针"抗日救国"口号，作为反帝国主义统一战线的运动方针。为适应新方针的要求，厦门反帝同盟台湾分盟改组为厦门青年救国会。

---

① 《厦台关系史料选编（1895—1945）》，九州出版社，2013 年，第 428、429 页。
② 见《于台湾国耻纪念日告南支台湾民众》。

台湾赤色救援会

台湾赤色救援会，是在台共中央的支持下，在简吉等台共党员的积极策划下，以台共领导的文协和农组为主体，为救援因"台共事件"被捕同志，于1931年9月4日成立的。台湾赤色救援会的宗旨是与日本殖民当局斗争，通过救援活动来进行重建党组织及训练无产大众。在台共遭遇危机的相当一段时间，救援会承担了台共的中心工作，并展开了一系列宣传抗日、重建党组织的活动。在日本殖民当局的残酷打压下，救援会于1931年12月最终解散。

台湾赤色救援会诞生的历史背景

台湾共产党面临的危机

台湾赤色救援会是在台湾共产党遭遇重大破坏而到了解体的生死关头时诞生的。1931年，成立3年的台湾共产党面临巨大危机。3月，台共骨干赵港、陈德兴被日警逮捕，藏于他们住所的台共机密文件被日警查获，日本殖民当局逐渐展开对台共党员的全岛性搜索和检举。随着台湾共产党重要成员谢雪红、潘钦信、王万德等相继被捕，台共中央被破坏，以致台湾共产党及其所领导农民组合和文化协会等活动都遭当局严厉取缔，变为停顿状态。台湾的农民运动陷于困境，农组第三次全岛大会及其他活动难以实施，农组活动转入地下运动。

共产国际和中共中央的影响

赤色救援会是在 1922 年第三国际第四次大会中即决定对共党受难者的常设组织。这是非社会主义国家内支持共产主义运动的组织。台共在 1928 年 4 月在上海建党时即有"红色救援会"的计划与工作方针。

台湾赤色救援会的诞生执行了台共中央的决议。1931 年 5 月初，在潘钦信的组织下，台共二大筹备会成立，成员包括潘钦信、王万得、苏新和萧来福。筹备会学习中共中央和共产国际关于台湾革命的文件精神，承认党的右倾机会主义错误，讨论党的抗日斗争策略，修改潘钦信在上海草拟的新《政治纲领》。据王万得回忆，1931 年 6 月 21 日，台共中央常委会决定成立台湾赤色救援会，由台共党员詹以昌、陈昆仑、李明德及台共支持者王敏川、吴丁炎等着手准备工作。8 月 9 日，台共党员简吉召集文协的张茂良、詹以昌、郭荣昌及农组的陈结、颜锦华、陈昆仑等人，密会于台中文化协会本部，共商组建台湾赤色救援会，救援因"台共事件"被逮捕的同志，并着手组织的重建工作。台共党员简吉、张茂良、陈昆仑、詹以昌和陈结对会议起了十分关键的作用。张茂良任议长，陈昆仑任书记。在会上，简吉首先说明组建赤色救援会的重要性：

> 本救援会的组织与台湾革命运动有至大的关系，其进展如何将直接影响到台湾革命的消长。当前吾人最紧急的重要工作就是努力本会的组织，期望其成为国际赤色救援会台湾支部。

台共二大通过的新《政治纲领》要求台共组建赤色救援会，支持工农抗日革命斗争，并加入国际赤色救援组织。

台湾赤色救援会的诞生

1931 年 8 月 9 日，在台共中央的支持下，简吉等台共党员召集尚未遭逮捕的农组和文协成员陈结、陈昆仑、张茂良、詹以昌、王敏川等人，在台中文化协会本部举行秘密会议，组建台湾赤色救援会，针对殖民当局对台湾共产党的迫害而实施秘密救援运动。

会议决定了以下事项：1. 党的活动要继续不可停顿；2. 调查尚未遭逮捕的党中央委员并与之联络，派遣党员前往中国与中共中央及东方局取得联络并依指令重建中央；3. 将文化协会与农民组合的会员及组合员吸收于将成立的台湾赤色救援会，透过救援活动来进行重建党组织及训练无产大众；4. 迅速成立"台湾赤色救援会筹备委员会"。

会议商议了赤色救援会的具体方案，推举简吉、陈茂良、陈昆仑为中央事务负责人，并决定了中部地方组织专员、台南地方组织专员、高雄地方组织专员和台北地方负责人名单，陈昆仑和张玉兰一起被选任为高雄地方组织专员，负责高雄的赤色救援会活动。会议还指出派人赴祖国大陆，与中国共产党或共产国际东方局联系，按其指令计划再建台共中央。会后，詹以昌向尚未被捕的台共中央委员苏新报告了会议的决议。苏新对撤销文化协会、组织赤色救援会、组建台共临时中央等作出指示，由詹以昌、陈昆仑、简吉、陈结、张茂良、王敏川组成党临时中央。从此，台共临时中央的活动，以台湾赤色救援会组织的运动为中心。

在会上，詹以昌说明台湾赤色救援会组织及活动方针，其主要内容如下：

在台湾现在的客观情势下，赤色救援会组织的重要性诚如诸同志所述，其组织必须仰赖巩固的团结力与有统制的组织。因此，在正式完成前暂定以农民组合、文化协会的地方负责人为本会的组织者，作为中央的代行机关设置筹备委员会。下层组织则以农民组合、文化协会会员为中心，以十人为基准编成一班，五班组织成一队。班、队设置负责人并统辖之。然后扩而大之发展成全岛的组织。而且，不止于组织内的活动，亦要向组织外扩大支持网，致力于救援资金的筹募以及扩大党活动的影响。

1931年9月4日，詹以昌与党中央常任委员苏新会晤并受到组织台湾赤色救援会指示，詹以昌召集尚未被捕的党员农民组合及文化协会的人员简吉、颜锦华、陈结、陈昆仑、王敏川、张茂良、吴丁炎等人于文化协会本部协议赤色救援会的成立事宜。

上述人等在台湾文化协会本部正式成立了赤色救援会筹备委员会，陈昆仑以高雄地方组织专员的身份，在会上报告了高雄的工作进展情况，并作出如下决定：

一、詹以昌、陈昆仑、简吉、陈结、张茂良、王敏川为临时党中央。

二、派员与上海的翁泽生连络，寻求第三国际的协助。

三、调查各地党员对各地情势及党员意见，重建党团队。

四、筹备组织工会，詹以昌负责员林、彰化的制糖会社、铁路、汽车会社，汤接枝负责日月潭发电厂。

如此运用赤色救援会组织为中心以合法性面具进行一切活动，戮力于重建运动。

《警察沿革志》记录了陈昆仑在会上做的意见报告：

> 陈昆仑说："八月十二日，在嘉义与李明德会面。他无条件赞成赤色救援会的组织，关于撤销文化协会，大体上也表赞成的意见，不过说要等整理支部员的意见后再提报告。同日，在高雄与吕和布、周渭然见面，询问其意见，他们也是无条件赞成。同日，我又到屏东见张氏玉兰及黄知母，他们也无异议。八月三十日，到台南拜访侯北海、李妈兜，他们反对撤销文协，至于赤色救援会组织也不想参加。"

于是，该会随即改为"台湾赤色救援会组织准备会"（MOPR），由张茂良任议长，陈昆仑为书记，推举简吉、张茂良、陈昆仑为中央负责人，并决定各地方组织负责人。

此外，会议决定：

一、在文化协会及农民组合下活动，组织台湾赤色救援会。

二、以会员十人为一班（置班委员），五班为一队（置队委员），以数队委员组成地方委员会，成长到组织系统布满全岛后，再召开大会选出中央机关。

同时，决定暂时由简吉为中央事务负责人，简吉、张茂良、陈昆仑等

3 人为常任委员，委员会成员包括简吉、张茂良、詹以昌、陈昆仑、李明德、吕和布、吴丁炎。救援会领导层共 7 人，除吕和布、吴丁炎外，其余 5 人均为台共党员。从这个阵容看，台共党员掌握了领导权。

台湾赤色救援会的主要活动

赤色救援会会员主要由农民组合和文化协会的成员组成，呼吁台湾工农大众参与其中，以救援被捕抗日志士及家属，补充党的力量，开展抗日斗争为中心任务。赤色救援会强调："这是为了救援被日本帝国主义所逮捕的同志而做的。这些同志因被捕，家庭生活艰苦，他们为农民工人而受苦，我们有义务照顾他们的家人。有钱出钱，没钱出力，为他们做一点劳动也是应该的。"

印刷、传播进步刊物

1931 年 10 月 15 日，台湾赤色救援会筹备委员会印刷的救援文献资料《解放运动牺牲者救援工作的意义与任务》，阐释救援工作对于台湾抗日斗争的重要意义，强调台共、赤色工会和农民组合等组织成员是台湾抗日斗争的主要牺牲者，也是要救援的主要对象，并以共产国际六大通过的赤色救援会组织运动方针作为行动依据，提出加入国际赤色救援会。这份文件慷慨激昂地表达与日本殖民当局战斗到底的决心，极大地鼓舞了台湾抗日志士的斗志，文中写道：

> 如果有一位斗士被逮捕就应该有十位斗士挺出，我领袖有十人被捕时就应该有百位斗士出来继续维持阵营。如果我等的阵营内能如此，则我等就能让这些斗士无后顾之忧，为革命的工作而积极献身活动。即使自己不幸牺牲被逮捕入狱或罹患疾病，全工农大众必能挺身而出为牺牲者复仇，与支配阶级抗争，或保护牺牲者、救援牺牲者的家族，令人确信后方尚有新斗士出现，能继续推动革命工作。

为了实行此重要事项，完成此重大任务，全体勤劳的工农群众或同情正义者应一齐加入此行列进行救援运动。工人农民寄予最大期望的救援会，目的是为工农的利益舍生，救援那些努力于革命而粉身碎骨的牺牲者及其家族。

显然，这些勇敢忠实的革命家之牺牲对工农革命运动是莫大的损失。看到现在这种暴虐无道的白色恐怖，不管在嘴上说不说出，全体农工革命群众面对台湾共产党嫌疑者及其家族的救援工作，必定首先要求要有救援会的组织。

现在，各地方以勇敢战斗的工人农民兄弟姊妹等为中心，着手于牺牲者的救援组织。各地方不管人数的多寡都应该尽速使救援工作组织化，然后利用此机会努力于台湾赤色救援会的组织准备工作，人人带头努力于救援被控告为台湾共产党者及其家族的工作。

······

救援会的口号是"救援所有阶级中的一切牺牲者""救援会是工农革命的后卫军"。因此，此项工作是一个阶级战线统一的战术之实现······我等的救援会应该加盟国际赤色救援会，参加国际的工作。

陈结奉简吉指令，负责印刷赤色救援会机关报《真理》，以宣传台共抗日理念，团结广大台湾人民。简吉和陈结派遣的助手陈神助躲藏在竹崎庄樟脑寮（位于阿里山铁路独立山山腰），在台共支持者张城的龙眼烘干工寮中，整理简吉等人写的抗日宣传稿件。陈神助携募集资金到嘉义，取得简吉事先联系好的誊写钢板，并购买腊纸、油印纸等，由林水福搬入山中，在张城家人的协助下开始印刷。9月末，印刷《二字集》250 册，《三字集》400 册，机关报《真理》第 1 号共 150 份，并翻山越岭，将这些抗日宣传资料秘密送到台中农组本部简吉处。

抗日《三字集》以平易的台湾话写出符合贫户的心声，有高度的社会主义思想，易读且容易了解、暗诵，在救援会班的地区被复写而普及，到警方查获时许多人将此三字集朗朗上口，这也就是达到书写者的本意，要激发大众潜在的民族意识与阶级意识。

《三字集》共694句，在此节录250句：

无产者 散乡人 劳动者 日做工 做不休 负债重 住破厝 坏门窗 四面壁 全是穴 无电灯 番油点 三顿饭 蕃薯签 每顿菜 豆甫盐 设备品 万项欠 吾衣裳 粗破布 大小空 乌白补 吾帽子 如桶箍 咱身躯 日曝黑 老至幼 看劳苦 犁瘦田 纳苛税 染病时 无人顾 咱棉被 世界薄 厚内衫 大概无 布袋衣 拵外套 寒会死 也着做 冬天时 迫近到 老大人 痰臭臭 少女儿 流鼻蚵 一家内 寒饿倒 肠肚哼 哼淳号 断半钱 请医生 不得已 祈神明 双只脚 跪做前 金香纸 陆续前 嘴出声 誓猪敬 没听着 佛神明 岂有力 来同情 那瞬间 变恶症 哀一声 失生命 嗳呵哟 叩头壳 争心肝 父母情 没觉醒 重惹祸 无团结 惨难遇 设团体 众协和 万项事 自己做 要努力 力自靠 恶地主 来打倒 恶制度 来毁破 这时候 万人好 资本家 收大租 大会社 大规模 一秒间 储数圆 强剥夺 很胡涂 住楼阁 妾多数 食山珍 兼海味 饮烧酒 鸡肉丝 香肉干 红烧鱼 吃不完 就舍弃 金玉碗 象牙箸 用石棹 藤猴椅 它身装 很奢侈 燕尾服 毛绸丝 红皮靴 仕底记 金时表 金手指 金目镜 金嘴齿 这强盗 想计智 连政府 得大利 开垦地 尽抢去 现国家 照它意 有钱人 的天年 趁无食 爱寒饥 饮塞钱 渡生死 无打紧 这时机 土地贼 逆天理 榨取咱 无慈悲 贼政府 却重税 贼官厅 万项卜 越愈散 却越重 走狗派 欺骗人 讲要纳 照起工 纳税金 饲官狗 害咱死 目屎流 抗租税 着计较 日政府 土匪头 征税金 造战舰 为战争 无分寸 大相剖 的时瞬 抵用钱 如土粪 资本阀 免出本 若剖输 它免损 胜利时 得大份 战争近 飞行机 冥明练 不休止 兵演习 似做戏 市街战 要防御 帝主义 切迫时 总动员 周准备 日月潭 设电气 沿海岸 刊满是 冲海底 埋暗器 人电着 随时死 打狗山 设炮台 骗民众 假病院 电信台 坚铁机 可通信 能相知 日政府 很奸巧 大车路 造双条 白色匪 起无道 陆军路 直直造 抽人夫 每年做 说尽忠 不怕死

即是民 应该是 吾同胞 须铭记 咱着裁 大相剖 资本阀 第一爱 战争
起 它免死 尚且彼 乘那时 腾物价 得大利 战争到 的时机 散乡人
着惨死 贫工农 亡身尸 壮男人 被召去 做工人 无工钱 青年们 着裁
死 派出所 召咱去 吾兄弟 为此死 咱父母 为此饥 目滓流 目滓滴
无通食 亦是死 这原因 在何处

为安全起见，从 10 月 12 日起，陈结在人烟罕至的鸡谷建造小屋，将
誊印工具转移至此，在这个更加隐蔽地方印刷《真理》第 2 号共 250 份，
救援运动号 150 份，再翻山越岭送到小梅庄绍安寮，辗转交到农组本部。
11 月中旬，印制《真理》第 3 号 150 份。日警查获这些宣传共产主义思想
和抗日主张的油印刊物，发现许多人都能将其中的内容背得滚瓜烂熟，从
而得出"该文书已广被精读"的结论。

陈结印刷的第 2 期《真理》报道日本发动"九·一八"事变、占领中
国东三省的侵略事实，表达岛内同志关切祖国和同胞命运，支持祖国抗
日，呼吁台湾工农大众在共产党的领导下，与日本殖民当局展开殊死搏
斗，以武装斗争夺取台湾抗日斗争的胜利，并提出"拥护苏维埃联邦"
"支持中国共产党""台湾共产党万岁""国际共产党万岁"等口号。

《真理》刊载的《农民组合青年部的组织与当前的任务》一文写道：

青年男女诸君，我等在此迫切的客观情势下呻吟劳苦。我等
在现实社会上完全无法享受人类真实的幸福，无法就学而被放任
在无智状态中任人欺侮，被剥夺了人生的快乐。你们瞧！我等能
利用都市所有的娱乐机关吗？政治上有任何的自由权吗？只有服
兵役和当壮丁的义务吧。从经济上看来，我等青年日日辛苦负担
劳役，收入又是多少呢？连结婚问题也不能有满意的解决方法。
长久被束缚的农村青年之生活要到何处寻找生存的价值呢？真
悲惨！

兄弟们！你们能忍受这种悲惨的生活吗？兄弟姊妹们！我等
是一个无产的青年，特别是农村山间的青年，必须以明白的体认
和决然的觉悟，首先知晓现代的社会情势，也要了解现在的国际

情势。我等更需团结组成巩固的党，然后完成我等青年应背负的历史重大使命，这才是生存之道。未来是青年的社会。

1931年10月12日，台共党员、农组领导人简吉被日警逮捕。在"台共事件"中，简吉被判刑10年。杨克煌认为，简吉之所以被判重刑，"是因为他多年来一直是台湾农民组合的负责人之一，群众影响力大，敌人对他恨之入骨。"

组织救援工作、发动反日斗争

台湾赤色救援会成立后，农组嘉义支部编入救援会组织。这个支部曾因"二·一二"事件被破坏，一度陷入停滞。1931年3月，台共党员、农组领导人简吉认为应该重建农组嘉义支部，随后，台共党员、农组中央委员陈结奉命向台共南区负责人刘守鸿、庄守汇报有关情况，并以竹崎为中心进行农组嘉义支部的重建工作。此外，台共党员陈结根据赤色救援会的指示，在竹崎一带推动救援会组织工作，发展18个班，组织125人参加救援会的抗日斗争。

在陈昆仑的领导下，张玉兰等台共党员积极开展高雄州潮州、屏东的赤色救援会秘密活动。据《警察沿革志志》记载：

> 高雄州下的组织者吕和布、黄石顺、张氏玉兰在接到赤色救援会筹备委员会传达的指令后，约于九月十日左右于凤山支部事务所召集组合地方委员商讨组织的事。出席者有黄石顺、林春、卢丁春、吕和布、张氏玉兰、孙氏叶兰等人。协议的结果，高雄市内由吕和布指导，凤山地方由黄石顺指导，以林春、卢丁春为班委员着手组织工作。潮州、屏东方面则在张氏玉兰的指导下，以孙氏叶兰负责组织工作，着手于十二个班的组织。

1931年10月7日，中国共产党发表将在江西瑞金召开中华苏维埃第一次全国代表大会的声明。秘密活动的农民组合得到消息后，积极表态支持中华苏维埃大会，并发出如下口号：拥护中国苏维埃政府！打倒日本帝国主义！反对日本帝国主义侵略满州！中国境内日本兵应即时撤退！台湾与中国的革命工农应密切联系！

1931 年年底赤色救援会的秘密活动被殖民当局侦获，赤色救援会遭一连串检举，台共的一切组织和活动被全面肃清，赤色救援会、农民组合等台湾反日团体的所有活动被迫中止。陈昆仑和张玉兰这两位勇敢的农民运动斗士，与日本殖民当局战斗到最后。被日警逮捕后，陈昆仑被判刑 5 年，张玉兰被判刑 4 年。

发展组织青年党员，壮大台共基础

台湾赤色救援会运动，同时又以结成"共产青年同盟"为目标，努力把台湾勤劳青年组织化，如此新加入的秘密台共党员逐渐增加。

后被警察发现的新加入的党员，依每一召募者列名如下：

陈结：姜林小 张行 刘运阵 林征绵 林龍 张火生 董苍 陈神助 林水福

颜锦华：谢少塘 黄石顺

庄守 ：陈锡珪 赖象

陈昆仑 ：吕朝枝 苏清江

吴丁炎 ：吴博 杨茂松 许启明 蔡西涵 蔡纺 张溜 吕赛 陈越

陈结在嘉义组成"农民组合青年部"有 2 班 10 余人。吴丁炎在北港溪边选择偏僻的甘蔗园来开秘密会，讲习"世界的客观情势"、"苏联革命成功十四年纪念"、"农民组合青年部的组织与当前急务"等，此时组成 4 班 27 人的"赤卫队"。

据苏新回忆，1931 年八九月间，他着手党的再建工作期间，根据党的方针组织台湾赤色救援会是做得最成功的一项工作。苏新回忆道：

> 说到这一段，虽然时间很短，但是我要做的事情很多，主要是"救援会"的工作做得最成功，并不是说我本身要这么做，是党的方针要这么做，布置下去大家都这么做，而这是最能号召人、最能争取民心的，而敌人也没有办法。

台共党员领导的赤色救援会具有较强的凝聚力和感召力，团结工农民众和进步青年秘密救援因"台共事件"而被捕的同志及家属，开展台共的再建工作，并发展了一批新党员。由于敌我力量悬殊太大，赤色救援会的工作只能秘密进行。

台湾赤色救援会被迫解散

1931年12月，赤色救援会组织被日本殖民当局侦知，警察当局毫不放松，扩大在全岛进行侦测，在嘉义郡小梅庄的一家水果商的店头内发现了一部《三字集》，警察依此线索加以密查，于是在竹山逮捕分发者林水福，又从此寻线查出油印负责人陈结与陈神助，并在竹崎庄下发现800部《二字集》、《三字集》、《真理》第1号至第3号，于是，同年12月2日，逮捕了陈结于阿里山中，4日全面检举嫌疑者，7日逮捕到陈神助，因而知道这个案件是赤色援会的外围活动，后吴丁炎也在基隆被捕，赤色救援会筹备运动关系者一共被逮捕310人，其中150人被起诉，并被判刑。农民组合、文化协会、赤色救援会被强迫解散，在台共领导下开展抗日斗争的进步组织基本被肃清。

台湾赤色救援会之人物篇

王敏川

这位台湾最资深的"台湾文化协会"会员，因参加台湾赤色救援会在1931年12月受到逮捕，判刑4年，判决书上注明"非共产党员"。虽判4年但却蹲满6年的黑狱，到1938年王敏川才得出狱，但身体在狱中受到各种摧残酷刑以致损害，又日本军阀在中国业已发动侵华"七七事变"，台湾进入战争体制下。王敏川在1942年9月2日逝世，享年仅54岁。晚年在贫病之中仍做出"更留痴态在，书卷当良俦"之咏。葬于八卦山畚箕湖墓地。

王敏川在非武装抗日民族阵容中，是一位不怯不求、不屈不求的抗日斗士。二次大战后曾以"忠烈凛然，足资矜式，应予褒扬"入祀原籍忠烈祠。

简吉

简吉（1903年5月20日－1951年3月7日），台湾的社会运动者与政治人物，台湾日据时期台湾共产党（台共）党员、第二次世界大战后于"二·二八"事件时加入中国共产党。牺牲于1950年代白色恐怖之中。高雄县凤山市（今高雄市凤山区）人。

简吉从台南师范学校（今天的国立台南大学）讲习科毕业之后，担任教职四年，平日简吉常常研读列宁及孙中山的著作与学说，思想逐渐左倾。1925年11月由于地方有农作争议，于是辞教职为此奔走，并且组织凤山农民组合，1926年，简吉与赵港、杨逵等创组台湾农民组合，为台湾日治时期组织最为完整的农民运动团体。简吉任台湾农民组合中央常务委员。1927年与赵港为台湾代表，出席日本农民组合第六回大会，并上京向日本众议院递交抗议书。

1928年6月简吉与台湾共产党的谢雪红、杨克煌等人结识，同年8月台湾农民组合通过支持台湾共产党的决议。简吉不久后开设社会科学研究会，以谢雪红、杨克培（杨克煌之兄）为讲师，而简吉本人以蔗农问题、竹林问题、日本退职官员侵占土地问题之题目，进行群众教育。1929年2月12日简吉被捕，判刑4个月；出狱后仍持续抗争，1931年因组织台湾赤色救援会再度被捕，判刑10年。

第二次世界大战之后，国民政府接收台湾，简吉出任三民主义青年团高雄分团书记、新竹桃园水利协会理事。1947年"二·二八"事件爆发时，简吉与老台共党员、中共党员张志忠在嘉义组织台湾自治联军，并且于1949年10月简吉出任中国共产党台湾省工作委员会山地工作委员会书记，1950年简吉被捕判处死刑，隔年3月7日牺牲于台北马场町。

陈昆仑和张玉兰

陈昆仑（1905—1991 年），台湾高雄人。台共党员。1925 年毕业于台北工业学校。先后参加台湾文化协会、台湾农民组合，曾任台湾农民组合中央委员、台湾文化协会中央委员、台共临时中央委员等职。1931 年 8 月参加赤色救援会，被捕入狱 5 年，1937 年出狱。1945 年任屏东三民主义青年团书记。台湾光复后，参加台湾革命先烈事迹调查和遗族的救援活动。1947 年参加"二·二八"起义，被捕入狱 1 年。1950 年参加高雄州参议员选举，成为光复后第一任民选市议长。1954 年以"资匪"的罪名被判刑六年。1960 年出狱。1991 年逝世。

张玉兰（1908—1967 年），台湾高雄人。台共党员。1924 年考入高雄女高。1927 年因参加台湾农民组合的活动而被高雄女高开除，遂正式加入台湾农民组合，曾任农民组合候补中央委员。1931 年 8 月参加台湾赤色救援会，被捕入狱 4 年，1936 年出狱。台湾光复后，参加台湾革命先烈事迹调查和遗族的救援活动。1967 年逝世。

1927 年，高雄女高学生张玉兰的一纸极具战斗性的檄文，使陈昆仑对这名勇敢的女学生留下了深刻印象。从此，他们一起为解救台湾农民而并肩战斗，一起在台湾左翼运动的战场中得到磨砺和成长。他们为了共同的奋斗目标——改变台湾农民悲惨遭遇——在反抗殖民统治的战场上战斗到最后。两位英姿飒爽的农民运动斗士，不仅结下了深厚的战友情谊，终于结成革命伉俪。

广东台湾民主党

在日本残暴的殖民通知下，台湾菁英从争取有限自治，到筹划开展殖民地解放斗争，到最后寄希望于祖国大陆收复台湾，走过了一条艰辛的道路。惨痛的历史教训使台湾人民了解到，日本帝国主义绝对不可能自动放弃对台湾的殖民统治，只有寄希望于祖国的革命成功，使台湾回归祖国的怀抱，才是终结台湾被殖民地位的根本途径。

为此，一批台湾青年精英来到当年大革命的中心——广东，希望借助祖国大陆的革命经验与力量，为台湾寻找出路。1926 年 6 月 15 日，来自台北的岭南大学学生张月澄，在广东《民国日报》发表《一个台湾人告诉中国同胞书》一文，连载三天，宣传台湾痛史，提倡革命，6 月 28 日，又以"杨成志"名义，发刊《勿忘台湾》小册子，秘密传播岛内。同年，在粤台湾学生成立广东台湾学生联合会，后广东台湾学生联合会得到中山大学校长戴季陶的支持，更名为广东台湾革命青年团，属秘密结社，利用报纸、宣传文书等，联络台籍青年，从事革命工作。

在粤台湾人更通过广东台湾革命青年团的名义，多次发表声明，积极宣传两岸革命无界、命运相连的主张，呼吁台湾人参加祖国的革命、祖国帮助台湾的革命。如 1927 年 3 月 12 日，在孙中山先生逝世二周年的日子，广东台湾青年革命团发表《敬告中国同胞书》：

> 东方弱小民族之一的台湾，虽然也与中国同祖同宗，但是其所受的痛苦与被日本帝国主义者压迫蹂躏的惨状，却超乎祖国数倍。祖国现在已进入革命发展的时期，我台胞应认清时潮，急起直追，来参加祖国的革命，我们每想念及台湾，便会联想到我们

的总理，他虽然已经逝世了，但是他的伟大精神仍继续在指导东方弱小民族的革命运动。我们知道孙先生逝世的日子，就是我们失去了伟大领导者的日子，同时也是叫我们应肩起一切革命责任的日子。……我们的口号：中国民众团结起来援助台湾革命！毋忘台湾！台湾的民族是中国的民族！台湾的土地是中国的土地！①

6月17日，即日本侵占台湾32年，台湾革命青年团为"六·一七"台湾耻辱纪念日发表《致中国民众书》：

> 最亲爱的中国民众、革命的同志们：我们要告诉你们知道，今天"六·一七"的纪念，就是三十二年前一八九五年六月十七日，即今月今日，中国的土地，我们的台湾，被日本帝国主义者，以武力威吓，施行炮舰政策，进攻夺取台湾，而公然正式施行帝国主义政策第一方式政治侵略，开始恶政于我台湾四百万民族身上的最大耻辱的纪念日子。……最近我们要向中国国民党表示十分的敬意，并且希望中国全国的民众，尤其是国民政府更加注意，中国的土地，台湾的问题，更加爱护台湾的民众，援助台湾的革命。②

台湾学生对于中国革命和台湾前途的思考，自此有了明确的奋斗目标，即参与中国革命，培养台湾革命力量，争取台湾独立，最终回归祖国。当时，久住广州的台籍青年刘邦汉结识毕业于日本东京帝国大学的丘念台，过从甚密。1927年，台籍青年林云连等内渡厦门，转至广州，无意中相遇刘邦汉。一批有志于台湾革命问题的青年逐渐形成固定的讨论课题，1932年3月10日成立。发起人为刘邦汉、林云连、刘福荣、郑鉴洲等在粤台湾籍青年成立台湾民主党。该党政纲是：（1）根据民主自主精神，推翻日本帝国主义者统治，建设台湾民族民主国；（2）以台湾400万

---

① 《广东台湾青年革命团于孙中山先生逝世二周年敬告中国同胞书》，《台籍志士在祖国的复台努力》，第10、11页。

② 《台湾革命青年团为"六一七"台湾耻辱纪念日事致中国民众书》，《台籍志士在祖国的复台努力》，第12、13页。

汉民族同胞为基础，联合内外被压迫民族，实行民族斗争，以达前项目的。该党以执行委员会为其最高领导机构，另设监察委员会，中央设立总务、财政、宣传、军事、纠察等处。创办《台湾革命运动》作为机关刊物。1933年10月19日，在广州的台籍志士林云连、余长啸、黄文光、刘武刚等人宣誓："为我大汉民族争光荣；为我台湾同胞争自由。基于民族自主精神，创立台湾民主党。团结台湾四百万汉民族，打倒日本帝国主义，推翻日政府，建设台湾民主独立国。"他们编印抗日刊物，活动于华南一带。不久，刘邦汉病逝，该党亦因经费紧缺和干部离散而陷入停顿。1933年9月，林云连等再度重建。

1935年7月因被日本密探破获而瓦解。

台湾革命大同盟

　　李伟光原名李应章，1897 年 10 月 8 日生于台湾省彰化县二林镇。在学生时代，李伟光深受"五四"运动及第一次世界大战民族自决潮流的影响，民族意识得以增强，思想进步。1921 年 10 月，李伟光联合著名的台湾反日民族解放运动领导人蒋渭水等人创立台湾文化协会，"对于唤起汉民族的自觉、反对日本的民族压迫，起了很大作用"[1]。1925 年，李伟光领导了著名的"二林蔗农事件"，给日本殖民者以沉重打击。李伟光因此遭到了日本警察的迫害，受了 10 个月的牢狱之苦，家毁父亡。出狱后，李应章继续组织集会，发表激烈言论。

　　1931 年得知日警要逮捕他，李应章被迫离开台湾，到了厦门，并于 1932 年 3 月在鼓浪屿泉州路 54 号开办了神州医院，并于同年 4 月在厦门加入中国共产党，以行医为掩护积极进行革命活动。1934 年中共福建省委遭到部分破坏，李伟光被迫悄悄离开厦门，经汕头、香港、广州，转移到上海，为了躲避追捕改名李伟光，李伟光到上海后，一边在英租界劳合路开诊所，一边寻找党组织。1935 年底将诊所迁到法租界后，在接不上党组织关系的情况下，亲眼见到当时鸦片烟给上海带来的灾难，立志以戒烟治疗寻求爱国之道，并于 1937 年 1 月研究成功，开始做戒烟医疗。[2] 后因诊所不敷所用，所以搬到霞飞路（今淮海中路）四明里开设了伟光医院。

　　1937 年芦沟桥事变爆发后，上海随即发生"八·一三"事变，李伟光

---

① 李伟光《自述》。
② 李伟光《自述》。

同一批台湾青年组织了台湾革命大同盟，在《救亡日报》上发表了台湾革命大同盟的宣言和纲领，他还同中共上海办事处主任刘少文和吴成方等接上组织关系，在医院中建立了中共秘密机关。"伟光医院"开办 4 年后，李伟光又在上海泰安路增设了疗养院，利用医院作掩护，先后保护中共地下党员曹荻秋（后任上海市市长）和吴成方（时任八路军驻沪办事处情报系统负责人）住在伟光医院三楼后房，从事党的地下工作；或利用医生身份接近日本人，搜集日军情况，向吴成方汇报；或为新四军提供药品等，"伟光医院"成为上海抗日活动的重要据点。李伟光后来回忆说："这（开设医院）便于掩护我的抗日活动，许多革命同志常到我医院或疗养院'看病'、'住院'或做客，联系或谈工作，如有一次吴成方带刘先生来住院治骨病，偷偷地交代我说刘先生是新四军的高级负责同志，要注意照顾。他住了一个多月出院后，老吴又带一位李先生来治胃病，住了 10 多天。其间，吴成方常来看望他们，交谈工作，而我即若无其事地装着看他们的病。"1945 年，张志忠、蔡孝乾从新四军出来，到上海后李伟光安排他们住在医院，后回台湾工作。在局势紧张时，田汉、翦伯赞曾在医院长期住院、隐蔽。

台湾同胞抗日复土总联盟会

抗战开始之后，日本驻厦门总领事馆命令在福建的台湾人总撤退，并派专轮运载。据当时报载，不愿返台而逃至香港者不下三四千人，留在厦门的尚有 3000 人以上。有一部分台湾青年联合呈请国民党当局，表示愿为祖国效劳。

据厦门《江声报》报道，1937 年 8 月 29 日，台湾人宋重光、施朱、游新民、叶永隆等，"假大中路回生医院一楼开会，讨论恢复国籍，效命我中华民国，更闻有我方典秘书长列席，予以训话，略谓：过去台胞受日本帝国主义利用，残害祖国，固属令人痛心，然有一部分热血青年，不甘为虎作伥，力谋与祖国同胞联合一致，站在同一战线，以求祖国同胞及台湾同胞之自由解放，此为余等莫大希望，深望在座诸君，联合在厦有志台胞，成立牢固阵线，与祖国同胞联合，时日作战，以期打倒日本帝国主义，收复我台湾及华北东北失地"。①

会议讨论通过决议组织台湾同胞抗日复土总联盟，并商定总联盟的宗旨是："联络有志台胞，与祖国同胞站在同一阵线，以收复失地及力谋我中华民族自由解放；凡属有志台胞，均可加入为会员；决定 30 日下午再开筹备会。"

根据诀议，台湾同乡抗日复土总联盟第一次筹备会（又称发起人会议）如期召开，宋重光、游新民等 40 多名代表出席，总指挥部代表吴明均与会。游新民在所做的组织报告中指出："今天到会诸同志，不少在台文化协会、农民组合、各工会等做过革命工作，虽然受着日本帝国主义的残酷压迫，但是我们

---

① 《江声报》，1937 年 8 月 30 日。

的精神是永远不死的。我们的先烈及后死同志，40年奉行不断地英勇奋斗，我们不愿在日本帝国主义铁蹄下过着奴隶生活，我们要在祖国与我们同胞站在同一战线，争取我们的自由解放。现在我们祖国已到了最后关头——全面抗战，也就是我们台胞发挥我们热血的时候了。现在发起组织本会，就是要联合我们台胞站在同一战线，以铁与血和日本帝国主义作殊死战。今天到会诸君，就要本着本会的宗旨，扩大组合在有志热血青年来参加本会工作。"

指挥部代表吴明均致词说："今天到会诸君能扩大组织此会，为民族争取自由解放，这是祖国的荣幸。我们过去失地数万里，都是由于不能决心抗战。现在我们已下决心抗战了，凡属中华民族都联合站在同一战线，足以吓破敌人的野心了。但是敌人的野心是不死的，我们要准备一切，牺牲一切，为中华民族争自由解放而战，为世界上弱小民族铲除强盗而战。我们不受威迫利诱，我们要实行焦土抗战到底，最后胜利必属于我们。"①

会上选举游新民、朱枫、王任本、许克刚、潘文村、黄英、张秋涛、叶永青、薛胜雄、宋重光、张宏才等11人为筹备委员；黄英和、林敏巨、许新居、张荣忠4人为候补委员。许多代表还提出一些提案，诸如尽快拟定组织大纲、工作大纲及宣言，帮助当地军政府肃清汉奸，及时注意发动台湾革命工作，拜访归厦的旅台侨胞，等等。

不久，筹委会又召开一次会议根据前次代表提出的提案，作出如下决议：一、推举游新民、朱枫、潘文村、王任本负责起草本会组织大纲、工作大纲及宣言、通电；二、决定本会办公时间；三、选举潘文村、薛胜雄、张秋涛、林敏臣、张荣忠、张宏才等6人为代表，慰问回厦侨胞，等等②。

台湾同胞抗日复土总联盟会与晋江县第三区台湾同胞抗日复土同盟会、台湾革命青年大同盟一样，是抗日战争全面爆发以后在闽的台湾同胞先后成立的组织，成立后即和全国人民一道积极投身于抗日洪流。

① 《江声报》，1937年8月30日。
② 《江声报》，1937年8月30日。

这些台胞抗日组织虽然留下的记载很少，但是从中我们亦可看到他们的共同特点。他们都是在日本帝国主义发动侵华战争、中华民族面临危亡的时刻，挺身而出，为抗日救国贡献了自己的力量。

从台湾同胞抗日复土总联盟会等组织身上，我们可以看出，绝大多数台湾同胞始终没有忘记自己是个中国人，他们身上蕴藏着炽热的爱国情怀。他们的爱国心除了时日本帝国主义的仇恨，并参加抗日之外，还表现为强烈抨击那些甘当汉奸、助纣为虐的败类。

当时，在福建有一些不法之徒倚仗日本帝国主义治外法权的保护，开赌场妓院，走私败毒，甚至形成黑社会势力，为害一方，给福建人民带来灾难。如厦门臭名昭著的"十八大哥"便是典型的例子。他们在日驻厦领事馆的庇护下，在厦门划分势力范围，贩卖毒品，开赌场，放高利贷，无恶不作。在厦门，有不少"日籍xx洋行"只须日本领事馆发给牌照，就可随意开张，不必向中国官方注册，也不必向中国官厅纳税。这些日籍"洋行"搞什么"生意"，中国官方更无权过问[①]。由日本帝国主义扶植的台湾居留民会经常炫耀势力，该会会员都有一块椭圆形木制徽章，挂在门口则中国地方当局不敢干扰，因此特别有效，更有人则卖身投靠，充当日寇的间谍、内应。这些汉奸走狗也属于爱国台胞的打击对象。

1938年10月，台湾革命党加入台湾同胞抗日复土总联盟会。

1939年，台湾同胞抗日复土总联盟会在著名抗日爱国人士李友邦的争取下，宣布加入"台湾独立革命党"。至此，原来在大陆建立并活跃于东南沿海的众多台胞抗日小团体，最终组合成了"台湾独立革命党"和"台湾民族革命总同盟"等大团体。

---

① 《厦门的日籍浪人》，《厦门文史资料》第2辑，1961年。

台湾民众党再建委员会

自台湾议会设置请愿运动进行时，台湾有识之士即开始筹组政治结社。1927年5月29日下午3时，于台中市聚英楼宣布组成"台湾民党"，发出宣言决议，选出蔡式谷、蔡培火、蒋渭水及邱德金为临时中央常务委员。然而随即在6月3日被台湾总督府当局以妨害治安为由依

1929年1月2日通过第一版民众党党旗，"上青下红中央白日"党旗

《治警法》第八条第二项禁止。禁止后，台湾民党旧干部计划重新筹组政治结社。之后预定名为"台湾民众党"。并推谢南光（谢春木）与政府交涉，6月16日，当局提出禁止奉民族主义及禁止蒋渭水不能支配为条件。谢氏表示组织为合议制，并且不表明民族主义。最后定于7月10日举行结党式，7月10日下午3时，于台中市聚英楼原址举行"台湾民众党"结党式。出席党员62人，推洪元煌为议长。通过党则，选举彭华英、黄周、谢南光（谢春木）、陈逢源、陈旺成为委员，发表纲领政策，台湾民众党正式成立。

民众党成立后，设有地方支部。为寻求农工阶级的支持，1928年2月在蒋渭水的领导下还成立了"台湾工友总联盟"。由于创党人士对民众党和台湾工友总联盟的关系存在分歧，林献堂等创党元老出走，于1930年8月成立台湾地方自治联盟。

　　1930 年代，日本国内军国主义日益高涨。1931 年 2 月 18 日台湾民众党第四次全体党员大会进行中，台北警察署长出现会场并出示"结社禁止命令"，当场声明台湾民众党业已被取缔，解散了台湾民众党，并同时逮捕蒋渭水、陈其昌、许胡、卢丙丁、梁加升、廖进平、李友三、张晴川、杨庆珍、蔡少庭、陈天顺、黄江连、杨元丁、黄傅福、林火木、黄白成枝等干部 16 人（翌日释放）。同年 8 月，蒋渭水逝世。

　　台湾同胞志愿组成的抗日团体 1938 年 9 月 18 日，由台湾民众党再建委员会、台湾反战同盟、台湾光复团和台湾众友会等组织组成台湾民族革命总同盟。总同盟主席谢南光，还担任华联通讯社的社长以及国际问题研究组长，是活跃的反日救国分子，总同盟的奋斗目标是，推翻日本帝国主义在台湾的统治，建立各民族平等的民主革命政权，支援祖国取得抗日最终胜利。

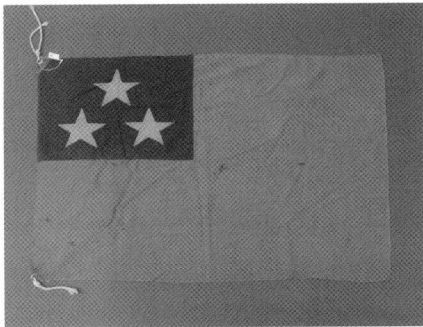

1929 年 10 月 6 日，民众党所选定的最终版本的党旗

台湾工党

　　1938 年 3 月，台湾工党领袖高斐为反对抽调台胞回国作战，展开了抗日运动。当时有矿工数千名，在工党领导之下发难，其中有 400 多人进攻日寇司令部，焚毁火药库，缴夺大量军火，激战数小时以后，退入阿里山，与高山族人结合，建立抗日游击根据地。同年夏天，台湾共产党直接领导炸毁著名的久留米油库，杀死日军士兵 10 余名，重伤 20 余名，焚烧可供日寇平时 6 年需用的汽油。同时，还领导了雾社高山族人的反征兵暴动，以及破坏日寇军需生产、破坏铁路交通等斗争。同年 10 月 8 日及 11 日，在六甲、高雄等处，先后发生袭击日警的暴动。①

---

① http：//gb. cri. cn/3821/2005/08/25/1245@674269. htm。

台湾革命党

台湾人民一贯富有爱国爱乡、反抗外来侵略、维护祖国统一的光荣传统。全面抗日战争爆发之后，台湾同胞立即将40余年反抗日本殖民统治、争取台湾回归祖国的斗争汇入全民族抗战的汹涌洪流中。一部分台胞立足本岛，与日本殖民统治者进行斗争；一部分台籍爱国人士不辞辛苦，或赴海外、或来到祖国大陆，通过各种方式参与到祖国浩浩荡荡的抗日洪流之中。

其中，返回祖国大陆的台胞在进行各种抗日斗争的同时，深感团结各方孤立力量的必要性，于是纷纷联络当地台籍爱国同仁，组成多个抗日团体。其中，较为著名的有1937年成立于上海的中华革命党和中华台湾革命大同盟、1937年8月成立于厦门的台湾同胞抗日复土总联盟会、成立于1925年并于1937年9月在浙江恢复活动的台湾独立革命党、1938年9月18日成立的"台湾民族革命总同盟"等。

1937年7月至1939年年底，是台湾同胞抗日团体从个体林立到初步组合时期。彼时，这些零星的台胞抗日团体虽然组织分散力量薄弱，但是它们均以抗日复台作为自己的奋斗目标，充分体现了广大台胞渴望团结御侮的爱国愿望。这之中，就有张邦杰发起成立的台湾革命党。

张邦杰，字锡铃，1897年出生于福建惠安县，幼时入私塾，9岁时随母赴台入公学，1912年赴日本就读于早稻田大学。张邦杰十几岁就十分钦佩当时台湾的抗日志士，对日本侵略者深恶痛绝，秘密宣传反日复土，参加台湾抗日革命。五四运动爆发后，他认为时间不能再等待，只有以实际行动来实现自己的理想。于是发起成立台湾"反日同盟会"组织，组织台湾民众在岛内积极开展抗日活动。

1932年6月，张邦杰与吕伯雄、颜兴等在泉州组织成立"台湾反日同盟会"。1938年，台湾反日同盟会改组为台湾革命党，以贯彻三民主义、收复台湾领土为宗旨，积极活动，广泛吸收同志，成员遍及闽、台、港、沪等地。

1938年10月，在谢南光①的联络下，福建的台湾民众党再建委员会、台湾反战同盟、台湾光复团、台湾众友会等联合组成了台湾民族革命总同盟。1938年12月，在李友邦的努力下，台湾同胞抗日复土总联盟会等宣布加入"台湾独立革命党"。台湾独立革命党是李友邦于1925年在广州发起成立的一个革命团体，成立时曾"受孙中山鼎助"，后停止了活动。抗日战争全面爆发后，李友邦经中共党员张毕来等人协助，恢复了台湾独立革命党的组织及活动。恢复后的台湾独立革命党根据日本侵华、民族灾难异常深重的新形势，在1938年9月修订后的党章中规定："本党宗旨为团结台湾民族，驱逐日本帝国主义在台湾一切势力，在国家关系上，脱离其统治，而归返祖国，以共同建立三民主义之新国家。"并确定了两大工作任务：一是组织台胞"直接参加祖国抗战"，二是"在台湾本部发动各种暴动"，同时响亮地提出了"统一台湾一切革命力量，推翻日本帝国主义在台湾之统治，归返祖国"的口号②。在组织上，该党多方设法吸收在闽粤的台胞和台胞团体，并呼吁其它区域的台胞也团结起来，倡导组成大团体。

在中共的推动和台胞抗日团体的努力下，一些团体纷纷联合起来，最终，原来在大陆建立并活跃于东南沿海的众多台胞抗日小团体组合成了"台湾独立革命党"和"台湾民族革命总同盟"两个较大的台胞抗日团体。

---

① 谢南光，原名谢春木，台中北斗人，曾积极参加台湾文化协会的活动，还担任过台湾民众党的常务委员。谢南光除担任台湾民族革命总同盟主席外，还担任华联通讯社社长和国际问题研究组组长，后担任台湾革命同盟会常务委员。

② 张毕来：《台湾义勇队》，《革命史资料》第8辑，1981年。

1940 年初，经翁俊明①与刘启光②居间协调，两大台湾人团体"台湾民族革命总同盟"领导人谢南光与"台湾独立革命党"领导人李友邦，在重庆商讨合作事宜，于是年 3 月 29 日黄花岗纪念日结合成立"台湾革命团体联合会"，以谢南光、李友邦、张邦杰 3 人为常委，轮流担任主席，刘启光为秘书长。是年 7 月 25 日，林士贤、陈友钦领导的"台湾青年革命党"，宋斐如、柯台山领导的"台湾国民革命党"等加入；11 月，张邦杰领导的台湾革命党加入。同年夏，台湾革命团体联合会的各党代表大会议决，解散该会及所属各团体，于 1941 年 2 月 10 日，在重庆成立"台湾革命同盟会"，宣称"夫台湾自古以来即为中华国土之一部分"。

台湾革命同盟会成立后，除重庆总会外，分设北方执行部和南方执行部，北方执行部的活动主体为李友邦领导的台湾义勇队，在浙江金华活动；南方执行部的活动主体为张邦杰领导的台湾革命党，在闽南地区活动，办公地址在漳州马坪街 20 号，后移至下沙街 109 号，并在厦门以"东昌商行"为掩护，开展抗日斗争。1941 年 6 月 17 日是台湾沦陷 47 周年的纪念日，张邦杰以台湾革命同盟会中央执行委员会南方执行部主席的名义，发表《"六·一七"纪念告祖国同胞海外华侨暨友邦人士书》，并在纪念大会上慷慨激昂演讲，带领大家高呼："我们要向日本鬼子清算四十七年的血债!"、"祖国人民应与台胞切实合作，加强抗战!"、"受敌人利用的台湾人，要觉悟起来投回祖国怀抱。"等抗日口号，充分反映了台湾同胞拳拳爱国之心、铮铮抗日铁骨和期盼祖国统一的强烈愿望。

---

① 翁俊明（1893—1943 年），台湾台南人，1912 年加入中国同盟会，1913 年，翁自日本经大连、奉天至北京，拟以毒菌置于自来水中，以毒杀袁世凯，未果。1915 年转赴厦门行医，1938 年日本占领厦门后转赴香港与重庆。

② 刘启光（1905—1968 年），台湾嘉义人，本名侯朝宗。

中华青年复土血魂团

1937 年，七七抗战爆发后，日本驻厦门总领馆于 8 月 20 日关闭，居住在厦门的台湾同胞摆脱了日本殖民当局的监视，反日斗争进入到一个高潮。当年，有三四千名住厦台胞不顾日本驻厦门领事馆的威胁，没有随同日本领事撤回台湾，纷纷向中国政府申请恢复中国国籍，成为日后祖国大陆抗日力量的重要组成力量。

8 月 21 日，宋重克、施朱、游新民、叶永隆等留厦台湾青年在大中路回生医院二楼集会，酝酿成立台湾同胞抗日复土总同盟。9 月 4 日，总同盟正式成立，并喊出了"与祖国同胞站在同一战线，

1937 年 8 月 29 日，40 多位留厦的青年台胞在厦门聚会，发起组织"台湾同胞抗日复土总同盟"，选举宋重光、游新民、叶永隆等

用火与血和日本帝国主义作殊死战斗"。在"团结全体台湾同胞打倒日本帝国主义、恢复台湾故土"的号召下，带领在厦台湾同胞大力开展抗日复土活动。如在中山公园召开的 6000 人参加的大型集会上，暨南大学台籍学生王任本发表反日演说，次日以《台湾代表请愿抗日》为题发表在《江声报》。①

---

① 安然：《台湾民众抗日史》，台海出版社，2003 年，第 339 页。

　　1938 年 5 月 10 日，日军在厦门五通登陆后，大肆屠杀村民，造成许多家破人亡的悲惨故事。解放初期，这里的海滩上挖掘出一个万人坑，里面是累累白骨，令人触目惊心，铁证如山，日本帝国主义对厦门同胞犯下的罪行不容忘记。当时，日本的残暴激起了包括在厦台湾同胞在内的中国人的反抗意识。《中共厦门地方史》中这样记载，1938 年全称厦门青年复土血魂团在厦门成立，1938 年 12 月迅速发展到成员 300 多人。血魂团成立之初，在三位初期领导人黄月、黄白戈和林明带领下，通过团员自费开展活动扩大影响，主要活动场所在鼓浪屿，在鼓浪屿的联络点有黄家渡、内厝澳和三丘田，厦门岛内的联络点有第四市场的冰店和大元路鹭江剧场对面的茶馆等，但随着林明被日本人警觉扣船而逃，黄白戈向当地国民党军队申援反而在漳州被拘禁致死。黄月被国民党杀害，血魂团的活动一度陷入低潮。张弩、吴明泉、潘文川等担负起了新的领导责任。

　　作为厦门唯一一支民间抗日武装，血盟团的成员大多数是闽台人士，其中不乏祖籍闽南的台湾同胞。这个团体仅存在 1 年 3 个月，随即遭到日寇的血腥镇压，牺牲不可谓不惨重，但也反映了闽台志士不做亡国奴的爱国壮志。

　　血魂团最值得一提的行动是 1938 年中秋节的中山公园投弹事件。日军占领厦门后，不甘沦为亡国奴的厦门人民纷纷外逃，一些来不及外逃的也想方设法躲进公共租界鼓浪屿，厦门岛实际上已接近一座空城，远不像日军所描述的那样"王道乐土、市面繁荣"。为了欺骗民众，据 1939 年 1 月 10 日香港的《星岛日报》报道："（日本人）百方拉拢民众回厦，利用一帮流氓汉奸组成复归团，每诱回民众一名，赏银四元。"[1] 1938 年中秋节（10 月 1 日）晚上，日寇和汉奸在中山公园搞起庆祝活动，演奏南乐，还举办一些游艺活动，借此吸引市民前往参加，以创造他们鼓吹的"王道乐土"情形。当天晚上，血魂团成员混入人群，向台上演讲的汉奸投掷手榴弹，当场造成一批日伪人员死伤，血魂团成员还散发了许多抗日传单。当时仅

----

[1]　东南早报，2005 年 08 月 29 日。

十来岁的林华老人回忆说，当晚的厦门岛一下子全城戒严。"老百姓都知道中山公园发生了爆炸，许多人都很紧张，当时我也听说了。"林华对记者说。1939年1月10日，厦门人赵家欣在香港《星岛日报》写道："在血魂团的活跃和打击下，日本人对外宣传的王道乐土、市面繁荣、恢复厦门本来面目，完全是些梦呓的话。"

关于血魂团的行动，幸存下来的血魂团领导人之一的张弩1978年病逝前曾经写过一份回忆录。据张弩回忆，血魂团曾经放火焚烧了日军海军警察本部驻地，也就是现在的双十中学，但是具体时间不详；1938年9月17日，血魂团在探悉日寇要运走厦门市图书馆的珍贵藏书后，派人前去纵火焚毁了这些书籍。其他袭击行动还包括在中山路南田巷枪击日寇所乘汽车、向后江埭日军兵营投掷手榴弹，以及在禾山路、厦港沙坡尾一带袭击日军哨兵，夺取枪支弹药等。

1939年5月11日，血魂团获悉日军驻厦海军司令将由伪市商会会长洪立勋等人陪同，到鼓浪屿游览。血魂团决定抓住这一难得的机会采取行动。经过侦察，他们制定了在龙头电灯巷伏击的计划。潘文川带领几位团员进入伏击地点，待敌人一露面便射击。由于伏击地段是繁华街市，易于隐蔽和逃遁，不能用枪集中连射，更不能用手榴弹。最终血魂团仅把洪立勋击毙，日海军司令被击伤。血魂团成员无一伤亡。

血魂团在厦门的一系列行动，大大干扰了日伪政权的在厦统治。《中共厦门地方史》对血魂团做出了评价："（血魂团）仅半年时间，就暗杀日酋、汉奸、伪警多名，并散发了大量抗日传单，大大鼓舞了厦门人民的抗日士气。"

1947年《厦门大观》资料公布的《血魂团团员成仁志士》名单总共只有20人，名单的来源据考证为张弩。这份名单按牺牲时间顺序为：张嗣木（金门），被枪毙；陈粪扫（厦门），被斩首；林不（安溪），被斩首；郑炎（厦门），被斩于白石炮台；叶流民（同安），被处死；吴亚荣（厦门），刑毙狱中；张艳秋（上海艺人），刑毙狱中；吴德水（安溪），斩于白石炮台；潘文川（同安），斩于白石炮台；张世义（同安），斩于白石炮台；王连（安溪），处死；郭再宝（惠安），斩于白石炮台；陈松柏（安溪），斩于白石炮台；周碗金（惠安），刑毙狱中；李建成（安溪），遭敌暗害；陈家声（南安），处死；黄臭贱（同安），被斩首；林文蔡（同安），被斩首；张辛英（厦门），斩于白石炮台；梁文桶（安溪），逃亡厦港熟肉巷投井自杀。此外，已知几名牺牲而未列入上述名单的有：黄大目，刑毙狱中；叶其美，刑毙狱中；张帆，身世不明，被杀害。血魂团负责人之一的吴明泉，被捕受刑，关押 10 个月后，特赦流放金门，日寇投降后回到厦门。成功外逃到内地的有张弩一行 24 人，以及另两路分别从鼓浪屿不同方向乘船出逃的各 12 名血魂团成员，共计 72 人。因此，林华老人作出认定，即使有一些成员逃脱日寇的追捕，厦门血魂团的成员人数也应该不会超过 100 人。

根据《民国厦门市志》所记录的血魂团就义日期集中于 1939 年左右，可以看出血魂团的活动主要是 1938 年至 1940 年。①

血魂团团员成仁志士表（均已将民国纪年改成公元纪年）

姓名	年龄	籍贯	成仁年月	被害原因
周碗金	21	惠安	1940－3－20	被获，刑毙狱中
郭再宝	28	惠安	1940－1－17	被斩首于白石炮台
李建成	22	安溪	1940－3－15	遭敌暗害
陈松柏	21	安溪	1940－1－19	被斩于白石炮台
张艳秋	32	上海	1939－12－26	刑毙狱中
王连	20	安溪	1940－1－16	被处死刑
陈家声	25	南安	1940－5－16	被处死刑
郑炎	31	厦门	1939－4	被斩于白石炮台
吴得水	21	安溪	1940－1	被斩于白石炮台
梁水桶	26	安溪	1940－1	案发，逃厦港熟肉巷，投井自杀

---

① 《民国厦门市志》，《志士牺牲事略》，http：//www. fjsq. gov. cn/showtext. asp？ To-Book＝6047&index＝31。

续　表

姓名	年龄	籍贯	成仁年月	被害原因
吴亚蓉	21	厦门	1939—7—28	刑毙狱中
陈粪扫	36	厦门	1939—1—16	被处死刑
叶流民	22	同安	1939—6—16	被处死刑
黄臭贱	44	同安	1941—1—6	被斩首
林文蔡	21	同安	1941—1—19	被斩首
林不	36	安溪	1939—4	被斩首
张翻木	28	金门	1938	被枪毙
张辛英	22	厦门	1942—12	被斩于白石炮台
潘文川	31	同安	1940—1—16	被斩于白石炮台
张世义	20	同安	1940—1—16	被斩于白石炮台
林炎山	24	同安	1940—6	处死刑

因此，厦门沦陷后，迫于日本帝国主义的凶残镇压，在厦台胞一部分通过更为隐蔽的台湾革命青年大同盟进行活动，一部分则潜入内地参加抗日队伍，厦门反日活动陷入低潮。

特别值得一提的是，血魂团的籍贯大多是福建，但是由于闽台同源，并不能因为祖籍地而否认台湾同胞的实质。实际上，在当时的厦门，很多不愿意回台湾的台胞，通过回复中国国籍已经放弃了日本殖民地属民身份，为了台湾回归祖国而奋斗，他们大多在户籍上首先恢复"祖国"。如台湾进士汪春源，血魂团成员潘文川等。①

---

① http：//www. qzwb. com/gb/content/2005—08/29/content_1778250. htm。

台湾民族革命总同盟

　　自 1895 年日本武装据台起，至 1915 年，台湾人民的武装抗日运动经历了全面保台、各地游击和零星起义三个阶段，此后便是以非武装形式的斗争为主，其形式和内容均比较温和。在世界潮流的影响下，台湾民族资产阶级和知识分子发动并领导了反抗殖民统治的民族运动。

　　1937 年 7 月 7 日，发生了震惊中外的"七七事变"，史称卢沟桥事变，日本帝国主义发动了全面侵华战争，台湾作为日本的南进基地，在对华南和东南亚扩张战略中发挥着日益重要的作用。中日战争的全面爆发也给台湾社会带来了强烈的震动，反日的所谓"非国民言行"四处出现，殖民者对台湾人民的思想动向倾注了极大的关注。皇化运动也引起了台湾人民的强烈反抗。残酷的镇压并不能阻挡抗日的脚步。正如有的台湾人士指出："在日本人强暴的统治下，度过了艰辛困难的五十年之后，我们全体台湾人民终以纯洁的中华血统归还祖国，以纯洁的爱国心奉献给祖国。"①

　　1937 年后，日本加强了对殖民地反抗运动的取缔，台湾抗日的社会运动基本上结束了。"此后的抗日运动，都属于零星事件，而无法形成一股力量和潮流。"② 在此情形下，抗日活动都是分散进行，少有大规模、有组织的抗日事件。如，1941 年的东港事件、1944 年的瑞芳抗日军事件和苏澳渔民事件，都遭到残酷的镇压。台湾人民虽难以进行大规模的反抗斗争，但思想文化乃至生活等各个领域都体现出反日的情绪和不屈不挠的民

---

① 杨肇嘉：《杨肇嘉回忆录》，台北：三民书局，1977 年，第 4 页。
② 张炎宪.《日治时代台湾社会运动分期和路线的探讨》，载《台湾风物》第 40 卷第 2 期。

族精神。台胞的这些反战活动，有力支持了祖国的抗战。他们进行的反战活动，是台胞抗日斗争的一个重要方面。

中国抗日战争爆发后，心系祖国的台湾同胞相信：国土面积广大而人口众多的大陆，必将打败日本人，并乘胜收复台湾。一些人准备组织民众积极响应起来，原来已在大陆的台胞抗日志士，更加积极地参加抗战。在岛内，日本大举强化了对台湾的统治。台湾的有志之士认识到："如果救不了祖国，台湾便会真正的灭亡。我们希望在祖国的复兴，祖国一亡，我们不但阻遏不了皇民化，连我们自己都会被新皇民消灭。"[1] 台胞抗日运动也从岛内转到与祖国抗战相会和，转而投入祖国战场参加抗战。在日本殖民统治下的台胞早有觉悟，"有国才有台，爱台先爱国"（林祖密语）。台籍青年组织的抗日团体曾寻求国民党的支持，但迫于蒋介石严禁各级党政机关与台胞的抗日组织接触，岛内一度高涨的反日情绪也日趋沉寂。岛内有志青年深感祖国革命不成功，台湾将无以光复。台籍青年纷纷返回内地，从戎效名。祖国抗日军兴，岛内外同胞，欢欣鼓舞，认为祖国抗战必胜，建国必成。从台湾奔赴祖国战场"寻找祖国三千里的吴思汉，有奔赴晋察冀根据地的苏子衡、文英等有志青年，有响应'十万青年十万军'的一百余名台湾青年，也有参加新四军的辜金良等人"。1938 年 9 月 18 日，为集中抗日力量，谢南光等人发起成立"台湾民族革命总同盟"。

谢南光，原名谢春木，是 1920 年代台籍精英反抗日本殖民统治的领导人之一。1902 年生于台湾彰化县二林。谢春木自幼目睹日本统治的暴行，耳闻目睹了台湾人民举行的多次反日武装起义，对他们深表同情，尤其是发生在 1913 年的罗福星苗栗起义和 1915 年的余清芳西来庵起义更是印象深刻。1921 年于日本东京高等师范学校上学期间，他积极参与台湾青年知识分子的进步运动，支持林献堂发起的"台湾议会设置运动"，并加入在台北成立的"台湾文化协会"。

---

① 张深切：《里程碑》，转引自王晓波：《"七七"前后的台湾同胞》载《台湾史与近代中国民族运动》，1986 年。

1925 年，谢春木回国。随着民族解放运动的深入发展，"文协"领导层出现了分化，形成左、中、右三派。左派以连温卿、王敏川等社会主义知识分子为代表，主张进行阶级斗争，推翻日本殖民统治；中间派以蒋渭水、谢春木等小资产阶级知识分子为代表，主张进行以工农为基础的民族运动；右派以林献堂、蔡培火等地主资产阶级分子为代表，主张通过情愿运动，在日本统治下实施地方自治。三派的矛盾不断加剧，终于在 1927 年分裂。

1927 年，谢春木由林献堂、蒋渭水等人推荐担任台湾民众党政务部长，劳农委员会主席，并成为该党核心人物之一。

1929 年 6 月，谢春木被委派为民众党代表，到南京参加孙中山的"奉安大典"，他目睹盛况空前，深受感动。后游历大半个中国，向台湾人民介绍了祖国的锦绣河山，并揭露了国民党的腐败统治。此行使他扩大了视野，对于思考"台湾革命"，起了很大的影响。

"一·二八"事变后，谢春木在上海看到了十九路军和上海人民英勇抗日的行为，他看到了台湾解放的光明前途。他曾写道："我们现在处境万分困难，但并非绝望。我们前途还有一道光明，无须悲观，祖国一旦解放，台湾就得解放。南国台湾有一道光明。"他取其意，自此更名为"南光"。十九路军在上海抗战告一段落后，谢南光设立《华联通讯社》，大力"揭穿日本侵华的阴谋，激成抗日情绪"，不断向岛内民众报道内地社会状况。

"七七事变"后，谢南光认识到台湾的前途离不开全国抗日战争的胜利。他在《台湾反帝运动的新阶段》一文中指出："台湾的反帝运动，自'七七事变'后已成为整个中华民族的一部分。四十多年的分离自今以后再团圆起来，在一条战线上共同奋斗。中华民族的胜利，即是台湾人民的胜利。""日本帝国主义末日的来临，就是台湾解放运动的成功，为台湾同胞挣断四十余年铁锁的机会。"自此，他全力投入了抗日斗争。1939 年，受军统诬告，谢南光调重庆任国际问题研究所研究组副组长。他对国际形势作了大量的调查研究，提出了不少抗战形势报告和建议，功绩斐然。在此期间，谢南光还组织了台湾解放联盟，与其他团体密切合作，成立了"台湾民族革命总同盟"，并发表宣言说："现在祖国对日的全面抗战已经发动，并且大量消耗了敌人，日寇已疲于奔命，台湾武装革命的情势也日渐成熟。我们深刻理解，台湾的解放运动和祖国的民族革命，是具有不可分离的关联。同时，我们又相信台湾革命斗争，在祖国的对日全民抗战上，占着极重要的地位。"

台湾民族革命总同盟成立，加强了内地台湾人的联合，他们认为，"台湾革命乃中国革命之一环，中国抗战成功之日，即台湾各民族争得自由解放之时，故必须发动台湾各民族参加中国抗战。"对中国各党各派凡坚决抗战者，"均认为是师友，以求其教益与援助"[1]。日本的残暴殖民统治，岛内有志之士不断奋起抗争，但日军强大的军事力量，仅凭一己之力，实难光复。祖国的抗日战争给了台胞一个历史性的给予，他们看到了抗战胜利的曙光："台湾为一绝海深岛，被倭寇宰割垂半世纪，欲求自由解放，固须依赖台湾同胞之精诚团结与艰苦奋斗，但日本革命势力之赞襄与祖国之积极援助，亦为不可缺少之要见。由此可知，中国欲速获得最后胜利，而保持国家之强盛于久远，亦必须协助祖国抗战。"[2]

1940年，"台湾民族革命总同盟"、"台湾独立革命党"等一起改组为"台湾革命团体联合会"，提出了集中革命力量、打倒日本帝国主义、光复台湾的行动纲领，谢南光积极参加筹备和领导，与李友邦、张邦杰轮流担任主席。并于3月9日发表宣言："台湾原为中国本土之一部，甲午战后割于日本，五百余万台胞，自此沦为日本敌国主义之奴隶牛马，屠杀欺凌任期所欲。台胞为求解放，四十余年来，前仆后继，革命运动未尝一日或懈。七七事变后，更闻风响应，炸矿山、焚油池、毁铁路，以英勇之行动，牵制敌军于台湾之内；组义军，兴生产，施医疗，以必死之决心，驰

---

① 张瑞成：《抗战时期收复台湾之重要言论》，台北：近代中国出版社，1990年，第14—15页。

② 《台湾革命团体联合会成立宣言》，张瑞成：《抗战时期收复台湾之重要言论》，台北：近代中国出版社，1990年，第95—96页。

骋于祖国战场之上。"并称"台湾独立革命党、民族革命总同盟誓愿精诚团结，群策群力，为促成推动台湾革命运动，响应祖国抗战，谨择我民族革命史上具有重大意义之黄花岗纪念日，结成台湾革命团体联合会"。①

台湾革命团体联合会的诞生，为台胞在大陆的共同抗日做了一个榜样。联合会成立后，开展了多方面的工作，如：号召分散各地抗日的台胞革命团体及个别同志统一团结到联合会的旗帜下；向当局建议加强对台胞革命组织的联系与领导；通过各个加盟团体，推动台湾及各地台胞的抗日活动，并协助台湾义勇队的扩充，等等。台湾革命团体联合会虽有"共同定策，分头执行"的决议，但由于各个组织在成员、行动方法都存在差距，难收统一抗日之实效。谋求台湾同胞更为紧密地组织在一起势在必行。

此时，台籍人士赴大陆抗日人数快速增长。在此期间，成立的"台湾独立革命党"、"青年革命党"、"台湾人民革命党"等，组织数目繁多、涣散。国民党对这些台籍人士的抗日立场实表支持，但惧怕引起日本侵略者的警惕，却又不敢大力支持。这些团体领导多就职于党政部门，各组团体，自立山头，不能形成较大的凝聚力和集体力，起不到应有的作用。蒋介石致电朱家骅、陈立夫、王芃生："查汪逆傀儡登场在即，我方对倭寇亟宜加大打击赞助日本台湾朝鲜的各项革命运动，使其鼓励敌国人民群起革命如罢工等以叻扰敌之势力，减其侵略势力。即希兄等负责约同日韩台在渝之革命首领会商，筹划推动为要。"② 故成立了国民党直属台湾党部的秘密机构，主要在香港、广东、福建等地从事抗日地下工作。

为促成这些团体加强合作团结，有效服务于对日斗争的大目标，国民党中央党部授意台籍志士刘启光等人，成立有规模的群众团体，使之接受国民党中央的领导和指挥，以扩大国民党的影响力。在国民党的幕后组织下，1941年2月9日，"台湾独立革命党"、"台湾革命团体联合会"、"台

① 《台湾先锋》第2期，近代中国出版社，1900年，第95页。
② 《蒋委员长致朱家骅、陈立夫、王芃生请策动日韩台革命运动代电》，张瑞成编：《台籍志士在祖国的复台努力》，台北：近代中国出版社，1990年，第305页。

湾青年革命党"等组织齐聚重庆，解散了所属各团体，成立了"台湾革命同盟会"，使之成为内地最大的台胞抗日组织，也即实际意义上的国民党领导下的一个群众团体。台湾革命同盟会在纲领中庄严声明："本同盟会之成立乃为谋台湾革命力量之集中与斗争阵线之统一，今后更当将此精神运用本会之宗旨与纲领。"台湾革命同盟会在组织上采取设立总会和地方分会的方式进行活动，常务委员有宋斐如、李友邦、谢南光 3 人。

台湾革命同盟会受到了中国共产党的大力支持，对于台台胞积极抗日运动也给予了高度赞扬，《新华日报》发表社论称："自我国全面抗战以来，在祖国的台湾人民就积极参加抗战。虽然人数不多，力量不大，他们始终不懈奋斗。而各革命团体，亦能团结一致，努力光复运动。台湾人民知道，只有加强团结，只有积极参加祖国的抗战，获得彻底的胜利，才能将日寇驱逐出台湾，回到祖国的怀抱，过着民族自由幸福的生活。"①

至此，"台湾民族革命总同盟"走向了联合抗日的道路。台湾革命同盟会的成立是全体大陆台籍抗日志士在有关台湾前途命运抉择上，形成了十分一致的想法，即保卫祖国，收复台湾。谢春木作为台湾革命民族总同盟的领导人，对台湾民族革命总同盟由抗日小团体汇入到同盟会的大团体，作出了巨大的贡献，对台湾民族抗日的道路也有着极其积极的作用。台湾革命民族总同盟的抗日之路，是台湾民众积极抗日的一个侧影，为台湾光复做出了重要的贡献，是民族精神的深深体现，也是台湾人民自求解放胜利的必经之路。台湾革命民族总同盟在大陆的抗战，其意义不仅仅是体现在台湾和台湾省，同时，对整个抗日战争的胜利甚至是中华民族意识的强化都有着积极的作用。

---

① 《社论：台湾，回到祖国来》，《新华日报》第 2 版，1943 年 6 月 17 日。

闽台建设协进会

当新中国即将诞生之际，有位中共中央的特使亲自将一封毛主席的邀请函面交曾经被其誉为"华侨旗帜 民族光辉"的爱国华侨领袖陈嘉庚先生，请其参加中国人民政治协商会议。这位特使就是后来曾经担任中央人民政府华侨事务委员会副主任委员、全国侨联主席、全国人大常委和全国政协副主席的庄希泉同志。

庄希泉（1888—1988 年）

庄希泉（1888—1988 年），福建厦门人。早年参加同盟会，为新成立的民国政府三下南洋筹款，后在新加坡经营实业、兴办教育。又曾奔走于菲律宾、印度尼西亚、香港和中国大陆之间，从事反蒋、抗日等革命进步工作，并因此三次被反动当局拘捕下狱。新中国成立后，他作为中侨委副主任，与何香凝、陈嘉庚、廖承志等一道开创了新中国侨务工作的新局面。1955 年庄希泉协助陈嘉庚创办全国侨联，任副主席，陈嘉庚病逝后受命担任第一届全国侨联代主席，当选为第二届中国侨联主席，第五、六届全国政协副主席。1988 年因病在京逝世。庄希泉在海内外华人华侨界享有崇高声誉，一生充满传奇色彩。

加入同盟会期间，庄希泉三下南洋为革命筹款。在新加坡，他发动、组织华侨反对英国殖民当局迫害华侨的教育苛例，因而入狱，后被驱逐出境。1925 年，庄希泉加入中国国民党。"五卅运动"爆发，庄希泉和夫人余佩皋以国共合作的中国国民党福建省党部执行委员的身份，组织成立

"厦门国民外交后援会",发动罢工、罢课,抵制日货。日本驻厦门领事馆借口其父曾在台北设有商号,称他为日本"属民",将其非法关押在鼓浪屿日本领事馆的地下监狱,对他威逼利诱,要他悔过,但他宁死不屈,坚决拒绝,后被押送到台湾囚禁了 9 个多月。经闽台各界多方营救获释后,庄希泉设法返回内地继续参加大革命,并在上海《新闻报》上公开声明:"我是中国人,不是什么日本属民!"还特地改名"庄一中",寓意只有一个中国,台湾是属于中国的,自己是一个堂堂正正的中国人。

庄希泉(右二)作为新加坡华侨代表在中南海向毛泽东主席献旗

1931 年日本发动九一八事变后,庄希泉在上海积极投入抗日救亡运动,并在菲律宾与爱国华侨王雨亭创办《前驱日报》宣传抗日。为此,他于 1934 年在厦门再次被捕入日本领事馆的地下监狱,遭严刑拷打,坚贞不屈。1937 年全面抗战开始后,庄希泉在香港主持闽台抗日救亡同志会,救济难民、筹集款项,联系、介绍海外进步青年到延安参加抗日战争。1941 年太平洋战争爆发、香港沦陷,他在中共中央南方局的安排下从香港转移到了广西桂林。当广西中共地下党组织遭到破坏、面临危难之际,他冒险设法将在香港的全部家产抢运变卖,将款项悉数交给党组织作为抗日活动经费。

1942 年至 1945 年,庄希泉在桂林、贵阳、重庆发起成立闽台协会,帮助其弟弟、盟军 136 部队星马地区副主任庄惠泉上校,组织、派遣熟悉新加坡、马来亚语言和情况的爱国归侨赴当地发动抗日游击战争。抗战后期,庄希泉在柳州发起成立了闽台建设协进会,参加者包括宋裴如、叶采真、王雨婷、雷鉴卿、陈国础、黄清华、陈碧笙等。柳州沦陷后,协进会迁至重庆,又有谢南光、李万居、林忠、周士观、林遵、林庆年、何葆仁、庄明理、何公敢、林仲易等人加入。在重庆,他还与其他同志联合创办织布厂和建光行，借以掩护革命同志，支援抗日战争。

闽台建设协进会成立后，曾多次就台湾的收复和建设，向当时的国民党当局提出了许多好的建议。如 1946 年 4 月，闽台建设协进会向国民党中央执行委员会二中全会呈交对台湾的施政建议，请求速废台湾"特殊制度"（即废除异于大陆各省的特殊行政组织，即行政长官公署）。因为台湾行政长官拥有比大陆各省政府主席更大的权力，长官公署故有"新总督府"之称，而台湾民众对日本殖民统治的象征物"总督府"素怀厌恨，对任何与大陆省制不同的做法极为敏感（被视为与祖国大陆不平等的待遇）。福建方面如此动议，乃是在密切交流和接触中充分考虑到了台湾普遍民众的心绪，翌年 7 月，福建省临参会向国民党中央呈送关于从速设立台湾军政机构及增设台湾国民参政员的决议案。"二·二八"事件发生之前，闽台建设协进会与其他旅沪闽台团体一道为台湾的重建出谋划策，为要求改革台省政制问题和取消专卖及经济统制奔走呼号，指出："陈长官到台未久即设贸易特种公司，统制台湾出口货。糖、米、煤之输出独家垄断，不止争利，直夺民食。近该公司改为贸易局，依旧与民争利。似应即令裁撤贸易局，省际进出口货均许民营，不加限制，以苏民困"；"二·二八"事件发生之后，闽台建设协进会又联合其他旅沪闽台团体为避免使用武力镇压，尽快恢复秩序，重拾人心而竭尽全力。

1982 年，经中共中央直接批准，庄希泉以 95 岁的高龄光荣地加入了中国共产党，成为中共正式党员。为此，他为自己立下了终生的诺言——"永爱中华，此志不渝！"1988 年，庄希泉走完了他的百年人生历程。

后 记

甲午一战，清政府战败，日本强占台湾。台湾民众，誓死抵抗，"义不臣倭"，"决心人人战死而失台，决不愿拱手而让台"。日本据台50年，台湾同胞抛头颅，洒热血，前仆后继地反抗50年，牺牲了65万人，绝不屈服。树立了一座座不朽的历史丰碑，塑造了台湾同胞爱乡爱土的群像。

由于本丛书容量有限，难以把台湾同胞50年的抗日英烈事迹全部涵括，我们更期待一本将台胞英烈奋勇抗日的事迹全面收集汇总的书籍能够面世。

本丛书从策划到面世历时3年，在此期间得到了国务院台湾事务办公室新闻局、人民日报海外版、重庆徐康同志等的大力协助和支持，在此一并感谢。同时，台盟中央机关的工作人员不辞辛苦，为本丛书出版付出了辛勤的劳动，他们利用业余时间撰写了诸多文稿，为本丛书的形成作出了重要贡献。感谢台海出版社编辑的辛勤劳动，使本丛书能更规范化，文字更严谨，并最终得以出版。需要特别指出的是，由于我们水平有限，书中引用了海峡两岸的学者著作中部分历史资料，力图"原汁原味"地展现史实原貌，这些历史资料的原作者可按相关规定与台海出版社联系。

在此鸣谢国务院台湾事务办公室新闻局、《人民日报》海外版等的大力协助和支持！

今后，我们将继续挖掘整理台胞抗日的英勇事迹，并编撰出版，展现台湾同胞抵抗日本殖民侵略的爱国赤诚，弘扬台湾同胞爱国爱乡的光荣传统，增进两岸同胞休戚与共的民族认同，为推动两岸和平发展、促进祖国和平统一而积极努力。

是以为记。